JN412087

클릭 원불교

개 정 판

원불교 바로알기

클릭 원불교

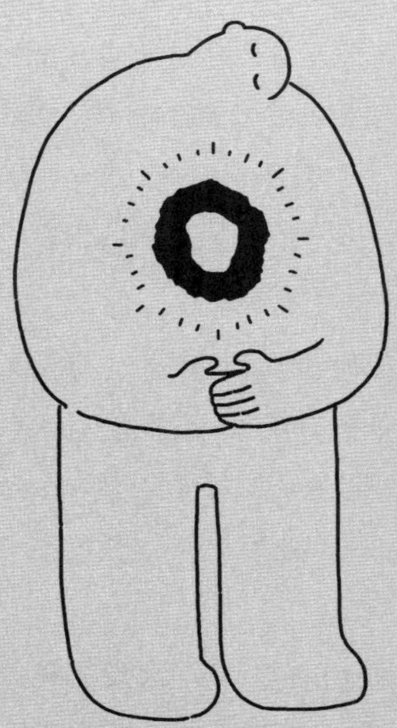

공저

박상권(광수)

박희종(덕희)

고시용(원국)

DongNam 동남풍

머리말

초 판

원불교를 알고 싶어하는 사람들이 늘어가고 있습니다. 이 땅에 많은 종교들이 있기에, 원불교는 다른 종교들과 무엇이 다른가 궁금해하는 사람들이 많습니다. 호기심으로 다가서는 사람, 좀 더 깊이 알고 싶어하는 사람이 있습니다. 전문 연구자들도 꽤 많아졌습니다. 원불교가 그만큼 우리나라와 세계에 많이 알려졌다는 증거입니다. 교회나 사찰에 비해 그 수는 적은데, 활발하게 활동하는 모습이 자주 소개되면서 신선한 이미지를 심어주고 있기 때문입니다.

교세를 양적으로 평가해서 원불교가 한국의 6대 종교로 자리 잡은 지는 오래되었고, 이제는 활동을 중심으로 질적인 평가를 할 때 4대 종교라는 말을 듣고 있습니다. 그래서 사람들은 원불교에 대해 궁금해합니다. 도대체 어떤 사람들이 모여서 무엇을 가르치고 배우는가? 원불교의 저력은 어디서 나오는가? 원불교인들이 꿈꾸는 세상은 어떠한가?

그렇기 때문에 원불교에 대한 종합 안내서가 필요했습니다. 개괄적이면서도 적중한 설명이 필요했고, 전문 용어를 쉽게 풀어

쓴 안내서가 필요했습니다. 그렇게 해야 원불교 교도가 아닌 사람도 쉽게 접근할 수 있으며, 그들을 이해시키는 자료로 활용할 수 있다는 것입니다.

이 책에는 원불교의 역사와 교리, 사상, 조직, 제도, 의례 등 모든 것을 담고자 하였으며, 원불교가 주목받고 있는 각종 사회활동의 실태와 성과, 그리고 원불교의 3대 사업인 교화·교육·자선의 규모와 현황도 소개하였습니다.

상생과 평화의 새 세계를 열어가는 데 앞장서는 원불교는 이제 원불교인만의 종교가 아니라 인류가 공유해야 할 종교로 거듭나야 합니다. 공유하는 길은 원불교를 널리, 그리고 바르게 알리는 일입니다. 이 책이 원불교 바르게 알기, 바르게 알리기에 활용되기를 간절히 염원합니다.

2000년(원기85) 10월

박상권(광수) 합장

머리말

개정판

2000년(원기85) 처음으로 펴낸 원불교 바로알기 『클릭 원불교』는 원불교에 입문하거나 그 사상과 교리를 새롭게 이해하고자 하는 이들을 위해 기획된 입문서입니다. 초판 발간 이후 다양한 분야에서 원불교에 대한 관심이 확산되며, 이 책은 교화 현장과 교육 현장에서 유용한 길잡이 역할을 해왔습니다.

그러나 시대는 변화하고, 독자의 눈높이와 사회적 요구 역시 달라지고 있습니다. 특히 디지털 환경의 확산과 인문종교교육의 재구성 요구 속에서, 원불교의 핵심 사상을 쉽고 정확하게 전달하면서도 현대적 언어와 형식으로 소통할 수 있는 새로운 접근이 절실해졌습니다. 이에 따라 본 개정판은 내용과 구성, 문체에 이르기까지 전면적으로 재검토하고 다듬었습니다.

이번 개정에서는 초판의 기본 틀은 유지하되, 더 깊이 있고 실천적인 내용을 보완하였습니다. 특히 원불교의 사상적 맥락을 시대의 흐름 속에서 재조명하고, 교법의 일상 적용 가능성을 보다 명료하게 풀어내고자 하였습니다.

이 책이 원불교에 대한 올바른 이해를 확장시키고, 누구나 원불교의 깊은 가르침을 '클릭'하듯 쉽게 접속하고 체득할 수 있는 계기가 되기를 바랍니다. 원불교의 정신이 오늘날 우리의 삶 속에서 더욱 따뜻하고 지혜롭게 구현되기를 소망하며, 이 책이 그 길에 작은 이정표가 되기를 기원합니다.

2025년(원기110) 8월

고시용(원국) 합장

차례

제1장 소태산과 원불교

제2장

원불교의 교리와 이념

제3장

원불교의 제도와 의례

제4장

원불교의 신앙과 수행

제5장

세계 속의 원불교

제1장

소태산과 원불교

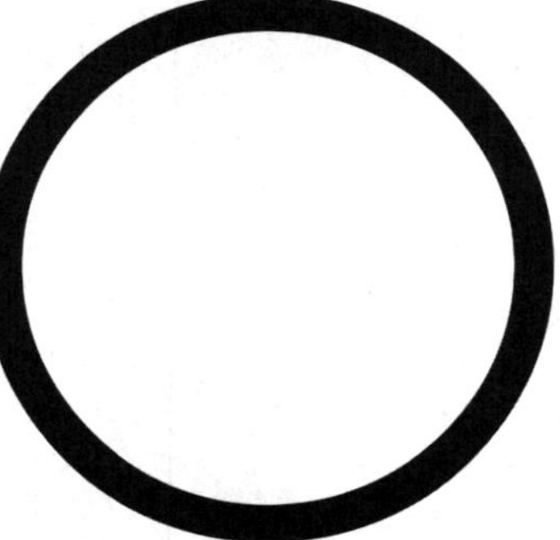

원불교는 어떤 종교인가

종교에 관심을 가지지 않고 살아가는 사람들이 원불교에 대해서 잘 모르는 것은 당연한 일이다. 설사 종교에 관심이 있는 사람일지라도 정작 원불교에 대해 알고 있는 지식은 그다지 많지 않을 것이다. 아마도 '둥그런 원, 검정 치마와 흰 저고리, 정녀貞女, 전북특별자치도 익산시 원광대학교, 서울특별시 흑석동 한강 변에 있는 건물 ….' 정도가 그들이 가진 지식의 거의 전부가 아닐까?

이와 같이 한국의 대표적 신종교新宗教이면서도 대다수 사람에게는 생소한 '원불교圓佛教'라는 하나의 종교를 단적으로 규정하거나 설명한다는 일은 무척이나 어렵고 조심스러운 일이다. 우선, 그에 대한 소개를 『사전辭典·事典』이나 종교 관련 서적들을 통해서 쉽게 찾아볼 수 있다. 이를 대략 살펴보면, 대부분의 『국어사전』은 원불교에 대해 '박중빈朴重彬이 개창한 종교'라는 짧은 설명으로 그쳐 버린다. 조금 자세히 설명하고 있는 곳에는 '불교 교파의 하나. 1916년 박중빈이 법신불法身佛 일원상一圓相의 진리를 믿음의 대상과 수양의 표본으로 삼아 개창한 종교. ○[원]을 상징으로 나타내며, 불교의 현대화와 생활화를 주창함.'이라고 되어 있는데, 여기에는 다소 정확하지 못한 설명이 포함되어 있다.

원! 불! 교!

원불교는 법신불 일원상을 신앙의 대상과 수행의 표본으로 모시고 물질문명의 발달로 인성과 도덕이 마비되어 물질의 노예 생활을 면하지 못하는 인류를 제도하기 위해서 열린 종교이다. 1916년(원기1) 4월 28일 원각성존 소태산 대종사[圓覺聖尊 少太山 大宗師, 朴重彬, 1891~1943, 이하 '소태산'이라 칭함]의 큰 깨달음으로 비롯된 원불교의 발생지는 전라남도 영광군 백수읍 길룡리이다.

소태산은 7세 경부터 우주의 자연현상과 인생의 모든 일에 대해 스스로 큰 의심을 품었다. 이때부터 20여 년에 걸친 고난의 구도 생활을 스승의 지도 없이 일관하여 마침내 우주와 인생의 근본진리를 크게 깨쳤다. 그는 대각을 이룬 후, 앞으로는 밝고 원만하고 평등하며 일상생활에 널리 활용되는 종교라야 물질문명에 지배당하는 인류를 구원할 수 있다고 전망하였다. 그리고 진리적 종교의 신앙과 사실적 도덕의 훈련을 통하여 일체 생령을 낙원 세계로 인도하기 위한 새 종교로서 원불교를 열었다.

오늘날 한국의 대표적 신종교로 평가받고 있는 동시에 세계 종교를 지향하는 원불교란 교명教名은 우주의 궁극적인 진리를 상징한 '원[圓, ○]'과 깨닫는다는 의미의 '불佛', 가르친다는 '교教'로 풀이할 수 있다. 따라서 우주의 근본진리를 깨달아 생활 속에서 실천하도록 가르치는 종교가 원불교인 것이다.

이를 바탕으로 원불교를 다음과 같이 정리하여 설명할 수 있겠다.

①법신불 일원상[法身佛 一圓相: ○]을 신앙의 대상과 수행의 표본으로 하는 종교.

②일원상의 진리를 믿고 깨달아 실천하게 하는 종교.

③진리적 종교의 신앙과 사실적 도덕의 훈련을 통해 물질개벽에 상응하는 정신개벽을 하자는 종교.

④전라남도 영광군 백수읍 길룡리에서 1891년 5월 5일 태어난 소태산이 스스로 도道에 발심하고 수도하여 1916년(원기1) 4월 28일에 대각을 이룬 후 창립한 종교.

교조,
소태산의 생애

교조教祖는 한 종교의 창도자創導者를 일컫는 말로써, 넓은 의미로는 각 종교의 신앙 체계를 세운 창도자나 한 종교 내의 종파를 창시한 사람을 뜻한다. 이와 비슷한말로 '교주教主'라는 용어가 있다. 신앙 지도자로서 교조의 모든 언행은 제자들에게 대단히 권위 있는 것으로 받아들여진다.

이미 세상에 널리 알려진 바와 같이 원불교의 교조는 소태산이다. 그는 밀양 박씨의 후예로서 어릴 때는 진섭鎭燮, 청년 시절에는 '처화處化'라고 불렸다. '소태산'은 법호이며, '중빈'은 이름이고, '대종사'는 일원의 진리를 크게 깨달은 주세성자라는 뜻으로 그를 높여 부르는 존칭어이다. 원불교에서 '새 시대, 새 회상의 새 부처님'으로 받들어지는 그는 1891년 양력 5월 5일 전라남도 영광군 백수읍 길룡리 영촌마을에서 평범한 농민인 아버지 박성삼[朴成三,

소태산 박중빈 대종사
(1891~1943)

법명 晦傾]과 어머니 유정천劉定天의 셋째 아들로 태어났다.

소태산을 친견한 제자들이 묘사한 그의 모습은 『대종경선외록大宗經選外錄』에 잘 나타나 있는데, 그 내용을 정리해서 소개하면 다음과 같다. 우선, 소태산의 키는 약 170cm 정도, 몸무게는 90kg 내외의 체구로 그 시대의 인물로는 비교적 건장한 편에 속했다. 체격은 상하좌우가 균형을 이루어 어느 쪽에서 보아도 다 원만하고 거룩하였고, 얼굴 모습은 구름 한 점 없이 맑고 푸른 가을 하늘에 두둥실 떠오르는 보름달 같았으며, 두 눈에서 빛나는 광채는 마치 5월의 눈부신 태양 같았다. 피부 색깔은 옥같이 희고 맑아 티끌 한 점, 흉터 하나 없었고, 매우 부드러웠다.

심성心性은 바다같이 깊고 활달하면서도 태산같이 크고 무거웠으나, 다른 사람의 기미를 통찰하는 데는 매우 빨랐다. 육체적 힘은 보통을 넘었으나 그 힘을 써본 일은 별로 없었고, 큰 깨달음을 얻기 전에는 술을 두 동이나 마셔도 취기가 조금도 없었다. 제자가 아닌 일반사람들과 교제할 때는 특히 겸양하고 따뜻하게 대하였으나, 한편으로 어렵고 무섭게 여겨지는 면도 있었다. 제자들은 그를 자비로운 아버지같이 느꼈다. 또한 제자들의 눈에 비친 소태산은 우주에 가득 찬 모습이었으니, 그의 위풍당당한 모습은 우주를 손바닥으로 쥐었다 폈다 하는 것 같았고, 가는 곳에는 언제나 큰 위엄이 감돌았다. 차에 오르면 처음 보는 사람들도 자리를 일어나 주었고, 길거리에서도 행인들이 길을 비켜 주었다. 해학도 풍부하여 어떠한 사람과도 쉽게 어울렸으며, 일상생활은 지극히 평범했다고 전한다.

구도, 대각, 교화

7세 무렵부터 우주 대자연의 모든 현상에 대해 큰 의심을 하게 된 소태산은 9세 경에 이르러서는 다시 인생의 모든 일에 대해서 크게 의심하고, 이를 깨치기 위해 구도 생활을 시작하였다. 그렇게 하기를 20여 년을 지속하였으며, 고행의 구도 생활 끝에 26세 되던 1916년(원기1) 4월 28일 이른 새벽에 동녘 하늘이 밝아오는 것을 보고, 마침내 우주와 인생의 큰 진리를 깨쳤다.

특정한 스승의 지도 없이 스스로 일원의 진리를 깨친 소태산은 자신의 깨달음이 올바른가를 확인하기 위해 역대 성현들이 밝힌 경전인 『금강경』·『불교대전』·『음부경』·『동경대전』·『신·구약 성서』·『논어』·『맹자』 등 여러 종교의 경전을 두루 열람하고는 확신을 가짐과 아울러 새로운 종교를 창립할 뜻을 가지게 되었다.

아울러, 제자가 되기를 원하는 사람들 가운데 아홉 명의 제자를 선정하여 저축조합·방언공사·법인기도 등으로 교단 창립의 터전을 닦은 소태산은 전북특별자치도 부안군 변산의 봉래정사蓬萊精舍에 들어가서 4년 6개월 동안 교리와 제도를 구상하여 발표하였다. 이후 모든 준비를 마치고 1924년(원기9)에 전북특별자치도 익산군 북일면 신룡리[現 익산시 익산대로 501(신용동)]에 중앙총부를 건설하고 교단을 창립하였다. '물질이 개벽되니 정신을 개벽하자'는 개교표어와 함께 '처처불상 사사불공處處佛像 事事佛供·무시선 무처선無時禪 無處禪·동정일여 영육쌍전動靜一如 靈肉雙全·불법시생활 생활시불법佛法是生活 生活是佛法' 등의 교리 표어를 내걸고 불법을 시대화·생활화·대중화한 종교를 표방한 것이다.

소태산은 스스로 깨친 진리를 '일원상一圓相'으로 표현하고, 사은[四恩, 천지은·부모은·동포은·법률은] 사요[四要, 자력양성·지자본위·타자녀교육·공도자숭배]와 삼학[三學, 정신수양·사리연구·작업취사] 팔조[八條, 신·분·의·성·불신·탐욕·나·우]를 교리의 근간으로 삼았다. 나아가 전북특별자치도 익산에 총부를 건설한 후 1943년(원기28)까지 소태산은 일제강점기의 어려운 시기 속에서도 제자들과 함께 교단 창립과 발전에 노력하면서 서울·부산·전주·영광·익산 등지를 다니며 교세 확장에 힘쓰다가, 6월 1일에 53세를 일기로 열반했다.

원불교가 열린 시대 상황

19세기 후반 한국의 사회상은 크게 개화사상, 척사사상, 신종교 운동의 세 가지로 볼 수 있다. 개화사상이 한국 사회에 등장한 것은 수운 최제우[水雲 崔濟愚, 1824~1864]가 후천개벽을 외치면서[1860~1864], 그리고 병인양요丙寅洋擾가 일어났던 1866년을 전후하여 서양의 문물에 눈을 뜨게 되면서부터이다. 그리하여 1890년대 후반부터 국민 대중이 개화사상을 터득하고 개화운동을 주도하게 되었다. 이와 같은 변화로 나라 안에서는 1884년의 갑신정변으로부터 1896년 독립협회운동이 전개되었다. 나라 밖에서는 1902년 영일동맹, 1904년 일본의 러시아 선전포고, 1905년 러일전쟁에서 일본이 승리한 후 포츠머스조약 체결에 이어 한국과 을사늑약을 체결하였다. 이와 같은 숨 막히는 정세 속에서 각처에서는 의병을 조직하여 항일운동을 전개하였다. 특히 개화사상을 터득한 지식인들은 애국계몽운동을 벌이면서 광범위한 사회적 기반을 갖고 전국적인 규모로 독립운동을 펼쳤다.

척사사상斥邪思想은 성리학에 근본을 두고 그 밖의 다른 이질적 문화를 배척하는 사상이었다. 재야의 유학자들을 중심으로 성장한 이 척사사상은 서양 및 일본의 새로운 문물을 받아들이는 것에 대하여 비판적이었다. 따라서 개화사상과는 대립하는 위치에서 있었다. 두 차례의 양요洋擾나 강화조약은 모두 프랑스·미국 및 일본의 침략적인 행위로 인하여 생긴 결과였으므로, 척사사상은 우선 척화론斥和論의 형태를 가지고 나타났다. 한편, 척사斥邪를 하되 현실적인 자강自强을 도모하기 위하여 서양의 기술만은 도입하자는 동도서기론東道西器論이 나타나기도 하였다.

근세에 이르러 개화의 물결을 타고 기독교가 서양에서 들어왔으며, 기울어져 가는 국운을 개탄하고 무기력해진 유·불·선儒佛仙 삼교三教의 총화를 이루어, 서교西教에 대응하려는 신종교의 움직임이 일어났다. 그 대표적인 것이 후천의 개벽을 외치면서 보국안민輔國安民 광제창생廣濟蒼生하기를 주장한 동학東學이다. 동학의 발생 요인을 보면, 대외적으로 19세기 이후 서세동점의 민족적 위기 속에서 국가 보위 의식의 팽배와 국난 극복의 민족 구원 사상, 그리고 천주교의 도전을 민족적 주체·자립 의식으로 응전하려는 자세에서 찾아볼 수 있다.

동학이 여러 가지 변모와 분파를 이루면서 특히 호남을 중심으로 퍼지는 가운데 증산교甑山教가 일어났고, 한반도에는 고유의 민간신앙과 전래의 비결들을 결부시켜 개벽의 대운을 기다리는 수많은 신생 종파가 뒤를 이어 일어났다. 이와 같이 한반도의 종교계 또한 걷잡을 수 없는 혼란에 빠지게 되었으며, 이에 따라 민중은 갈피를 잡지 못하고 새로운 삶에 대한 갈망으로써, 새로운 성자에 의한 새로운 종교를 더욱 기다리게 되었다.

개벽 시대의 요청

이와 같이 원불교가 개교한 전후의 시대를『불법연구회창건사佛法研究會創建史』서문序文에서는 '격동의 시대요 일대 전환의 시대'라고 표현하였다. 즉 19세기 말엽부터 밖으로는 열강 여러 나라의 침략주의가 기세를 올려 마침내 세계 동란의 기운이 감돌았고, 급속한 과학 문명의 발달로 인하여 인류의 정신 세력이 그 주체를 잃게 되었다. 안으로 국정은 극도로 피폐해지고 외세의 침범으로 국가의 존망이 경각에 달려 있었다. 수백 년에 걸쳐 내려온 불합리한 차별제도 아래서 수탈과 탄압에 시달린 민중은 도탄에 빠졌다. 그 가운데 문화文化의 틈을 타서 재빠르게 밀려든 서양의 물질문명은 도덕의 타락과 사회의 혼란을 가중시키며 말세의 위기를 더욱 실감케 하였다. 이러한 추세는 전 세계적이었다.

당시 국제사회의 흐름 속에 과학의 발달로 인해 정신문명이 물질문명 속에 매몰되는 일대 위기를 바라보며 소태산은 "현하 과학의 문명이 발달함에 따라 물질을 사용하여야 할 사람의 정신은 점점 쇠약하고, 사람이 사용하여야 할 물질의 세력은 날로 융성하여, 쇠약한 그 정신을 항복 받아 물질의 지배를 받게 하므로, 모든 사람이 도리어 저 물질의 노예 생활을 면하지 못하게 되었으니, 그 생활에 어찌 파란 고해가 없으리오."라고 개탄하였다. 그리고 "이제부터는 묵은 세상을 새 세상으로 건설하게 되므로 …"라고 밝히면서 원불교 개교의 당위성을 천명했다.

원불교라는 교명을 확정하기까지

교명教名은 그 종교의 핵심 사상과 지향하는 방향을 나타낸다. 예를 들어서 기독교基督教는 그리스도[基督은 그리스도의 음역어]의 가르침을 종지로 하고, 불교는 부처의 가르침을 따른다. 원불교도 마찬가지로 원불교가 어떠한 종교이며 어떤 방향으로 발전해 갈 것인가를 나타낸다.

원불교 2대 종법사인 정산[鼎山 宋奎, 1900~1962, 이하 '정산'이라 칭함]은 원불교 교명에 대해서 다음과 같이 말하였다. 먼저, "원圓은 형이상形而上으로써 말하면 언어와 명상이 끊어진 자리라 무엇으로서 이를 형용할 수 없으나, 형이하로써 말하면 우주 만유가 다 이 원으로써 표현되어 있으니, 이는 곧 만법의 근원인 동시에 또한 만법의 실재인지라, 그러므로 이 천지 안에 있는 모든 교법이 비록 천만 가지로 말은 달리 하나 그 실에 있어서는 원 외에는 다시

한 법도 없는 것입니다. 또한 불佛은 곧 깨닫는다는 말씀이요 또는 마음이라는 뜻이니, 원의 진리가 아무리 원만하여 만법을 다 포함하였다 할지라도 깨닫는 마음이 없으면 이는 다만 빈 이치에 불과한 것이라, 그러므로 원불圓佛 두 글자는 원래 둘이 아닌 진리로서 서로 떠나지 못할 관계가 있습니다."라고 교명의 뜻을 밝혔다. [『정산종사법어』 경륜편 1]

저축조합에서 원불교로

'원불교'라는 교명은 8·15광복 이후 1948년(원기33) 4월부터 사용되고 있다. 그 이전에는 '불법연구회佛法硏究會'라는 교명을 임시로 사용하였다. 1924년(원기9) '불법연구회 창립총회'를 개최하고 전북특별자치도 익산에 중앙총부를 건설하면서부터였다.

원불교의 임시 교명인 불법연구회는 소태산의 연원을 석가모니불로 정하고, 불법을 주체로 삼아서 새 종교를 건설할 것을 표방한다. 소태산은 스승의 지도 없이 스스로 수행의 길로 매진하고 대각을 이루었다. 그는 자신의 깨달음을 확인하기 위해서 여러 종교의 경전들을 두루 열람했다. 그러던 중 『금강경』을 보고 나서 불법佛法이 참된 성품의 원리를 밝히고, 생사의 큰일을 해결하며, 인과의 이치를 드러내고, 수행의 길을 갖춘 점을 들어서 '불법이 천하의 대도'임을 천명하였다.

하지만 현실을 살펴볼 때 개혁해야 할 불교의 일면이 적지 않음을 간파하였으며, '불법의 시대화·생활화·대중화'를 지향해야 할 필요성을 절실히 느끼고 그 구체적인 실천을 진행해 나갔다. 그러한 의지를 구체화한 내용은 소태산의 『조선불교혁신론朝鮮佛教革新論』에 구체적으로 서술되어 있다. 대략적인 내용은 목차를 통해서 살펴보면 「①과거 조선 사회의 불법에 대한 견해 ②조선 승려의 실생활 ③석가모니불의 지혜와 능력 ④외방外邦의 불교를 조선의 불교로 ⑤소수인의 불교를 대중의 불교로 ⑥분열된 교화 과목을 통일하기로 ⑦등상불 숭배를 일원상 숭배로」 등 7개의 장으로 구성되어 있다.

한편, 불법연구회라는 임시 교명이 사용되기 이전에도 1918년(원기3) 10월, 교단 최초의 교당인 구간도실九間道室을 세울 때 '대명국 영성소 좌우통달 만물건판 양생소大明局 靈性巢 左右通達 萬物建判 養生所'라는 간판을 붙였다. 이것을 최초의 임시 교명이라고 보는 견해도 있는데, 여기에는 장차 교단의 진로에 대한 의지가 담겨 있다. '대명국'이란 미래 세계를 예견한 것으로 밝고 크게 열린 하나의 세계란 뜻이며, '영성소'란 하나의 인류, 하나의 세계를 건설하기 위해서는 먼저 인간의 마음이 열려야 하므로 정신개벽을 주재하는 집이란 뜻이다. '좌우통달'이란 동서남북 상하좌우로 두루 막히고 걸릴 것 없이 하나로 통한다는 뜻이고, '만물건판 양생소'란 우주 만물을 상생상화, 상부상조의 선연으로 좋게 살리고 발전시켜 가는 장소란 뜻이다.

이에 앞서 1917년(원기2) 소태산은 그 제자들과 허례폐지·미신타파·금주·금연·근검저축·공동출역 등의 새 생활운동을 전개함으로써 원불교 창립의 기초를 닦기 위하여 '저축조합貯蓄組合'을 설립했다. 이는 1919년(원기4)에는 '불법연구회 기성조합佛法研究會 期成組合'이라고 개칭되었다. 따라서, 저축조합과 불법연구회 기성조합이 원불교 교명의 변천 과정에 포함된다고 볼 수도 있으며, '원불교'라는 교명이 확정되기까지 그 변천 과정을 정리하면 아래와 같다.

- ○ 저축조합貯蓄組合 - 1917년(원기2) 8월
- ○ 대명국 영성소 좌우통달 만물건판 양생소 大明局 靈性巢 左右通達 萬物建判 養生所 - 1918년(원기3) 10월
- ○ 불법연구회 기성조합佛法研究會 期成組合 - 1919년(원기4) 10월
- ○ 불법연구회佛法研究會 - 1924년(원기9) 4월
- ○ 원불교圓佛教 - 1948년(원기33) 4월

원불교 창립기의 모습

오늘날 원불교가 짧은 역사에도 불구하고 한국 사회에서 4대 종교의 하나로 인정을 받고 있다. 나아가 세계 교화를 향해 힘차게 도약하고 있는 것은 재가·출가 교도들의 가슴속에 창립정신創立精神이 면면히 계승되고 있기 때문일 것이다.

창립정신이란 저축조합 운동, 영산 방언공사, 법인기도, 익산 중앙총부 건설 등 원불교 창립 과정을 통해 소태산과 9인 제자들이 직접 실천하며 형성한 교단 창립의 원동력이 된 정신을 말한다. 원불교의 정신적 지주가 되는 창립정신은 전무출신專務出身 정신의 기본이며, 모든 원불교인은 이 정신에 바탕해서 공부와 사업을 병행하고 있다. 일반적으로 창립정신은 이소성대, 일심합력, 무아봉공, 근검저축 등으로 정리할 수 있다.

창립정신

이소성대以小成大는 모든 일을 작은 데서부터 합리적으로 출발하여 한 걸음 한 걸음씩 착실히 발전시켜 가자는 정신이다. 티끌을 모아 태산을 이루고, 대해장강大海長江도 한 방울의 물이 모여 이루어진 것과 같이 교단을 이룸에 있어서도 조그만 일에서부터 출발하여 점진적으로 큰일을 이루어가자는 것이다.

'이소성대는 천리天理의 원칙'이라고 강조한 소태산은 종교의 발전과 사업의 성공은 물론, 개인의 수행도 이 정신을 바탕으로 실천하도록 가르쳤다. 물질적인 사업도 작은 데서 출발하여 점차 크게 이루어가야 하고, 성불成佛의 과정도 하루아침에 이루어지는 것이 아니라 중생의 무명 번뇌에서 출발하여 뼈를 깎는 수행정진 끝에 마침내 진리를 크게 깨치게 된다. 특히 이소성대의 경제관은 교단 창립 당시 소태산과 9인 제자들이 수행해 온 생활 자세라고 할 수 있다.

일심합력一心合力은 한마음 한뜻으로 함께 뭉치는 정신, 즉 단결과 화합의 정신이다. 분열하고 대립하고 투쟁하는 것이 아니라, 이해하고 양보하고 포용하는 정신이다. 각자의 마음속에 털끝만큼의 사심과 잡념도 없이 오직 일원상의 진리와 하나가 되고 모든 동지와 한 마음, 한 뜻이 되는 것이다. 원불교 초기 역사에서 일구어낸 방언공사, 법인기도, 중앙총부 건설 등이 모두 다 일심합력의 정신으로 이루어진 것이다.

여기에서 말하는 '일심'이란 두 가지 뜻이 있다. 하나는 여러 사람의 마음이 한마음으로 일치한다는 뜻이며, 또 하나는 번뇌 망상·사심 잡념이 들어있지 않는 온전하고 청정한 마음이란 뜻이다. 일심합력은 크게 텅 빈 마음[大空心]과 크게 공변된 마음[大公心]이 되어야 가능하다. 모든 일에 주인 정신을 발휘하는 마음이 일심합력이다. 교단 창립 이래, 오늘에 이르기까지 원불교 발전의 가장 큰 원동력의 하나는 모든 원불교인이 일심합력의 토대 위에 바탕하고 있다는 것에서 찾아볼 수 있다. 교단 창립 이후 여러 차례의 어려운 고비에도 일심합력의 정신으로 이를 잘 극복하고 오히려 발전의 계기로 승화시켜 왔다.

무아봉공無我奉公의 정신은 교단의 창립과 발전을 위해서는 자기의 생명을 바쳐도 아깝지 않다는 정신이요, 자기의 개인적 이익을 추구하려는 욕심을 놓아버리고 세계와 인류를 구제하기 위해서는 기쁘게 헌신 봉공하겠다는 희생적 정신이다. 법인기도는 특히 무아봉공의 표본이며, 이 정신은 전무출신專務出身의 기본 정신으로서 계승 발전되고 있다.

교단의 창립과 발전을 위해서는 자신의 소중한 생명도 즐거이 바치겠다는 정신, 개인의 이익만을 추구하려는 욕심을 버리고 세계와 인류 앞에 헌신 봉공하는 희생적 정신이다. 법인기도의 정성으로 백지혈인의 이적異蹟이 나타나자, 소태산은 9인 제자들에게 법명과 법호를 내리며 다음과 같이 말하였다. "그대들의 마음은 천지신명이 이미 감응하였고, 음부공사陰府公事가 이제 판결이

났다. 그대들의 몸은 곧 시방[十方]세계에 바친 몸이니 앞으로 모든 일을 진행할 때 오늘의 이 마음을 변하지 말라. 그대들의 전날 이름은 곧 세속의 이름이요 개인의 사사로운 이름이었다. 그 이름을 가진 사람은 이미 죽었다. 이제 세계의 공명公明인 새 이름을 주어 다시 살린다. 삼가 받들어 가져서 창생을 널리 제도하라."

이와 같이 무아봉공의 정신은 인간의 마음속에 자리를 잡은 이기심을 버리고 새 사람으로 새롭게 태어나서 남을 위해 헌신 봉공하는 정신이다. 자기가 가진 모든 것을 세계의 평화와 인류의 행복을 위해 즐겁게 바치는 생활이다.

근검저축勤儉貯蓄은 저축조합 운동을 전개하면서 허례를 폐지하고 미신을 타파하며 술과 담배를 끊고 일상생활을 검소하게 하며 공동 작업을 할 때부터 비롯되었다. 교단 창립기의 가난한 살림에서 근검저축의 생활은 필수적이었음은 물론이요, 당시의 민중들이 나태와 안일과 무기력에서 벗어나 가난한 생활에서 부유해지는 길이자, 국력을 신장해서 주권을 회복하는 길이었다. 근검저축 정신은 아무리 물질이 풍부한 시대가 된다고 하더라도 모든 인간이 가져야 할 미덕인 동시에 지혜를 닦고 복을 쌓는 길인 것이다.

이와 같이 원불교의 창립정신은 이론이 아니라 실제 생활 속에서 실천되어 온 행동철학이다. 그 토대 위에서 원불교가 창립되고 발전되었다. 마찬가지로 이 세상 모든 인류도 무슨 일을 하든지 이러한 정신을 바탕으로 하지 않고서는 건전한 발전과 성공을

방언공사로 일군 정관평(現 전남 영광군 백수읍 길룡리)

가져오기 어려울 것이다. 창립정신의 새로운 계승 발전은 곧 원불교의 발전과 직결될 뿐만 아니라, 모든 단체와 사회에서 적용하고 계승함으로써 성장의 밑거름이 될 수 있는 자산인 것이다.

원불교 창립에 동참한 제자들

인류 역사를 돌아보면 석가모니, 공자, 예수 등 성자들이 출현하여 혼탁한 세상을 바로잡은 뒤에는 반드시 그 법을 받들고 보필하는 훌륭한 제자들이 있었다. 그 대표적인 인물이 바로 불교의 십대제자十大弟子요, 유교의 공문십철孔門十哲이요, 기독교의 십이사도十二使徒이다.

원불교의 구인제자九人弟子 역시, 소태산의 법을 받들어서 교단 창립의 기반을 마련하였다. 소태산이 대각을 이룬 후, 제자가 되기를 바라는 40여 명의 사람들이 모여들었다. 하지만 그들은 대개 허영심이 많았고, 따라서 대부분 정법正法에 대한 신앙심이 별로 없었다.

소태산은 그중에서 신앙심이 굳고 장차 교단 창립의 초석이 될 만한 사람 8명[이재철·이순순·김기천·오창건·박세철·박동국·유건·김광선]을 선택하였으니, 1916년(원기1) 12월경의 일이다. 여덟 사람의 제자들과 1918년(원기3) 4월 전북특별자치도 정읍에서 만난 정산을 합해서 '9인 제자'라고 한다. 소태산은 이들을 최초의 표준 제자로 삼았다.

소태산은 이들과 함께 세계의 모든 사람을 두루 교화하기 위한 교단 최초의 단團을 조직하고, 저축조합운동·방언공사·법인기도·익산총부 건설 등 원불교 창립의 밑거름을 마련하였다. 9인 제자들의 면모를 살펴보면 다음과 같다.

경쟁률 4.5 대 1을 뚫고서

이재철[一山 李載喆, 1891~1943]은 전라남도 영광군 군서면 학정리 출생으로, 비교적 넉넉한 집안에서 태어났고 효성이 지극했다. 대화술과 설득력이 있었으며 대인관계에 능했다. 방언공사 때에는 관청을 상대로 복잡하고 힘든 문제를 담당하여 잘 해결했다. 익산총부 건설 후에도 초기 교단의 어려운 경제 문제를 해결하기 위하여 은행을 상대로 한 외무를 담당하였다.

이순순[二山 李旬旬, 1879~1941]은 전라남도 영광군 백수읍 천정리 출생이다. 소태산의 구도 생활 당시, 함께 낙월도落月島로 장사하러 가서 상당한 이익을 얻어 소태산의 어려운 가정 살림을 도와주기도 하였다. 소태산이 노루목에서 입정 상태에 빠져 있을 때

비가 새는 낡은 지붕을 고쳐준 일도 있었다. 그는 호탕한 기풍과 강인한 성격을 가졌으면서도 한편으로는 온유하고 선량하여 교단 초창기에 인화人和의 표본이 되었다.

김기천[三山 金幾千, 1890~1935]은 전라남도 영광군 백수읍 천정리 출생이다. 12세 경에 한문의 문리文理를 통했고, 16세 경에는 한문 서당의 훈장이 되었다. 학문 연마와 진리 탐구에 뛰어나 교단에서 최초로 견성인가見性認可를 받았다. 부산지방에 최초의 교무로 발령을 받아 3년간 봉직하면서 부산 경남지방의 교세 발전을 위한 터전을 닦았다.

오창건[四山 吳昌建, 1887~1953]은 전라남도 영광군 백수읍 학산리 출생이다. 어릴 때부터 소태산과 친하게 지냈다. 뒷모습이 서로 많이 닮아서 '작은 대종사'라고 불리기도 했다. 평소에 근검과 봉공을 생활신조로 삼았고, 방언공사 때에는 항상 앞장서서 일했다. 부안 봉래정사에서 소태산의 보좌역할을 많이 했다. 주밀하고 철저한 성격으로 교당을 신축 또는 증축할 때는 공사감독을 주로 맡았다. 개인의 위신이나 체면을 세우는 일이 없이 소태산의 명령에 절대로 복종하였다.

박세철[五山 朴世喆, 1879~1926]은 전라남도 영광군 백수읍 길룡리 출생으로 소태산과는 친족親族이다. 9인 제자 중에서 외모와 학식이 약간 뒤떨어졌으나, 항상 힘들고 어려운 일을 자진해서 맡았다. 소태산은 그의 신성을 높이 평가하면서 '일본 총독과도 바꿀 수 없는 헌신적인 인물'이라고 칭찬하였다. 9인 제자 중에서 가장 먼저 열반했다.

박동국[六山 朴東局, 1897~1950]은 소태산의 친동생이다. 9인 제자들과 함께 저축조합운동·혈인기도·방언공사 등에는 같이 참여했으나, 소태산을 대신해서 가정 살림을 맡아 모친을 봉양하였다.

유건[七山 劉巾, 1880~1963]은 전라남도 영광군 백수읍 길룡리 출생으로 소태산의 외삼촌이다. 처음에는 동학에 입문하였으나 소태산의 제자가 된 후로는 한결같은 신성을 바쳤다. 소태산이 삼밭재 마당바위에서 기도 생활을 할 때 초막을 지어주기도 하였다. 몸이 건강하고 힘이 세어 방언공사 때에 일을 많이 했다. 재가 교도로 생활했으나, 노년에는 전북특별자치도 익산의 원불교 중앙수양원에서 수행 정진했다.

김광선[八山 金光旋, 1879~1939]은 전라남도 영광군 백수읍 길룡리 출생으로 소태산이 구도 생활을 할 때에 의형제를 맺어 형의 입장에서 경제적으로 후원을 하였다. 수도할 곳을 찾는 소태산에게 전북특별자치도 고창에 있는 연화봉을 소개하여 주었고, 때로는 이곳저곳으로 같이 다니며 수행 정진하기도 하였다. 소태산이 대각한 후에는 제일 첫 번째로 제자가 되었다. 또한 공자孔子 문중의 자공子貢에 비유되기도 했다.

정산[鼎山 宋奎, 1900~1962]은 경상북도 성주군 초전면 소성동에서 태어났다. 그는 8세 경부터 한학漢學을 배우면서 세계를 바로잡고 인류를 구제하는 큰 인물이 되리라는 뜻을 품고, 스승을 찾아 경상도와 전라도 각처를 헤매 다녔다. 그러던 중 1917년(원기2)경에 당시 신흥종교의 본거지이던 전라도로 건너와서 증산교 교파의 하나인 보천교의 교주 차경석[車京石, 1880~1936]을 만나보기도 하였으나, 정법 도인이 아니라고 생각했다. 이후 정산이 1918년(원기3) 봄에 전북특별자치도 정읍시 북면 화해리 김해운金海運과 그의 아들 김도일金道一의 집에 머물고 있을 때, 영광으로부터 그곳까지 직접 찾아간 소태산과 처음 만나게 된다. 소태산은 정산이라는 큰 인물이 경상도에서 전라도로 건너와서 이곳에 머물고 있을 것이라는 사실을 예견하고 직접 찾아갔던 것이다. 그때 소태산과 정산은 의형제를 맺었으나, 훗날 전라남도 영광군 백수읍 길룡리로 찾아간 정산이 소태산을 스승으로 모시기로 자청하여 사제師弟의 의를 맺었다.

9인 제자들의 출생지를 비교해 보면 정산만 경상북도 성주요, 나머지 8인이 모두 소태산과 동향인 전라남도 영광이다. 또한 소태산과 9인 제자의 인연 관계를 살펴보면 박세철은 조카뻘의 항렬[족질]이고, 박동국은 친동생이며, 유건은 외숙外叔이요, 김광선은 어렸을 때부터 소태산과 교의交誼가 두터운 의형제이고, 이순순과 김기천, 오창건은 모두 이웃 동네의 친구이며, 이재철은 오창건의 인도로 제자가 되었으며, 정산은 스승을 찾아 구도 행각을 하고 있을 때 소태산이 전북특별자치도 정읍井邑 화해리花海里에서 친히 맞이한 숙세宿世의 지중한 법연이다. 아울러 소태산과 9인 제자의 나이를 비교해 보면 박세철, 이순순, 김광선 등은 모두 동갑으로 소태산보다 12년 연상年上이요, 유건은 11년 연상, 오창건은

4년 연상, 김기천은 1년 연상이고, 이재철은 동갑이며, 박동국은 6년 연하年下요, 정산은 9년 연하이다.

이들 가운데 이순순, 박동국, 유건 등 3인이 소태산의 명을 받고서 재가 교도在家敎徒로 돌아가긴 했으나, 모두가 혈심血心을 가진 제자들로 스승을 배반하거나 교단 창립에 해독을 끼친 이가 전혀 없었다. 아울러, 9인 제자들 외에도 원불교 창립에 헌신 노력한 이들은 적지 않은데, 그중에서 대표적인 인물은 서중안[秋山 徐中安, 1881~1930], 이동안[道山 李東安, 1892~1941], 송도성[主山 宋道性, 1907~1946], 전음광[惠山 全飮光, 1909~1960], 서대원[圓山 徐大圓, 1910~1945], 이공주[九陀圓 李共珠, 1896~1991], 황정신행[八陀圓 黃淨信行, 1903~2004] 등이다.

원불교 경전은 누구의 저술인가

"진리는 성인이 나시기 전에는 하늘에, 성인이 나신 후에는 성인에게, 성인이 멸하신 후에는 경전에 담긴다."라는 말이 있듯이 종교에 있어서 경전經典이 차지하는 중요성은 아무리 강조해도 지나치지 않다. 원불교에서는 경전을 '교서敎書'라고 하는데, 이는 원불교의 교리·제도·역사 등을 교도들에게 가르치기 위해 기본적으로 정해진 교과서를 말한다. 여기에는『정전』·『대종경』·『정산종사법어』[세전·법어]·『불조요경』·『예전』·『교사』·『교헌』·『성가』·『대산종사법어』 등이 있다. 이 아홉 가지를 통칭하여 9종 교서라 칭한다. 그 중『정산종사법어』의『세전』·『법어』를 나누어 '10종 교서'라고 하며, 이를 총괄한 것이『원불교전서圓佛敎全書』이다.

경전은 성인이 지은 글이나 성인의 말과 행실을 적은 글을 일컫는다. 따라서 성인이 직접 집필한 경전과 후래 제자들에 의해 정리된 경전으로 구분하여 볼 수 있다. 한 종교의 교문을 연 성인이 직접 경전을 집필한 경우는 역사적으로 찾아보기가 쉽지 않다. 그래서 적지 않은 경전이 위경僞經 논란의 대상물이 되기도 하고, 한편으로 체계적인 교리의 정립이 가능해지는 계기가 되기도 한다. 그러면 원불교의 『교서』는 어떤 과정을 통해서 이루어졌는지 살펴보자.

소태산, 붓을 들다

원불교의 경전은 다른 종교의 경전들처럼 교조인 소태산이 구술口述한 것을 후대에 제자들이 결집하여 완성한 것인가? 아니면 자신이 직접 집필한 것일까? 결론부터 대답하면 소태산이 직접 집필한 것도 있고, 그렇지 않은 것도 있다.

위에서 밝힌 교서들 가운데 가장 중요시되는 것으로 『정전正典』과 『대종경大宗經』을 꼽을 수가 있다. 특히 『정전』은 원불교 교리의 원강을 밝힌 '원元의 경전'으로, 『대종경』은 교리에 바탕하여 만법을 두루 통달케 하는 '통通의 경전'으로 받들어지며, 이 양대 경전이 다른 교서에 비해 중요시된다.

『정전』은 원불교 기본교리의 강령을 밝힌 경전으로, 소태산이 친히 저술한 『불교정전佛敎正典』을 근본으로 해서 1962년(원기 47) 9월에 처음으로 발행되었다. 대부분 종교의 경전들이 교조의 친저親著가 아니라는 점에 비추어 보면, 『정전』이 지닌 특징이 드러난다. 그 내용은 「제1 총서편, 제2 교의편, 제3 수행편」 등 3편 26장으로 구성되어 있다. 총서편에는 개교의 동기와 교법의 총설이 실려있고, 교의편에는 일원상·사은 사요·삼학 팔조·인생의 요도와 공부의 요도·사대강령으로 구성되어 있으며, 수행편에는 일상수행의 요법·정기훈련과 상시훈련·염불법·좌선법·의두요목·일기법·무시선법·참회문·심고와 기도·불공하는 법·계문·솔성요론·최초법어·고락에 대한 법문·병든 사회와 그 치료법·영육쌍전법·법위등급이 밝혀져 있다.

『대종경』은 소태산의 언행과 직접 지은 한시漢詩 등을 수록한 경전으로서 법회 석상이나 대중 앞에서 설한 법문을 당대의 제자들이 기록한 것을 종합 편찬하여 1962년(원기47)에 처음 발행했다. 『정전』과 『대종경』을 합본하여 『원불교 교전』이란 이름으로 간행하였는데, 교훈적인 법문이 많이 있어 원불교의 모든 교서 가운데 가장 많이 읽히고 있다. 그 내용은 『정전』에 나타난 원불교 교리에 대한 해설, 불교와 원불교와의 관계, 신앙과 수행의 방법론, 인간으로서 마땅히 실천해야 할 윤리적 가치, 인과보응의 이치, 영혼 천도, 교단과 세계의 미래에 대한 전망, 제자들에게 대한 부탁 등의 법설이 수록되어 있어서 소태산의 인품·사상·생애·포부 등이 잘 나타나 있다. 또한, 서품·교의품·수행품·인도품·인과품·변의품·성리품·불지품·천도품·신성품·요훈품·실시품·교단품·전망품·부촉품 등 15품 547장으로 편성하였고, 한글로 구성되어 있어서 누구나 쉽게 읽고 배울 수 있다.

『불조요경佛祖要經』은 원불교와 관련이 깊은 불경佛經과 조사祖師들의 논論을 골라 엮은 것으로, 『금강경』·『반야심경』·『사십이장경』·『현자오복덕경』·『업보차별경』·『수심결』·『목우십도송』·『휴휴암좌선문』 등이 수록되어 있다. 이 경론들은 소태산이 직접 선택한 것으로, 원불교 교리를 이해하는 데 상당히 도움이 된다.

『예전』은 소태산이 1926년(원기11)에 허례를 폐지하고 예禮의 근본정신을 드러내고자 '신정의례新定儀禮'를 제정한 후, 1935년(원기20)에 편찬 발행하였다. 그 내용을 보면 사회생활 속에서 인간과 인간과의 관계를 원만히 유지하고 발전시키기 위해서, 필요한 예의 규범을 정한 통례편通禮編, 가정생활에 있어서 출생으로부터 성년·결혼·회갑·상장喪葬·제사에 이르기까지 일생일대의 예법을 규정한 가례편家禮編, 교단에서 각종 종교의식을 행하는 규범을 정한 교례편敎禮編으로 구성되어 있다. 따라서 원불교의 모든 예법이나 예식 행사는 『예전』에 근거하여 행하게 된다.

『세전』은 사람이 세상을 살아가는 데 있어서 법도 있게 행해야 할 정당한 도리를 밝힌 책으로써 태교胎敎로부터 천도薦度에 이르기까지 일생일대의 갖가지 도리와 강령 등을 밝혔다. 총서·교육·가정·신앙·사회·국가·세계·휴양·열반·통론 등 10장으로 구성되어 있다.

『법어』는 소태산의 수제자인 정산의 법문을 집약 수록하여 1972년(원기57) 1월에 처음 발행하였다. 『대종경』이 15개 품인 것처럼 『법어』도 역시 기연편·예도편·국운편·경륜편·원리편·경의편·권도편·응기편·무본편·근실편·법훈편·공도편·도운편·생사편·유촉편 등 15편 682장으로 구성되어 있다. 『세전』과 『법어』는 정산의 법문과 언행록이며, 둘을 합본하여 『정산종사법어』라고 한다.

『교사敎史』는 원불교가 개교한 이후 발전해 온 역사를 기록한 교서로서 1975년(원기60)에 발행되었다. 그리고 『교헌敎憲』은 원불교 교단을 합리적이고 미래지향적으로 통치하기 위한 기본 법규로서 1948년(원기33)에 처음 제정 공포되었다. 아울러 『성가聖歌』는 일원상의 진리를 찬송하고 교도들의 신앙과 수행을 화和에 바탕하여 진작시키기 위한 노래로서 200곡이 수록되어 있다.

『대산종사법어』는 정산의 뒤를 이어 종법사를 역임한 대산[大山 金大擧, 1914~1998]의 『대산종사 수필법문집』을 저본으로 하여 주제별로 나누어 구성한 것이다. 2014년(원기99) 편찬되었으며 신심편·교리편·훈련편·적공편·법위편·회상편·공심편·운심편·동원편·정교편·교훈편·거래편·소요편·개벽편·경세편 등 15편 699장으로 구성했다.

전라북도 익산에 총부를 둔 이유

한 나라의 정치·문화·경제의 중심지는 수도이지만, 종교의 중심지는 단연 성지聖地를 꼽을 수 있다. 성지란 종교의 발상지나 종교의 유적이 있는 곳을 말하는데, 이를 중심으로 종교의 발전과 성장이 전개된다.

원불교의 경우에는 소태산이 탄생·구도·대각한 전라남도 영광과 교법을 제정하고 교서를 초안한 전북특별자치도 부안 변산, 그리고 중앙총부를 건설한 익산 등지를 성지로 정하고 있다. 그 가운데 익산은 원불교의 심장부라고 할 수 있다. 현재 원불교 교단 전체를 통할統轄하는 본부인 중앙총부가 전북특별자치도 익산시 익산대로 501(신용동)에 자리 잡고 있기 때문이다.

이곳은 1924년(원기9)에 소태산이 교단 본부를 정한 이래 원불교 발전의 터전이 되고 있다. 현재 원불교 최고지도자인 종법사가 주재하고 있는 종법원을 비롯하여 교정원·감찰원 등 교단의 중요기관이 모두 이곳에 있으며, 신앙생활을 인도하는 각종 시설도 세워져 있다. 그리고 소태산과 후계 종법사인 정산, 대산의 성탑과 기념비 등이 세워져 있어서 명실공히 원불교의 중심지 역할을 한다. 또 바로 옆에는 원불교 발전에 큰 역할을 한 원광대학교가 자리해 원불교 타운을 형성하고 있다. 원불교 교도들은 '원불교 중앙총부'를 줄여서 '총부'라고 부르며, 익산의 지명을 따서 '익산총부益山總部'라고 부르기도 한다.

영광에서 익산으로

전라남도 영광에서 출발한 원불교 교단은 약 4년 6개월에 걸친 소태산의 전북특별자치도 부안 변산 주석기駐錫期를 거쳐 창립 인연을 결속하였다. 그 후, 익산에 중앙총부를 정한 뒤 성장과 발전을 거듭해 탄탄한 기반을 다졌다. 1924년(원기9) 2월 부안 변산에서 나온 소태산은 같은 해 음력 4월 29일에 익산시 마동에 있는 보광사에서 불법연구회 창립총회를 개최하였다. 그러고 나서 제자들과 함께 부근을 답사하고, 익산군 북일면 신룡리[현 익산시 신용동]에 총부 건설기지를 정하게 된다. 그 이유는 토지가 광활하고, 철도 건설의 요충지였던 관계로 교통이 비교적 좋아서 각처의 교도들이 내왕하기에 편리했기 때문이다.

원불교 중앙총부 정문(現 전북특별자치도 익산시 익산대로 501)

불법연구회의 초대 회장이 된 서중안徐中安은 총부를 건설하기 위해 3천여 평의 임야와 건축비 일부를 기부하였다. 이에 각처에서 제자들도 건축기금을 희사하고, 영광과 변산을 거쳐 온 제자들의 근로 작업으로 1924년(원기9) 9월에 공사를 시작해서 11월경에 목조 초가 2동 17칸을 완공하였다. 이것이 익산총부 건설의 시초이다.

당시 이곳은 인가가 드물고 행인도 별로 없는 나지막한 야산지대였다. 더욱이 총부의 운영은 물론, 대부분 타지 출신인 전무출신專務出身들의 생활 방도가 특별히 마련되어 있지 않아서 그 어려움과 곤란은 이루 말할 수가 없었다. 그리하여 소작농, 엿 제조

업과 판매 등을 통해서 경비를 조달하는 등 교단 창립의 어려운 역사가 시작된 것이다. 평소에는 경험해 보지 못한 노동이나 행상, 작업을 지속하면서 엿밥으로 끼니를 대신하고 침구조차 부족한 누습漏濕한 방에서 종일 피곤한 몸을 쉴 수밖에 없었다.

하지만 그들은 교단 건설의 기쁨과 보람으로 소태산의 법설과 지도에 힘입어 대중의 기운을 한데 모으며 낙원의 공동생활을 창출하였다. 비록 주경야독晝耕夜讀 영육쌍전靈肉雙全 이사병행理事竝行의 고단한 나날이었지만, 법열과 희망이 넘치는 가운데 새로운 생활 종교로서 체제를 본격적으로 세우기 시작하였다. 그리하여 오늘날 원광대학교, 원음방송 등을 비롯한 교육·문화·자선·산업 등 여러 기관을 설립하였고, 우리나라 신종교의 대표적인 성지로 나날이 발전해 가고 있다.

개벽을 재촉하는 3·1운동

35년간의 억압과 착취 속에 고난의 삶을 이어가던 한민족은 1차 세계대전의 종결과 미美 윌슨의 민족자결주의 선언을 기회로 민족 자주독립을 위한 선언과 만세운동을 전개하였으니, 3·1운동이 그것이다. 천도교를 중심으로 하여 기독교, 불교의 종교인들과 학생들이 주축이 되었고, 당시 우리나라 인구 약 1,700만 명 중에서 최소 202만 명이 넘는 사람들이 동참한 3·1운동은 자연히 일제가 종교단체들에 대한 주의를 집중하는 계기를 만들었다. 이 시기는 원불교에 있어서 영광 길룡리의 방언공사가 완성 단계에 접어들 즈음에 해당한다.

방언공사가 성공리에 완성 단계에 접어들면서 개펄을 막아 수백 마지기의 논을 만들었다는 소문이 퍼져서 관변官邊의 관심이 집중되었다. 급기야 궁촌 벽지에서 일어난 방언조합이 무슨 자본으로 무엇을 믿고 저렇게 대단한 간척사업을 진행했는가 하는 점이 빌미가 되어 일경日警들의 조사를 받게 되었다. 그래서 독립지사들과 은밀한 유대 관계 아래서 이루어진 사업인지, 아니면 위조화폐를 제작하지는 않았는지 하는 두 방면으로 조사가 진행되었다. 그들은 옥녀봉 아래 조합실을 샅샅이 뒤졌고, 심지어는 인부들이 받아 가는 품삯을 거두어가서 위조지폐인가를 면밀히 조사했다.

하지만 별다른 혐의를 잡지 못한 일경은 소태산을 영광경찰서로 연행하여 7일간 가두었다. 그들이 소태산을 구금한 이유는 정작 다른 데 있었다. 그 무렵은 3·1운동이 전국을 휩쓰는 때인지라, 대중의 신망을 얻어 탁월한 지도력을 가진 소태산이 다른 지역 사람들과의 연락을 취하지 못하게 하기 위한 조치였다. 그러나 방언조합이 만세운동에 특별히 관계되는 바가 없음을 알고 풀려났다.

그때를 즈음하여 전국 방방곡곡에서 만세운동이 크게 일어난다는 소식을 접한 제자들이 들끓는 의기를 이기지 못하여 소태산에게 물었다. "이러한 때에 저희가 해야 할 일이 무엇입니까?"

소태산이 대답했다. "우리들이 조선의 독립만을 목적한다면 우리도 또한 만세운동에 직접 참가해야 할 것이다."

너무나 당연한 말에 제자들은 할 말이 없었다. 그들에게 소태산이 말했다. "우리가 목적하는 바는 조선의 독립만이 아니다. 장차 세계 창생을 구제해야 할 것이다. 만세운동은 새 세계의 개벽을 재촉하는 상두소리다. 우리는 지금 바쁘니, 어서어서 방언공사를 마치고 기도를 올리자."

개벽을 여는 기도

그리하여 제자들은 소태산의 명에 의해 1919년(원기4) 음력 3월 26일부터 열흘 간격으로 100일간의 법인기도法認祈禱를 시작하였다. 만세운동이 세계만방에 대한의 자주와 독립을 위해 의지를 모아 외치는 것이었다면, 법인기도는 정신의 단결과 기운의 응집을 도모하여 법계의 인증을 통해 새로운 문명 세계를 열어갈 웅지雄志를 구체화한 것이다. 영광경찰서에서 풀려난 후 기도를 마친 소태산은 부안 변산에 가서 잠시 주석駐錫하였는데, 가끔 의기 있는 사람들이 찾아와서 함께 독립운동을 전개할 것을 권하기도 하였다.

"대각하신 큰 도인이시라면 세상에 나가 구국을 위하여 싸움하실 것이고, 그렇지 않다면 별다른 인물이 아니지 않습니까?"

이 질문에 소태산은 이렇게 응수하였다.

"태평양 고기를 잡으려는 사람이 몽둥이로 때려서 몇 마리나 잡을 것이며, 얼마나 큰일을 하겠습니까? 태평양 고기를 잡으려면 먼저 큰 그물을 장만해야 하듯이, 나는 천하를 구원할 그물을 만들고 있습니다. 큰 고기를 잡을 사람은 몽둥이를 들고 바다로 뛰어들지 않고 깊은 산에 들어가 먼저 그물을 뜨고 모든 준비를 한 후에 나가 고기를 잡는 법이요.”

소태산의 경륜은 일개 구국 차원에 머물지 않았다. 적어도 태평양을 언급한 것에서 알 수 있듯이 세계평화를 경륜으로 하고 천하를 포부에 두는 심량心量을 가졌다.

한편, 도산 안창호[島山 安昌浩, 1878~1938]는 상하이上海 훙커우虹口공원의 윤봉길 의사 폭탄 투척 사건에 연루되어 일경에게 체포, 국내로 송환되어 4년의 실형을 받고 대전 감옥에서 복역 중 위장병으로 1935년(원기20) 2월 10일 형기 20개월을 남기고 가출옥하였다. 출옥 이후 도산은 전국 각지를 순회하던 중, 그해 여름에 익산에 도착하여 동아일보 지국장 배헌裵憲 기자의 안내로 소태산을 만났다. 배헌 기자는《동아일보》에「맑은 호숫가에 이상적 생활을 하고 있는 불법연구회」라는 제목의 기사를 실어 원불교를 세상에 소개한 사람이다.

소태산보다 13년 연상인 도산은 총부를 둘러보고 소태산의 포부와 경륜에 대하여 말하기를 “나의 일은 판국이 좁고 솜씨가 또한 충분하지 못하여, 민족에게 큰 이익은 주지 못하고 도리어 나로 인하여 관헌들의 압박을 받는 동지까지 적지 않은데, 선생께서는 그 일의 판국이 넓고 운용하시는 방편이 능란하시어, 안으로 동포 대중에게 공헌함은 많으면서도, 직접으로 큰 구속과 압박은 받지 않으시니 선생의 역량은 참으로 대단하십니다.”라고 하였다. [『대종경』 실시품 45장 참조]

일제강점기와 원불교, 그 수난과 극복

일제는 1910년 8월 29일, 조선을 강제로 합병하며 통감부를 조선총독부로 바꾸었다. 부임해 온 역대 총독들은 모두 일본의 육·해군 대장 출신이었다. 원불교가 개교하여 창립의 기틀을 다질 즈음은 국권피탈國權被奪과 함께 취임한 초대 총독 데라우치 마사타게[寺內正毅, 1852~1919]가 1916년에 떠나고, 하세가와 요시미치[長谷川好道, 1850~1924]가 무단통치를 이어간 시기이다. 나아가 3·1운동 발발로 인해서 1919년(원기4) 8월, 사이토 마코토[齋藤實, 1858~1936]가 부임하여 '문화통치'라는 이름으로 조선의 지배 정책을 수정한 시기였다.

문화통치는 총칼만으로 조선을 통치하는 것에는 한계가 있다고 판단한 일제가 조선인의 민족운동을 분열시키고 항일감정을 억제하려는 조치였다. 이를 위해 일제는 먼저 언론·교육을 일부 허용하고 헌병경찰제도를 보통경찰제도로 전환했다. 학교 선생들이 칼을 차고 수업하는 것도 폐지했다.

그러나 실제로는 헌병을 보통경찰로 이름만 바꾼 것에 불과했다. 오히려 군대와 경찰력은 더욱 강화되었다. 칼을 찬 헌병이 사라진 대신 민족운동을 탄압하기 위해 더욱 치밀한 방법이 동원되었다. 특별고등경찰, 사복형사, 밀정 등이 조선인의 삶을 구속하기 시작한 것이다. 게다가 1925년(원기10)에는 '치안유지법'을 제정해 민족운동을 탄압하는 도구로 삼았다. '문화통치'란 결국 훨씬 지능적인 무단통치였던 셈이다. 돌이켜보건대 조선에 대한 일제의 지배 정책은 1910년대에 땅을 요구하는 것으로 시작하여 1920년대에는 쌀을, 1930년대에는 노동력을, 1940년대에는 생명까지 요구하는 단계로 점차 강화되었다.

일제로부터 받은 수난

원불교의 초기 교단사는 소태산의 생애와 그 경로를 같이 한다. 이를 더듬어 보면 소태산은 1891년에 탄생했고, 한일합방조약 뒤인 1916년(원기1)에 대각하여 원불교를 개교하였으며, 8·15광복이 되기 전인 1943년(원기28)에 열반하였다. 따라서 소태산의 일생은 일제강점기의 한 가운데에 자리하며, 그에 따라 원불교는 일제로부터 탄압과 수난의 대상으로서 예외가 아니었다. 더욱이 3·1운동이 종교인들을 중심으로 일어나자, 자연스레 일제는 종교단체들에 대한 억압을 한층 강화하기 시작했다.

방언공사의 자금 출처에 대해서 소태산은 영광경찰서에 7일간 구금을 당하며 조사를 받는 고초를 겪었다. 또한, 법인기도를 마치고 수양지 물색과 창립 인연을 찾기 위해 잠시 머물렀던 김제 금산사에서 소태산이 실신한 사람을 회생시킴으로 인해 "생불生佛님이 나셨다."는 소문이 나서 김제경찰서로 연행되어 7일 만에 풀려나는 등의 직접적인 고난을 받았다.

그뿐만 아니라 익산에 중앙총부를 건설한 후에는 1935년(원기20) 도산 안창호의 방문으로 감시가 더욱 심해졌으며, 급기야 1936년(원기21) 10월에는 이리경찰서 산하의 북일주재소가 중앙총부 구내에 설치되고 고지마 교이찌[小島京市]와 황가봉 두 순사가 파견되어 항상 주둔하며 숙식까지 하면서 감시와 탄압을 지속했다. 그리하여 남녀문제·재정문제·사상문제 등 다양한 방면으로 감시와 내사를 벌이며, 원불교를 해체할 구실을 찾기에 혈안이었다. 하지만 소태산은 오히려 이들을 감화시켜 제자로 만들어 황가봉은 황이천[黃二天, 1910~1990]이라는 법명을 받았다.

일제의 종교탄압 정책은 전국 각지의 교화에도 타격을 주었다. 활발히 교화를 전개하던 전주교당과 화해교당, 남원교당, 개성교당 등은 혹세무민惑世誣民한다는 혐의로 취조를 당하였다. 1935년(원기20)부터 전주 자택에 교화의 장을 열고 교화를 전개하던 이청춘은 신도들의 돈을 빼어간다는 악의에 찬 주변의 농간으로 경찰에 소환되었다. 그리고 1938년(원기23)에는 정읍 북면 화해리에 사는 김도일이 자택에서 주민을 모아놓고 법회를 보았다 하여 혹세무민한다는 혐의로 주재소에 잡혀가 장작개비로 맞으며 취조를 당하였으며, 남원에서 교화하던 정관음행이 경찰에 끌려가 1주일간 구류를 살았다. 개성교당에서는 원불교의 성가 중에서 '물욕 충만 이 세상에 위기 따라서 구주救主이신 대종사님 탄생하시사 …'라는 구절이 시비가 되어 봉변을 당하였다.

아울러 마령교당에서 교화를 담당하던 송벽조 교무가 1939년(원기24) 극심한 가뭄을 기하여 일본 천황 앞으로 "천황이 박덕하고 소화昭和라는 연호年號가 소화燒火와 비슷하여 재난이 빈발하는 것이므로 당장 바꾸고 조선 총독은 물러나라."는 요지의 의기어린 투서를 보냈다가 발각되어 천황불경죄로 옥고를 겪었고, 소태산은 출두 명령을 받아 고초를 받았다. 하지만 여기에 굴하지 않고 송벽조의 후임 교무로 독립운동가 출신인 박대완을 배치하는 등 박해에 대해 의연한 대처를 해나갔다. 그 밖에도 창씨개명 강요·일본인 승려들이 주도하는 불교연맹에 강제 가입·시국 행사에 강제 동원 등 크고 작은 수난을 여러 차례 겪었으나, 소태산은 적절히 대응하면서 새로운 희망과 미래를 제시하였다.

약자가 강자되는 법

소태산의 설법 곳곳에 이러한 점이 잘 드러나는데, 그 대표적인 법문인 '강자·약자의 진화進化상 요법'의 핵심적인 내용을 요약하여 소개하면 다음과 같다.

"무슨 일을 물론하고 이기는 것은 강强이요, 지는 것은 약弱이다. 따라서 강자는 약자에게 강을 베풀 때 자리이타自利利他 법을 써서 약자를 강자로 진화시키는 것이 영원한 강자가 되는 길이요, 약자는 강자를 선도자로 삼고 어떠한 천신만고가 있다고 하여도 약자의 자리에서 강자의 자리에 이르기까지 진보하여 가는 것이 다시없는 강자가 되는 길이다."

이처럼 소태산은 약자와 강자를 설정하고, 지배자인 일제와 피지배자인 조선을 비유하여 영원히 강자가 되는 대응법을 제시하였다. 여기에는 소태산의 생애에 일관된 중심사상이 잘 나타나 있다. 침탈과 대항을 통한 힘의 논리가 아닌 새로운 방향에서 일종의 비폭력 무저항주의로 일본을 상대하는 영원한 진화상생進化相生의 원리를 제시한 것이다. 그래서 조선총독부에서는 소태산을 '조선의 간디'라고 하며, 요주의 인물로 선정했고 감시와 억압을 늦추지 않았다.

하지만, 일제의 수난에 대한 원불교의 대응은 '강자·약자의 진화상 요법'에 바탕해서 일시적이거나 무력을 사용하는 것이 아니라 영구적이고 비폭력적인 방법을 취하게 된다. 그렇다고 해서, 아무런 대책 없이 항거하는 자세가 아니라 교단의 힘과 실력을 키움으로써 해결책을 모색하였으며, 곤궁에 처한 대중에게는 "일제가 제 나라로 돌아갈 날이 머지않다."라며 은연중 안심시켜 주었다. 그리고 여러 차례에 걸쳐 법문을 통하여 조선의 장래가 호전되리라는 전망을 함으로써 희망과 용기를 북돋아 주었다.

"천지에 진강급進降級이 있다고 하오니 조선이 지금 어느 기期에 있습니까?"라는 제자의 물음에 "조선은 진급기에 있다."라고 하였으며『대종경』 변의품 6], 금강산을 유람하고 돌아와서는 "금강현세계金剛現世界 조선갱조선朝鮮更朝鮮"이라는 글귀를 대중에게 일러주며 "금강산은 천하의 명산이라 머지않은 장래에 세계의 공원으로 지정되어 각국이 서로 찬란하게 장식할 날이 있을 것이며, 그런 뒤에는 세계 사람들이 서로 다투어 그 산의 주인을 찾을 것이니, 주인이 될 사람이 미리 준비해 놓은 것이 없으면 무엇으로 오는 손님을 대접하리오."『대종경』 전망품 5]라고 일깨웠다. 또한 "조선은 개명開明이 되면서부터 생활 제도가 많이 개량되었고, 완고하던 지견도 많이 열리었으나, 아직도 미비한 점은 앞으로 더욱 발전을 보게 되려니와, 정신적 방면으로는 장차 세계 여러 나라 가운데 제일 가는 지도국이 될 것이니, 지금 이 나라는 점진적으로 어변성룡魚變成龍이 되어가고 있느니라."『대종경』 전망품 23]라그 예견하며 제자들이 어둡고 괴로운 현실 속에 좌절하지 않고 일어설 수 있도록 이끌어 주었다.

소태산의 열반

오랜 구도 과정의 고행으로 인해 건강을 상실했던 소태산은 일원상의 진리를 대각한 이후로는 비교적 건강한 편이었으나, 이따금 상기증上氣症과 안질眼疾을 보였다. 30세가 넘어서는 목 근처에 습종濕腫을 보여 근 10년간 고생하더니 40세가 넘어서 완쾌되었다. 그리고 환절기나 겨울철이 되면 감기와 기침으로 고생하였는데, 이는 구도시의 고행에 기인한 것이었다. 하지만 워낙 건장한 체격의 소유자였기에 제자들 가운데 소태산의 열반을 꿈에라도 생각한 사람은 없었다.

그러나 소태산은 50세가 되던 해인 1939년(원기24) 4월에 '열반 시를 당하여 영혼 천도하는 법설'을 발표하고, 동년 8월에는 '열반 전후에 후생 길 인도하는 법문'을 발표하는 등 여러 차례 자신의 열반을 준비하고 예시하였다. 나아가 이미 열반을 앞둔 3년 전부터는 『정전』 편찬과 함께 열반을 은밀히 준비하였다. 대중에게는 "나는 떠날 때 바쁘게 봇짐을 챙기지 않고 미리부터 여유 있게 짐을 챙기리라."라고 하였으며, 1941년(원기26) 1월 28일에는 대중을 모아놓고 마지막 게송偈頌을 전하였다.

유有는 무無로 무는 유로
돌고 돌아 지극至極하면
유와 무가 구공俱空이나
구공 역시 구족具足이라.

그리고는 "옛 도인들은 대개 임종 당시에 바쁘게 전법 게송을 전하였으나 나는 미리 그대들에게 이를 전하여 주며, 또는 몇 사람에게만 비밀히 전하였으나 나는 이와 같이 여러 사람에게 고루 전하여 주노라. 그러나, 법을 오롯이 받고 못 받는 것은 그대들 각자의 공부에 있으니 각기 정진하여 후일에 유감이 없게 하라."『대종경』 부촉품 2]고 간곡히 당부하였다. 게송이란 깨달음의 경지를 집약한 시어詩語로서 대개 열반을 앞두고 은밀히 한 제자에게 전하는 법인데, 소태산은 대중들 모두에게 공개적으로 전했다. 따라서 제자들은 소태산의 최후에 대한 암시를 전혀 눈치채지 못하였다.

대중들에게 게송을 전하는 것뿐만 아니었다. 제자들과 함께 식사도 하고 법복을 골고루 지어주었다. 예로부터 큰스님들이 제자들에게 의발衣鉢을 전수함으로써 법을 전하는 의식을 소태산은 공개적으로 모든 제자에게 두루 베풀었다. 이 무렵 소태산은 초창기 교단 창립에 애쓴 남녀 제자들을 골고루 불러서 함께 밥상을 마주하는 일이 잦았다. 평소에 소태산을 가까이 모시기를 좋아하는 제자들에게는 적지 않은 기쁨이요, 영광이 아닐 수 없었다.

준비된 열반

열반하기 1년 전인 1942년(원기27)부터 소태산은 제자들에게 으레 이런 말을 자주 하였다.

"나 죽으면 어떻게 살래?"

"깊은 산중에 수양 갈란다."

이는 일제日帝 탄압에 대하여 자신의 희생으로 교단을 지키려 했던 자비심에서 비롯된다. 일제는 소태산에게 감시, 제재, 압력, 어용 등 갖가지의 수법으로 28년 동안 끈질기게 괴롭혀 왔다. 1919년(원기4) 방언공사를 완료하자 영광경찰서에 소태산을 구속하였던 것을 시작으로 부안 변산과 익산으로 거처를 옮길 때마다 감시는 더욱 강화되었다. 1935년(원기20)부터는 형사를 고정 투입하여 경계 감시하였고, 1940년(원기25)부터는 교리를 트집 잡아 반일反日을 경계하는 한편 친일 협력도록 재촉하였다. 하지만 소태산은 그들의 압제에도 유연하게 대처하며 그 뜻을 펼쳐가던 중, 일제 탄압의 막바지에 열반의 길을 택했다. 자신의 열반으로 일제가 원불교는 자체 분열로 멸망하리라 예견하고 극심한 탄압을 하지 않으리라 예상한 것이다.

정전과 교리도

아울러 소태산은 그동안 진행해 오던 『정전』의 편찬을 자주 재촉하며 감수監修의 붓을 밤늦게까지 놓지 않았다. 드디어 『정전』이 완성되자 바로 인쇄하게 하고, 제자들에게 전하기를 "때가 급하여 이제 만전을 다하지는 못하였으나, 나의 일생 포부와 경륜이 그 대요는 이 한 권에 거의 표현되어 있나니, 삼가 받아 가져서 말로 배우고, 몸으로 실행하고, 마음으로 증득하여, 이 법이 후세 만대에 길이 전하게 하라. 앞으로 세계 사람들이 이 법을 알아보고 크게 감격하고 봉대할 사람이 수가 없으리라."[『대종경』 부촉품 3]라고 하였다. 하지만 대중들은 그 말씀의 뜻을 미처 알아차리지 못하였다.

1943년(원기28) 1월에 '교리도敎理圖'를 발표하고, 5월 16일 예회에서 공식적으로는 대중에게 마지막으로 설법하기를 "우리가 도를 알아 가는 것이 마치 철없는 아이가 차차 어른 되어 가는 것과 같다 하리라. 이와 같이, 아이가 커서 어른이 되고 범부가 깨쳐 부처가 되며, 제자가 배워 스승이 되는 것이니, 그대들도 어서 어서 참다운 실력을 얻어 그대들 후진의 스승이 되며, 제생의세의 큰 사업에 각기 큰 선도자들이 되라. (-중략-) 그대들은 또한 사람

○

知恩報恩

正覺正行

因果報應의 信仰門	一圓은 法身佛이니 宇宙萬有의 本源이요 諸佛諸聖의 心印이요 一切衆生의 本性이다.	眞空妙有의 修行門
四恩		三學
天地恩 父母恩 同胞恩 法律恩		精神修養 事理研究 作業取捨
四要		八條
自力養成 智者本位 他子女教育 公道者崇拜	偈頌	信 疑 不信 懶 / 忿 誠 貪慾 愚
報恩卽佛供	有는 無로 無는 有로 돌고 돌아 至極하면 有와 無가 俱空이나 俱空 亦是 具足이라.	動靜間不離禪
處處佛像 事事佛供		無時禪 無處禪

無我奉公

佛法活用

教理圖

만 믿지 말고 그 법을 믿으며, 각자 자신이 생사 거래에 매하지 않고 그에 자유할 실력을 얻기에 노력하라. 우리가 이와 같이 예회를 보는 것이 마치 장꾼이 장을 보러 온 것과도 같으니, 이왕 장을 보러 왔으면 내 물건을 팔기도 하고 남의 물건을 소용대로 사기도 하여 생활에 도움을 얻어야 장에 온 보람이 있으리라. 그런즉, 각자의 지견에 따라 유익될 말은 대중에게 알려도 주고 의심 나는 점은 제출하여 배워도 가며 남의 말을 들어다가 보감도 삼아서 공왕공래空往空來가 없도록 각별히 주의하라. 생사가 일이 크고 무상은 신속하니 가히 범연하지 못할 바이니라."라고 하였다.『대종경』 부촉품 14] 이것이 공식 석상에서 소태산이 설한 최후의 법문인데, 여기서도 생사를 언급한 점은 주목할 바이다.

최후 법문을 설한 이틀 뒤, 심장 압박 증세로 병석에 눕게 된 소태산은 5월 27일 저녁 8시 30분쯤 이리병원 10호실에 입원하였으나 효험을 보지 못하고, 6월 1일에 세수世壽 53세로 생애를 마감하였다. 원불교 교문을 열어 28년간 제생의세濟生醫世를 위해 힘쓰다가 열반의 길을 떠난 것이다.

서러운 이별

청천벽력과 같은 열반상을 접한 대중은 뜻을 모아 그 신상身象을 영구 보존코자 유리관을 준비하려다가 일제의 방해로 뜻을 못 이루고, 오히려 화장하여 매장하되 그 묘소는 공동묘지로 제한하며 관棺과 유골함에 봉인하도록 억압을 받았다. 그래서 6월 6일에 중앙총부 대각전에서 발인식을 봉행하고 성해聖骸는 다비하여 익산시 금강리 공동묘지에 임시로 안치하였다. 훗날 광복을 맞이한 뒤 1949년(원기34) 4월 총부 구내에 성탑을 건립하고 그 속에 성해를 안장하였다.

한편, 소태산이 열반하자 제자들의 망극한 슬픔과는 상관없이 일제 관헌들은 "이제 원불교는 끝장났다. 지도자가 죽었으니, 그들은 뿔뿔이 흩어져 망하게 될 것"이라고 하며 크게 기뻐하였다. 소태산이 예견했던 것처럼 ….

장의 행렬 좌우에 일경(日警)들이 사찰하고 있다.

소태산의 인간적 면모

소태산의 키는 170cm가 조금 넘었고, 체중은 90kg 정도로서 당시대의 인물로는 비교적 큰 키에 건장한 체격이었다. 그리고 전신全身의 상하좌우가 고루 골라 맞아서 어느 쪽에서 봐도 다 원만하고 거룩하였다. 걸음을 걸을 때는 급하거나 한가하거나 오래 걷거나 잠깐 걸을 때도 마치 소가 걷듯이 항상 같은 보조로 걸었다. 또한 발은 양쪽 발 모두 발바닥이 평평하여 많은 길을 걷지 못하였다. 머리털은 예외로 뻣뻣하였으나 40세 되면서부터 빠지기 시작하여 53세 되던 때에는 거의 다 빠져 두상이 더욱 환하게 되었다.

종교 지도자로서 위엄과 권위도 있었지만, 마치 여느 부모님같이 따뜻한 면이 드러나는 점도 많았다. 총부의 소가 소싸움에 나가서 1등을 하자 그 누구보다도 기뻐하였다. 또한 영광에 있을 때는 창부娼婦 몇 사람이 입교하여 내왕했는데, 일부 사람들이 "청정한 법석에 저러한 사람들이 내왕하면 외부인의 비웃음이 있을 뿐만 아니라 발전에 장애가 될 것이니, 다시는 오지 못하게 하는 것이 좋을 것입니다."라고 하였더니, 이에 소태산은 "제도의 문은 도리어 그러한 죄고 중생을 위하여 열었으니, 그러한 중생일수록 더 반가이 맞아들이라."라고 하였다. 선악 귀천의 차별이 없는 자비와 사랑을 보인 것이다.

교단 초창기부터 소태산을 친견하고 수십 년간 받들어 모셨던 김광선은 소태산에 대하여 찬탄하기를 "한 말씀, 한 행동을 모두 우러러 흠모하여 행하고자 하되 그 만분의 일도 아직 감히 능하지 못하거니와, 그 가운데 가장 흠모하여 배우고자 하나 능하지 못함이 세 가지가 있으니, 하나는 순일무사純一無私하신 공심公心이요, 둘은 시종일관始終一貫하신 성의誠意요, 셋은 청탁병용淸濁竝容하시는 포용包容이다."라고 하였다.

지공무사, 오직 한 길로

소태산의 마음 씀씀이나 일 처리하는 것을 보면 말 한마디와 행동 하나하나가 순연히 공公 하나뿐이요, 사私가 없었다. 그래서 오직 원불교 교단을 창건하는 일 외에는 다른 아무 생각도, 말도, 행동도 없었다. 심지어는 모친의 환후患候가 깊어진 상황에 당하여 본가에 가서 정성껏 시탕侍湯하다가 아우인 동국東局에게 이르기를

"도덕을 밝힌다는 나로서 모친의 병환을 어찌 불고하리오마는, 나의 현재 사정이 시탕을 마음껏 하지 못하게 된 것은 너도 아는 바와 같이 나를 따라 배우기를 원하는 사람이 벌써 많은 수에 이르러 나 한 사람이 돌보지 않으면 그들의 전도에 지장이 있을 것이요, 이제까지 추진해 온 모든 사업도 큰 지장이 많을 것이니, 너는 나를 대신하여 모친 시탕을 정성껏 하라. 그러하면 나도 불효의 허물을 만일이라도 벗을 수 있을 것이요, 너도 이 사업에 큰 창립주가 될 것이다."라고 하였다. 또한 모친에게 위로하기를 "인간의 생사는 다 천명天命이 있는 것이오니 어머니께서는 안심하시고 항상 일심 청정의 진경에 주하십시오." 하고 돌아와서 제도사업에 전심하였다. 그리고, 1940년(원기25)에는 둘째 아들인 광령光靈이 병들어 21살의 나이로 요절하는 슬픔을 당하였음에도 "인력으로 좌우하지 못할 것은 명이라." 하며, 공사公事나 설법하는 데에 조금도 평시와 다르지 않았다.

한편, 소태산의 가정생활은 그 부인인 양하운[十陀圓 梁夏雲, 1890~1973]에 의해 유지되었는데 부귀와 안락함을 누리는 것이 아니라 논과 밭으로 다니면서 갖은 고역을 다 하였다. 이 모습을 보고 제자들이 죄송한 생각이 들어서 성금을 모아 그 고역을 면하도록 하자는 의논을 했는데, 그 소식을 듣고 소태산은 "그 말도 예에는 그럴듯하나 중지하라. 이만한 큰 회상을 창립하는데 그 사람도 직접 나서서 창립의 큰 인물은 못 될지언정 도리어 대중의 도움을 받아서야 하겠는가. 자력이 없어서 할 수 없는 처지라면 모르거니와 자신의 힘으로 살 수 있다면 그것이 떳떳하고 행복한 생활이니라."라고 말했다.

아울러, 사업을 할 때에는 영광 길룡리에서 방언공사할 때에 보이던 성의는 물론이요, 28년 동안 중생제도를 위해 쏟는 정성이 시간이 갈수록 오히려 더 할지언정 조금도 감소함이 없었다. 평소에 낮에는 무슨 일이든지 하면서 무료히 허송하는 때가 없었으며, 혹 아침저녁 조용한 틈에는 훈계할 제자들을 불러서 엄하게 가르치기도 하고 순순히 타일러 주기도 했다. 더욱이 대중들을 거느릴 때는 미운 짓 하는 사람일수록 더욱 잘 무마하고 애호하며 말하기를 "좋은 사람이야 누가 잘 못 보느냐. 미운 사람을 잘 보는 것이 이른바, 대자대비大慈大悲의 행이다."라고 하였다.

한때는 형사 한 사람이 당국의 지령을 받고서 소태산과 원불교 교단을 감시하기 위하여 오랜 기간 총부에 머물렀는데, 도리어 소태산은 그 사람을 챙기고 사랑하기를 마치 사랑하는 제자나 다름없이 한결같이 하였다. 이에 감복한 그 형사가 소태산의 제자가 되기를 자청하여 황이천黃二天이라는 법명을 받고 원불교 교도가 되어 모든 일에 많은 도움을 주었다.

집군성이대성

소태산은 창립의 인연에게 각별한 애정을 가지고 있었다. 따라서 김광선, 이동안 등 제자들의 열반을 당해서는 교단 창립을 위한 고락을 같이하는 가운데 말할 수 없이 깊이 든 정을 아쉬워하고 눈물을 흘리며 섭섭함을 나타냈다. 심지어는 총부에서 기르던 어린 개가 동네의 큰 개에게 물려서 죽게 되자 이를 불쌍히 여기어 친히 재비齋費를 내리며 개의 영혼을 위하여 천도재를 지내 주도록 했다.

근검과 절약이 몸에 배어있는 소태산은 조각 종이 한 장과 도막 연필 하나며 소소한 노끈 하나라도 함부로 버리지 않고 아껴 썼다. 따라서 비록 폐물이라도 그 사용할 데를 생각하여 함부로 버리지 않아서 폐물이 도리어 성한 물건같이 이용되는 수가 많았다. 식사할 때는 대중과 같이하기를 좋아하였으며, 소식小食을 하면서 밥 한 톨을 금 한 덩어리같이 귀중히 여기어 반찬이나 숭늉 남은 것에 밥알 한 알이 들지 않게 하였다. 언제나 사용하는 도구를 반드시 정돈하기를 비록 어두운 밤에라도 불을 켜지 않고 물건을 더듬어 찾을 수 있게 하며, 도량을 반드시 정결하게 하여 한 점의 티끌이라도 머무르지 않게 했다.

이와 같이 소태산의 인간적인 면모는 여러 가지로 드러나는데, 소태산의 수제자로 그 법통을 계승한 정산은 소태산의 인격을 '대종사 성비聖碑'에서 "백억화신百億化身의 여래如來·집군성이대성

集群聖而大成"이라고 종합적으로 표현하였다. 백억화신의 여래는 모든 중생을 제도하기에 알맞은 유형의 모습으로 화현化現한 부처라는 뜻이고, 집군성이대성은 성현의 무리를 모아서 크게 완성한 것과 같은 '성인 중의 성인[聖中聖]'이라는 것이다.

성탑을 세우고 성비에 새기다

위인이나 성자가 돌아가신 뒤에 그분의 사상과 경륜·정신을 계승하는 데에 있어서 가시적인 상징물이 필요하기도 하고, 그 상징물이 커다란 의미를 가짐과 동시에 효력을 발휘하기도 한다. 예컨대, 광화문 네거리에 세워진 충무공 이순신 장군의 동상은 왜적의 침략에 분연히 대응하는 당당한 기개를 드러내고 충의忠義의 상징으로 자리매김하고 있다.

이처럼 추모와 존숭과 기념의 뜻을 모아 정성껏 조성한 구조물의 예로 탑塔과 비碑를 빼놓을 수 없다. 석가모니불이 입멸한 후에 8등분이 된 사리를 봉안하기 위해 반구형 구조물을 세웠는데, 이것을 인도어로는 '스뚜빠Stupa'라고 한다. 그것을 한자로는 '탑파塔婆'로 음역하고, 줄여서 '탑'이라고 한다. 그리고 불탑에 이어서 불상佛像이 생겨나 신앙과 예불의 대상으로 모셔졌다.

성탑과 성비

1943년(원기28) 6월 1일, 소태산의 열반 후 일제의 엄격한 감시와 통제 속에 장례식이 진행되었다. 유해遺骸는 일제의 강압에 의해서 화장火葬하게 되었는데, 생전에 소태산이 제자들에게 말하기를 "평소에 큰 도인은 사리舍利 같은 흔적조차 남기지 않았다. 제자들이 사리에 집착할까 염려하기 때문이다. 또한 사리를 남기고 남기지 않는 것을 가지고 수행자의 법력을 평가하는 것은 바람직한 견해가 아니기 때문이다. 그래서 나도 사리를 남기지 않을 것이다." 라고 예언함으로써 사후에 화장하기를 희망하였다고 할 수 있다.

소태산 대종사 성탑

소태산의 유해는 이리공동묘지에 임시로 안장되었다가, 광복 이후인 1949년(원기34) 4월 25일에야 비로소 총부 소나무 숲에 석탑을 조성한 후 봉안되었다. 그 석탑에는 '대종사 성탑大宗師 聖塔'이라고 각명刻銘하였다. 따라서 대종사 성탑은 소태산의 유해가 안치된 분묘墳墓로서의 의미가 있다. 원불교 교도들은 대종사 성탑을 오가며, 소태산의 가르침을 다짐하고 되새김과 동시에 추모와 존숭의 마음을 모아 경건한 자세로 참배의 예를 올리고 있다.

한편, 소태산은 불상 숭배를 일원상 숭배로 바로 잡는 혁신을 제창하였다. "우리는 불상 숭배를 개혁하였사오니 앞으로 어느 때까지든지 대종사님 이하 역대 법사의 기념상도 조성할 수 없게 되는 것입니까?"라는 제자의 물음에 소태산은 "기념상을 조성하여 유공인을 기념할 수는 있으나 신앙의 대상으로 삼지는 못하리라." 라고 답하였다. [『대종경』 변의품 22]

아울러 "사원의 탑을 많이 돌면 죽은 후에 왕생극락한다고 해서 신자들이 탑을 돌며 예배하는 일이 많사오니 사실로 그렇습니까?"라는 질문에 "그것은 우리 육신이 돌로 만든 탑만 돌라는 말씀이 아니라, 지·수·화·풍으로 모인 자기 육신의 탑을 자기의 마음이 항상 돌아서 살피면 극락을 수용할 수 있다는 뜻이니, 몸이 돌로 만든 탑만 돌고 육신의 탑을 마음이 돌 줄을 모른다면 어찌 그 참뜻을 알았다 하리오."라고 일깨워 주었다. [『대종경』 변의품 17]

새 시대의 주세불

'대종사 성비大宗師 聖碑'는 소태산의 생애와 업적을 길이 추모하고 후세에 영원히 전하기 위하여 1953년(원기38) 4월 26일에 세운 것이다. 이곳은 대종사 성탑의 동남편에 자리 잡고 있는데, 정산이 국한문을 혼용하여 지은 1,950여 자字의 비문碑文이 당대의 명필 송성용[剛庵 宋成鏞, 1913~1999] 선생의 글씨로 네 면에 새겨져 있다. 석재는 전북특별자치도 익산의 황등산黃登產 화강암이고, 기단부基壇部와 비신碑身·비립碑笠의 총 높이는 5.84m이며, 많은 연화문양식蓮花文樣式이 도입되어 종교적 품위를 드러내고 있다.

비문의 말미末尾에서 정산은 소태산을 다음과 같이 찬양하였다.

"… 오호라 대종사는 일찍이 광겁종성曠劫種聖으로 궁촌변지窮村邊地에 생장하시어 학문의 수습이 없었으나 문리文理를 스스로 알으시고 사장師長의 지도가 없었으나 대도를 자각하시었으며, 판탕板蕩한 시국을 당하였으나 사업을 주저하지 아니하시고 완강頑强한 중생을 대할지라도 제도의 만능이 구비具備하시었으며, 기상氣象은 태산교악泰山喬嶽 같으시나 춘풍화기春風和氣의 자비가 겸전兼全하시고 처사處事는 뇌뢰낙락磊磊落落하시나 세세곡절細細曲節의 진정眞情을 통해 주시며, 옛 법을 개조하시나 대의는 더욱 세우시고, 시대의 병을 바루시나 완고頑固에는 그치지 않게 하시며, 만법萬法을 하나에 총섭總攝하시나 분별은 오히려 역력히 밝히시고 하나를

소태산 대종사 성비

만법에 시용施用하시나 본체는 항상 여여히 드러내사, 안으로는 무상묘의無上妙義의 원리에 근거하시고 밖으로는 사사물물事事物物의 지류까지 통하시어 일원대도의 바른 법을 시방삼세十方三世에 한없이 열으시었으니, 이른바 백억화신百億化身의 여래如來시요 집군성이대성集群聖而大成이시라 ….”

문장가들에 의해 간결하면서도 대체大體를 크게 드러내는 명문으로 평가되는 이 비문은 ‘광겁종성曠劫種聖’, ‘백억화신百億化身의 여래如來’, ‘집군성이대성集群聖而大成’ 등 비문의 일면에서 정산에 의해 소태산이 새 시대의 주세불主世佛로 드러남을 확인할 수 있다. 다시 말해서 전 생애를 통해 받들어온 스승관이 주세불사상으로 정립된 것이다.

그 밖에도 소태산의 생애와 사상을 기념하고 드러내는 탑과 상像을 더 찾아볼 수 있다. '대각탑大覺塔'과 '기념상'이 그것이다. 소태산의 대각을 기리고, 28년간의 제도사업을 추앙하기 위해서 영광군 백수읍 길룡리 노루목에 2016년(원기101) 9월 대각탑을 준공했다. 대각탑은 일원상을 중심으로 하고, 소태산이 대각한 모습과 일원상 진리를 설파하는 모습을 상징하는 형상을 대각탑 전면부 양면에 나눠 조각했다.

그리고 1991년(원기76) 4월에 소태산의 탄생 100주년을 기념해서 익산성지에 '소태산 기념관[현 원불교역사박물관]'을 건립하였다. 그곳에는 소태산의 기념상과 유물 등이 보존되어 있어서 영모永慕의 정성과 노력이 잘 드러난다.

법맥과 종통을 이어받아

소태산이 열반에 들자, 수위단회를 통한 선거에 의해 정산鼎山을 후계 종법사로 선출하고 추대하였다. 『원불교 교헌敎憲』에 명시된 바에 의하면, 원불교 최고 지도자인 종법사가 궐위闕位되거나 임기 만료될 시에는 교단 최고의 결의기관인 수위단회의 의결을 거쳐 6년 임기의 종법사를 선출하게 된다. 민주적인 절차와 대중의 신망 속에 종통이 계승되는 것이다. 정산은 종법사 취임식에서 대중에게 취임사를 하였다.

"내가 오늘까지 이 자리에 오르리라는 것은 꿈에도 생각해 본 바가 없었다. 과거의 불교가 오늘에 이르기까지 보통 조사祖師도 나오고 드러난 조사도 나오면서 수천 년을 내려왔는데 불상을 모시고 내려왔다. 그러나 우리 회상은 대종사님께서 내어놓으신 법이 있고, 또 대종사님 법하法下에서 직접 훈련받은 많은 동지가

정산 송규 종사
(1900~1962)

있으니, 대종사님의 법을 전하기로 온갖 정성을 다한다면 대체에 어긋나지 아니하리라는 마음에서 용기를 갖고 이 자리에 임하게 되었다. 우리 모두 대종사님의 대도정법을 후세에 길이 전하기로 서원하고 일심합력하자."

정산의 생애

정산은 소태산의 수제자로서 본명은 송도군宋道君이다. 정산은 1900년 음력 8월 4일 경상북도 성주군 초전면 소성동에서 아버지 송벽조宋碧照와 어머니 이운외李雲外의 2남 1녀 가운데 장남으로 태어났다. 그는 어려서부터 천품天稟이 총명하고 국량이 넓으며 기상이 화청和淸하여 선동仙童이라 불렸다. 또한, 8세 경부터 한학을 배우면서 세계를 바로잡고 모든 인류를 구제하는 큰 인물이 되어야겠다는 뜻을 품고, 스승을 찾아 각처를 헤매 다녔다.

16세 경에 당시 신흥종교의 본거지이던 전라도로 와서 보천교의 교조인 차경석을 만나보았으나, 그가 정법 도인이 아님을 알게 되었다. 정법의 스승을 만나지 못해 우울한 심경으로 모악산 대원사에서 혼자 수도에 전념하던 중, 마침 이 절에 불공드리러 온 김해운金海運을 만나게 되었다. 정산의 풍모가 비범함에 존경심이 우러난 김해운은 자기의 집으로 모셨으면 하는 바람을 간곡히 청하였다. 이에 정산은 거처를 김해운의 집으로 옮겨 몇 달 동안 스승 없이 기도하며 수련을 쌓던 중, 1918년(원기3)에 소태산이 친히 정읍시 북면 화해리 김해운의 집으로 찾아와서 처음 서로 만나게 되었다.

이에 앞서 제자들과 함께 최초의 교화단을 조직한 소태산은 땅을 의미하는 중앙의 자리를 비워두었다가 가장 나이가 어린 정산에게 이 자리를 맡겼다. 소태산은 "내가 만나려던 사람을 만났으니, 우리의 대사大事는 이제 결정이 났다."라고 말했으며, 정산은 이때부터 지중한 부자父子의 결의로 한결같이 신봉과 보필의 역할을 다하였다. 소태산은 정산을 두고 "나의 마음이 곧 그의 마음이 되고 그의 마음이 곧 나의 마음이 되었다."라고 하였으며, 자신의 법을 정산이 이어받게 하였다.

한편, 정산은 "내가 어려서 경상도에서 구도할 때 간혹 눈을 감으면 원만하신 용모의 큰 스승님과 고요한 해변의 풍경이 눈앞에 떠올랐는데, 대종사를 영산에서 만나 뵈오니 그때 떠오르던 그 어른이 대종사시요 그 강산이 영산이었다."라고 하였다. 『정산종사법어』 기연편 6] 이처럼 소태산과 정산의 만남은 이미 예견된 것이었다.

훗날 정산은 영광으로 찾아가서 소태산과 사제지의師弟之誼를 맺었고, 수위단회 중앙에 임명되었다. 이때부터 정산은 교단 창립의 중추적 역할을 하였다. 원불교 첫 사업인 방언공사가 끝난 후 8인 동지와 함께 법인성사를 이루었으며, 변산과 익산에서 교리 제정을 도우며 각처의 법연들을 널리 찾아다녔다. 1924년(원기9) 불법연구회가 창립되자 연구부장, 교무부장, 총무부장, 교정원장 등의 직책을 맡으며 소태산을 보좌했다. 또한 영산에서 후진 양성에 심혈을 기울이기도 했다.

일제는 소태산이 열반하면 불법연구회가 자연히 지리멸렬支離滅裂하여 해체의 길을 걷게 될 줄로 알았다. 당시의 많은 신흥종교가 교조가 열반하면 치열한 종권 다툼이 벌어지고, 그에 따른 분열과 갈등으로 몰락했기 때문이다. 더욱이 패전의 빛이 날로 짙어져 가는 일제의 탄압과 수탈은 마침내는 군부를 앞세워 불교의 황도화皇道化라는 계획을 세우고 강요의 정도를 더해만 갔다. 하지만 후계 종법사로 추대된 정산의 지도력과 일심합력의 정신으로 무장한 교도들은 소태산의 열반에 따른 슬픔 속에서도 일제의 노골적인 탄압과 수탈이라는 난관에 당면하여 흔들리지 않고 슬기롭게 대처해 나갔다.

광복을 맞아 원불교가 한 일

탄압과 수탈을 일삼던 일제가 물러가고 광복은 되었으나, 혼란과 무질서가 걷잡을 수 없이 밀려드는 상황이 벌어졌다. 소태산의 열반으로 와해가 될 것이라는 일제의 예측과는 달리, 원불교에서는 이 난관을 타개하기 위해서 정산의 지도로 정성과 노력을 하나로 모아 일사불란한 움직임으로 건국 사업에 뛰어들었다. 전재동포 구호사업과 전재고아보호사업, 한글보급운동의 세 가지 방향으로 전개된 건국 사업과『건국론』의 저술은 원불교의 민족성을 유감없이 발휘한 것으로 평가될 수 있다.

나라와 민족을 위해

전재동포구호사업戰災同胞救護事業은 건국 사업 가운데 가장 두드러지게 나타난 사업이다. 이는 일제의 강압을 견디기 힘들어 조국을 등지고 멀리 해외로 유랑의 길을 떠났던 동포들이 광복의 기쁨을 안고 조국으로 돌아왔지만 당장 먹고 입고 잘 것이 시급한 상황을 해결하기 위해서 전개한 사업이다. 원불교에서는 1945년(원기30) 9월 초순에 '전재동포 원호회援護會'를 결성하고, 익산·서울·부산·전주 등지의 역전에 '귀환歸還 전재동포 구호소救護所'를 설치하여 건국 사업을 적극 전개하였다. 익산에서는 13개월 반, 서울에서는 6개월 반, 부산에서는 3개월 반, 전주에서는 5개월 동안 굶주리고 헐벗고 병든 전재 동포들에게 식사와 의복공급, 숙소 안내, 응급치료와 분만 보조, 사망자 장례 등의 구호사업을 전개하였다. 이 기간에 구호 받은 전재 동포의 연인원이 80여만 명에 이르렀고, 20여 개 교당에서 5백여 명의 교도들이 동원되었으며, 서울과 익산을 오가며 앞장서서 이 사업을 이끌던 송도성 교무는 과로와 전염병을 얻어 순직하였다. 또한 귀환 학도병을 상대로 사상강연회를 열었고, 국민을 상대로 계몽운동도 전개하였다. 전재동포구호사업은 미약했던 당시의 원불교 교세로서는 총력을 기울인 사업이었다. 나아가서 본격적인 사회사업의 시초가 되었으며, 사회로부터 집중적인 주목과 좋은 평가를 받게 되었다.

서울 용산구 한남동에 처음 75명의 전쟁고아를 수용하여 '서울보화원'을 설립하고, 황정신행[황온순의 법명]·조일관 등이 중심이 되어 운영하였다. 이것이 바로 전재고아보호사업戰災孤兒保護事業의 시작이다. 점차 고아들의 수가 늘어나 수백 명이 되었고, 이에 따라 '한국보육원'을 설립하였다. 황정신행이 운영하던 한국보육원은 뒤에 6·25 한국전쟁이 일어나자, 제주도로 피란하여, 이승만 대통령의 간곡한 부탁과 후원으로, 한때 3천 명이 넘는 한국 최대의 고아원으로 확장되었다. 황정신행은 일제 말기에 소태산으로부터 "장차 교단의 고아 사업을 책임지고 노력하라."는 가르침을 받고, 한국보육원을 성심성의껏 운영하였으며, 그로 인하여 '전쟁고아의 어머니'로까지 불리게 되었다.

8·15 광복으로 인한 기쁨 중의 하나는 우리말과 우리글을 되찾을 수 있게 되었다는 점이다. 이에 발맞추어 원불교는 일제강점기부터 운영해 오던 총부 야학원을 개방하여 총부 부근 아이들에게 한글을 가르쳤다. 나아가 일선 교당의 교무들에게도 한글 강습을 통해 지역사회의 문맹퇴치운동에 앞장서게 하였다. 그리하여 한글보급운동은 1960년대 초반까지 농촌 교당의 야학 시행으로까지 크게 확대되었다. 경제 형편이 어려워 배우지 못한 사람이 많은 농촌 지역에서 야학을 통한 한글보급운동, 거기에다가 한문 교육과 도의道義 교육은 상당한 성과를 얻었다. 이 무렵의 농촌 교당은 지역사회에서 훌륭한 교육기관으로서 기능한 것이다.

건국 사업을 전개하면서 정산은 일시적 구호사업이 아닌 영원한 제도사업이 되도록 그 방향을 제시했다. 물질적인 구호사업만으로는 참다운 행복과 평화를 가져올 수 없으며 오직 마음을 바르게 제도해야만 참다운 평화와 행복을 가져올 수 있다고 강조한 것이다. 따라서 원불교의 건국 사업은 구호사업과 제도사업의 두 가지 측면을 겸비하면서 전개되었다.

건국을 위하여

『건국론建國論』은 정산이 8·15광복 직후인 1945년(원기30) 10월에 바람직한 국가 건설을 염원하면서 집필한 논설이다. 『건국론』은 전문 8장과 부록으로 구성되어 있으며, 200자 원고지로 50매 분량이다. 비록 분량은 많지 않지만, 광복 직후의 정치·경제·사회·문화 전반에 대해서 체계적이고 종합적으로 제시하고 있다. 그뿐만 아니라 정치인이 아닌 종교인의 입장에서 시국에 관한 견해를 구체적으로 표명했다는 점에서 주목된다. 종교인임에도 여러 방면에 걸쳐서 상세한 내용을 제시한 것으로 높이 평가되는 『건국론』의 요지는 "정신으로써 근본을 삼고, 정치와 교육으로써 줄기를 삼고, 국방과 경제로써 가지와 잎을 삼고, 진화의 도로써 그 결과를 얻어서 영원한 세상에 뿌리 깊은 국력을 잘 배양하자는 것"이다.

또한 건국의 정신으로 ①마음단결 ②자력확립自力確立 ③충의봉공忠義奉公 ④통제명정統制明正 ⑤대국관찰大局觀察의 다섯 가지를 제시했다. 건국의 방법론으로 ①정치적 입장에서는 모든 국민이 다 국법을 엄정히 지키고 국가의 정론正論을 세운 후 국민 총훈련을 실시하여 애국정신과 공중도덕을 보급시킬 것. ②종교적 입장에서는 국민 지도에 적당한 종교를 장려하여 지방마다 행정·사법·교육·종교 등 네 기관이 그 임무를 분담 진행하게 할 것. ③교육의 입장에서는 의무교육의 실시, 교육기관의 확장, 정신교육의 장려, 예의 교육의 향상, 작업 실습의 강화가 필요하다고 강조했다.

아울러 그 결론으로 ①어떠한 계급의 사람이든 평등하게 보호하여 각자의 자유와 생활의 안정을 얻게 하고, ②외부의 혁명을 하기 전에 먼저 마음의 혁명을 하며, ③유산자有產者의 희사로 생활 평등을 가져오고, ④관민官民이 차별 없이 건국 사업에 일심합력하며, ⑤건국 공로자의 대우를 분명히 하여 공사公私 간에 진화의 도를 얻게 하자는 것이라고 밝혔다.

『건국론』이 탈고되자 교단에서는 이를 바로 인쇄하여 세상에 널리 펴내자는 의견들이 있었으나 신중론을 표명하는 이들도 적지 않아 우선 프린트로 발간, 당시 정계 인사들과 교단 요인들에게 배포하여 호의적인 반응을 얻었다. 어느 정치인은 정산을 찾아와 "지금 건국 초기에 시국이 아직 불안하고 나라의 일이 많으며 종교도 나라가 있은 연후의 일이니 바라건대 건국을 위하여 힘을 써 주심이 어떠하겠나이까?"라는 요청을 할 정도였다.

이후, 해외파·국내파 등의 정당 난립과 이념의 대결로 빛을 보지 못하던『건국론』은 1981년(원기66) 문고판으로 발간하여 널리 알려졌다. 그리고 2000년(원기85) 정산종사 탄생 100주년을 계기로『건국론』이 널리 홍보되어 정계와 학계의 많은 주목을 받았다.

하나의 세계를 향하여

1943년(원기28) 소태산의 갑작스러운 열반과 일제의 가혹한 탄압과 회유를 겪으면서도 원불교는 정산을 중심으로 의연히 대응하며, 교단의 맥을 이어 나갔다. "내가, 이 세상에서 본 한국인의 얼굴 중에서 가장 아름다운 얼굴은 익산 원불교 본부에서 본 정산 선생의 얼굴이었다."는 안병욱 교수의 말처럼, 자애로운 용모의 정산은 조용한 가운데 힘 있게 교단을 이끌었다.

1943년(원기28) 6월 8일에 후계 종법사로 추대된 정산은 광복 후의 교단을 재정비하면서 대내적으로는 '사대경륜四大經綸'을 중요 실천 과제로 계획하고, 교화·교육·자선의 '삼대사업三大事業'을 통해 교단의 내실과 발전을 도모한다. 아울러, 대외적으로는 '삼동윤리三同倫理'를 제창하여 대동화합의 길을 제시하며 세상을 향한 가르침을 전개하였다.

네 가지 경륜

'사대경륜'은 정산이 소태산의 뜻을 이어 원불교를 더욱 발전시켜 가기 위해서 당시의 시점에서 계획했던 교재정비·기관확립·정교동심·달본명근의 네 가지 계획을 말한다. 교재정비教材整備는 일제 강점기에 임시로 발간한 여러 초기 교서를 더욱 정비하고 발전시켜 『정전』과 『대종경』을 비롯한 각종 교서를 편찬 발행하여 대중교화의 자료를 갖추는 것이다. 특히 정산은 『예전』과 『대종경』의 편찬과 『정전』의 재편찬에 심혈을 쏟았고, 영주靈呪와 청정주淸淨呪를 발표하여 오늘날 원불교 교도들이 많이 외우는 주문 가운데 하나가 되었다. 기관확립機關確立이란 교화·교육·자선·생산 등 여러 가지 기관을 설립하여 인재와 경제와 사업의 근거를 갖춰 교단을 종합적으로 발전시키는 것이다. 원광대학교를 비롯한 교육기관과 『원광』지 발행을 위한 원광사, 그리고 자선기관, 산업기관, 요양기관 등을 설립하였다. 특히 소태산이 열반할 때 21개였던 교당의 수가 19년 후인 1962년(원기47)에는 70여 개로 증가하였다. 정교동심政教同心은 정치와 종교가 서로 합심 합력하여 평화세계·평등세계 건설에 함께 노력하자는 것이다. 일제강점기를 겪고 정치에도 상당한 관심을 가진 정산은 8·15광복을 맞아 『건국론』을 친히 저술하여 발표하였고, "정치와 종교는 엄부嚴父와 자모慈母, 수레의 두 바퀴와 같다."라고 비유한 소태산의 가르침을 더욱 강조한다. 달본명근達本明根이란 교단 발전을 위한 여러 가지 사업에 힘쓰면서도 각자의 수행에 더욱 정진하여 본래 성품을 깨치고 생사 해탈을 얻는 등, 모든 일에 그 근본을 잊지 말자는 것이다. 정산은 항상 제자들에게 "마음공부 잘하여서 새 세상의 주인되자." "도덕으로 천하를 한 집안 만들자."는 간곡한 당부를 하였다.

세 가지 사업

'삼대사업'은 원불교에서 목표로 하는 교화·교육·자선의 세 가지 사업을 말한다. 교화사업은 교당을 많이 세우고 교도들을 교화해서 소태산과 같은 진리적 인격을 갖춘 성자가 되도록 이끌어 주는 사업이고, 교육사업은 많은 교육기관을 통해서 인간교육, 도덕교육, 지식교육을 시키는 사업이며, 자선사업은 자선기관, 복지기관을 많이 설립 운영해서 사회복지를 증진하고 봉공 사업을 전개하는 것이다.

한 울안, 한 집안, 한 일터

'삼동윤리'는 1961년(원기46) 4월에 정산이 일원의 진리에 바탕해서 하나의 세계를 건설하고, 하나의 인류로 대동화합하는 길을 세 가지로 제시한 윤리 강령이다. 미래의 종교가 나아갈 길을 동원도리同源道理로, 미래의 인류가 한 가족이 되는 길을 동기연계同氣連契로, 미래의 세계를 하나의 세계로 건설하는 길을 동척사업同拓事業으로 밝혔다.

동원도리는 이 세상 모든 종교의 미래의 방향을 제시한 것이다. 많은 종교가 각기 저마다의 교리를 전파하고 있고, 문호를 따로 세우고 있으며, 그에 따라 교화를 펴고 있다. 그러나 모든 종교의 근본적 진리는 다 같이 하나의 진리에 바탕해 있고, 궁극적인 목적도 역시 다 같이 평화 안락한 이상세계 건설에 있는 것이다. 그러므로 모든 종교인은 비록 이름이 다르고 교리와 제도와 의식이 다르게 표현되어 있으나 그 근본은 하나인 것을 알아서 서로 대동화합하자는 것이다. 종교와 종교 간에 서로 분열·대립·투쟁·비난할 것이 아니라, 화합·이해·융통·조화해 나가자는 것이다. 인류 세계는 나라와 민족이 다르고 의식구조와 문화가 다르므로 여러 형태의 종교가 발생하는 것은 당연한 일이다. 그러나 서로 대립·투쟁·비난하면서 심지어 종교전쟁까지 일으키는 것은 성자혼의 참뜻을 잊어버린 것이요, 종교의 근본정신과 궁극적 목표가 하나임을 모르는 까닭이다. 그러므로 장차 모든 종교가 서로 대동화합할 때 종교의 사명을 충실히 할 수 있고 종교가 더욱 발전할 수 있을 것이며 평화 안락한 삶을 누릴 수 있게 될 것이다.

동기연계는 모든 인류의 미래와 진로를 밝힌 것이다. 이 세상의 많은 인류와 무수한 생령生靈들이 이름은 서로 달리하고 있으나, 그 근본은 다 같은 한 기운으로 연계된 동포인 것을 알아서 서로 대동화합하고 상생상화相生相和의 선연을 맺어 함께 진급하자는 것이다. 민족과 나라가 달라서 인류는 수많은 전쟁을 되풀이해 왔다. 사람과 사람, 생령과 생령들은 서로 이름과 종류가 다르기 때문에 끊임없는 생존의 투쟁을 전개해 왔다. 그러기 때문에 만물 대 만물의 투쟁, 만인 대 만인의 투쟁으로 약육강식의 투쟁을 계속해 온 것이다. 그러나 은혜의 관계에서 볼 때 이 세상 만물은 동포은의 관계이며, 모든 인류 모든 생령이 한 기운으로 맺어져 있는 것이다. 따라서 사해四海 동포주의 사상에 입각해서 모든 인류가 서로 화합과 사랑으로 함께 잘 살아가도록 노력하며, 만물동근萬物同根의 정신에 바탕해서 인류뿐만 아니라 만물까지도 상부상조하고 상생상화하며 함께 진급하고 제도 받자는 것이다.

동척사업은 인간 사회의 각종 사업이나 주의 주장이 때로는 서로 상이相異하고 모순되는 것 같지만 궁극적인 목적은 다 같이 살기 좋은 세상을 개척하려는 데 서로 힘이 되도록 대동화합하자는 것이다. 정치·경제·국방·문화·산업 등이 때로는 서로 모순 대립하는 것 같지만 역시 국가와 사회를 발전시키기 위한 것이다. 민주주의·공산주의도 마찬가지고, 자본주의·사회주의도 마찬가지다. 중농주의·중상주의, 자유무역주의·보호무역주의, 수출제일정책·수입개방정책 등도 입장과 주장은 서로 다르나 결국은 경제발전을 위한 것이다. 그러므로 이 세상의 모든 사업이나 주의 주장은 방법과 형태는 다를지언정 따지고 보면 좋은 세상을 개척해 가기 위한 것임을 알아야 한다. 따라서 서로의 입장과 방법이

다르다고 해서 대립 투쟁할 것이 아니라 상대방의 장점을 본받고 자기의 단점은 보완 수정하며, 서로 이해·화합·융통·협조해 갈 때, 이 세상의 모든 사업이나 주의 주장은 하나같이 평화세계·이상사회·복지사회 건설의 밑거름이 되는 것이다.

삼동윤리는 일원의 진리에 바탕한 일원세계 건설의 구체적 방법이 된다. 동원도리는 종교와 사상의 대립 양상을 극복하고, 동기연계는 민족·종족·파벌의 대립 양상을 극복하며, 동척사업은 동원도리와 동기연계의 실천적 의미를 갖는 것이다. 정산은 1962년(원기47) 1월 24일 총부에서 대중들에게 삼동윤리를 최후 법문으로 남기고, "한 울안 한 이치에 한 집안 한 권속이 한 일터 한 일꾼으로 일원세계 건설하자."는 게송을 발표했다. 45년간 중생제도에 전력하다가 63세를 일기로 열반한 정산을 존경하는 제자들은 소태산을 '개벽의 성자'라고 추앙하듯이 정산을 '개벽계성 開闢繼聖'이라고 우러렀다.

그리고 1971년(원기56)에 열린 원불교 개교반백년기념대회의 표어로 "진리는 하나, 세계도 하나, 인류는 한 가족, 세상은 한 일터, 개척하자 하나의 세계!"를 채택하여 삼동윤리를 계승하였다. 또한, 2000년(원기85)에는 '정산종사탄생100주년'을 맞아 국제학술대회와 기념대회 등을 통하여 정산의 경륜과 사상을 세계에 드러냈다.

제2장

원불교의 교리와 이념

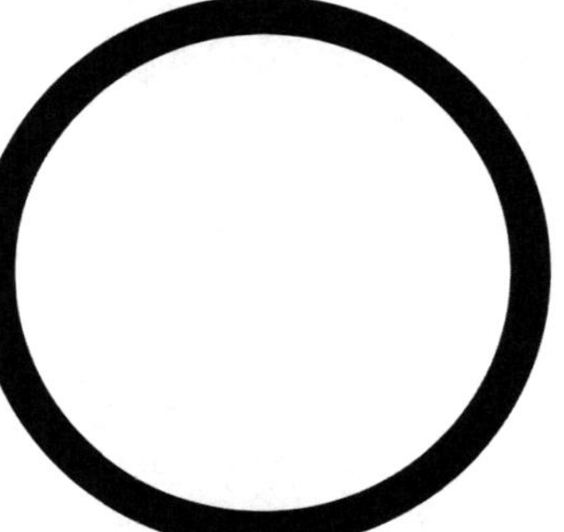

원불교 개교의 동기와 목적

역사 이래로 수많은 종교가 발생하였고, 인류 구원을 외치는 성자들의 가르침이 있어 왔다. 종교는 인간에게 왜 필요한가? 그리고 인간은 종교를 통해서 무엇을 얻을 수 있는가? 이러한 물음들 속에서 우리는 종교의 본질에 접근할 수 있다.

종교란 '으뜸이 되는 가르침', 또는 '인간 삶의 근본 법도'라는 의미로서 동양에서는 보통 도道라고 불리었다. 종교신학자인 틸리히[P. Tillich, 1886~1965]는 "인간의 종교적인 모습은 바로 인간 실존을 확인하는 행위이며, 이러한 실존적 상황에 대한 불안이다."라고 하였다. 그는 인간의 실존적 불안을 세 가지로 말하는데 인간이 무의미하다는 것, 죽음의 제약을 받는다는 것, 그리고 끊임없이 죄책감에 사로잡혀 있다는 것으로 풀이한다. 불안의 극복, 그 극복을 통한 평화, 이것이 인간에게 종교가 필요한 까닭이며, 종교를 통해 얻고자 한 실제적인 내용이다. 궁극적인 존재와의 만남, 복락福樂의 추구가 종교를 신앙하는 목적이다.

소태산의 깨달음은 인류 구원의 목적으로 이어진다. 깨달음을 통해 전 생령生靈을 내 몸 삼고, 온 우주를 내 집안 삼는 불보살佛菩薩의 경지는 깨달음이라는 개인적 완성에 그치지 않고 고통 속에 헤매는 중생들에게 자비의 손길로 나타난다. 따라서 성자적 깨달음은 자비慈悲이며, 자비는 인류 구원의 모습으로 나타나게 된다.

깨달음과 인류 구원은 바로 대각大覺과 개교開教이다. 여기에서 대각은 스스로 마음을 크게 여는 소식이라면, 개교는 중생의 마음을 크게 여는 구제의 관문이다.

물질개벽, 정신개벽

소태산이 깨달음을 얻은 시기는 일대 변혁의 시대였다. 특히 서구 과학문명은 20세기라는 새로운 시대를 맞이하여 급속한 발전을 이루었다. 그러나 소태산은 과학문명이 발달함에 따라 물질을 사용해야 할 인간의 정신은 오히려 쇠약해지고, 물질의 세력이 날로 융성하여 사람이 물질의 노예로 전락하는 현실을 진단하였다. 이에 소태산은 "물질이 개벽되니 정신을 개벽하자"는 정신개벽의 기치를 높이 올렸다.

개벽開闢이라는 말은 천지개벽天地開闢 또는 천개지벽의 준말로, 하늘이 처음 열리고 땅이 이룩되는 대변혁을 의미한다. 이 말은 일찍이 중국에서부터 사용되기 시작했는데 천지창조의 모습, 즉 천지가 처음 열리는 것을 지칭한다. 소태산은 새로운 시대가 도래할 것을 간파하고 이를 '후천개벽後天開闢의 시대'라 명명하였으며, 후천의 특징을 밝은 세계, 문명 세계, 질서와 평등의 세계, 합리의 세계로 규정하였다. 특히 소태산은 후천개벽의 모습을 '대문명大文明 세계'로 지칭하였다. 대문명 세계는 과학문명과 도학문명이 조화를 이루는 세계를 의미한다.

그렇다면 소태산이 말한 물질개벽과 정신개벽이란 무엇인가? 소태산은『정전』개교의 동기에서 다음과 같이 밝히고 있다.

"현하 과학의 문명이 발달됨에 따라 물질을 사용하여야 할 사람의 정신은 점점 쇠약하고 사람이 사용하여야 할 물질의 세력은 날로 융성하여, 쇠약한 그 정신을 항복 받아 물질의 지배를 받게 하므로, 모든 사람이 도리어 저 물질의 노예 생활을 면하지 못하게 되었으니, 그 생활에 어찌 파란고해波瀾苦海가 없으리오. 그러므로 진리적 종교의 신앙과 사실적 도덕의 훈련으로써 정신의 세력을 확장하고, 물질의 세력을 항복 받아, 파란고해의 일체 생령을 광대무량한 낙원樂園으로 인도하려 함이 그 동기니라."

위 문장은 크게 네 단락으로 나눌 수 있다. ①소태산이 바라본 시대관에 따른 중생의 모습은 파란고해이다. ②그 고통의 원인은 나약한 정신으로 인한 물질의 노예 생활이다. ③이를 극복하는 방법은 진리적 종교의 신앙과 사실적 도덕의 훈련이다. ④그 방법을 통해서 나타나는 이상적인 세계는 광대무량한 낙원이다.

이와 같은 구조는 불교의 고집멸도苦集滅道 사제四諦의 구조와 흡사하다. 석가모니불은 중생의 세계를 사고四苦, 팔고八苦의 고통의 세계로 보았는데, 소태산은 물질의 노예 생활로 인한 파란고해로 보았다. 또한, 석가모니불은 고통의 원인을 집착으로 보았는데, 소태산은 물질개벽에 따른 정신개벽의 미성숙으로 보았다. 석가모니불은 고통을 없애는 방법으로 팔정도를 제시하였는데, 소태산은 진리적 종교의 신앙과 사실적 도덕의 훈련을 밝혔다. 아울러, 석가모니불은 고통이 멸한 열반의 세계를 제시하였는데, 소태산은 이상적인 모습을 '광대무량한 낙원'으로 보고 있는 것이다.

광대무량한 낙원

개교의 동기에서 주목할 단어는 '물질'과 '정신'이다. 물질은 과학문명으로, 정신은 도덕문명으로 표현할 수 있는데, 소태산이 제시한 이상적인 사회는 물질과 정신이 조화를 이루는 세계이다.

과학자 아인슈타인은 과학문명의 일방적 발전에 대하여 걱정하고 종교문명이 없는 과학문명은 절름발이요, 또한 과학문명이 없는 종교문명은 장님이라 하여 두 방향의 조화를 말하였다. 소태산이 말한 물질의 개벽이란 과학문명의 눈부신 발달을 의미하며, 정신의 개벽이란 도학문명, 도덕문명의 발달을 말한다. 특히, 어느 한쪽의 일방적 발달이 아니라 물질과 정신의 조화, 과학과 도덕의 조화를 통해서 광대무량한 낙원을 건설하고자 하는 것이 원불교 개교의 동기이며, 목적이라고 할 수 있다.

소태산은 정신과 물질의 주권이 전도된 현상을 '물질의 노예생활'이라고 표현하였다. 노예 생활이란 물질을 활용할 수 있는 인간 자주력의 상실이요, 이로 말미암아 일어나는 모든 재앙의 형태는 '파란고해波瀾苦海'로 나타난다. 파란고해란 '작은 물결과 큰 파도가 일렁이는 고통의 바다'라는 뜻이다. 그 고통의 바다에서 헤매는 중생들을 건지고자 하는 것이 소태산이 원불교를 열게 된 동기이다. 물질의 노예 생활은 개인의 불행을 가져올 뿐만 아니라 인류의 멸망을 가져올 크나큰 재앙이다.

소태산은 정신개벽의 구체적인 방법으로 진리적 종교의 신앙과 사실적 도덕의 훈련을 밝혀 파란고해의 일체 생령을 광대무량한 낙원으로 인도하고자 원불교를 열게 된 것이다.

원불교와 불교의 관계

원불교를 알고자 하는 많은 사람들이 처음으로 물어오는 질문 중 공통되는 바는 '원불교는 불교와 무엇이 다릅니까?'라는 물음이다. '원불교'라는 교명教名에 '불교'라는 단어가 포함되어 있어서 이러한 질문을 하는 것은 당연할지도 모른다. 원불교와 불교는 어느 면에서 같고, 어떤 점에서 다른가? 이것은 원불교의 정체성을 드러내는 매우 중요한 질문이다.

불법을 주체 삼아

소태산은 대각 이후 여러 종교의 경전을 두루 열람하다가 "석가모니불은 진실로 성인聖人들 중의 성인이다. 비록 내가 스승의 지도 없이 도를 얻었으나, 발심發心한 동기로부터 도를 얻은 경로를 돌아본다면 과거 부처님의 행적과 말씀에 부합되는 바 많다. 그러므로 나의 연원淵源을 부처님께 정하노라."고 하였다. 또한 "장차 회상會上을 열 때에도 불법으로 주체를 삼아 완전무결한 큰 회상을 이 세상에 건설하리라."『대종경』 서품 2]고 밝혔다.

우리는 이를 통해 소태산의 불교에 대한 시각을 엿볼 수 있다. 소태산은 석가모니불을 연원불로 정했으며, 앞으로 불법을 주체로 하여 새 시대의 불법을 만들 것이라고 하였다. 연원은 뿌리, 근본의 의미로 석가모니불을 연원불로 삼았다 함은 깨달음의 스승으로 삼았다는 것이다. 2500년이라는 시간과 인도라는 공간을 뛰어넘어 소태산이 석가모니불을 스승으로 삼은 이유는 무엇일까? 소태산은 왜 석가모니불이 성인들 중의 성인이라 했으며, 불법을 주체로 하여 새 교단을 건설한다고 했는가?

그 연유를 알기 위해서 우리는 먼저 '불교'가 아닌 '불법佛法'에 초점을 맞출 필요가 있다. 불교란 종교의 역사적 관점에서 형성되어온 교단을 뜻하는 말이고, 불법이란 석가모니불의 깨달은 진리의 내용, 교법을 의미하는 용어이기 때문이다. 따라서 소태산이 석가모니불을 연원으로 했다는 것은 불교를 연원으로 했다고 보는 것보다 불법을 연원으로 했다고 하는 것이 더욱 타당할 것이다.

그렇다면 불법이란 무엇인가? 소태산은 불법을 설명할 때 "불가에서는 우주 만유의 형상 없는 것을 주체 삼아서 생멸 없는 진리와 인과보응의 이치를 가르쳐 전미개오轉迷開悟의 길을 주로 밝혔다."『대종경』 교의품 1]라고 하였다. 다시 말해서 불법을 '불생불멸不生不滅의 진리와 인과보응因果報應의 진리'로 인식한 것이다. 이러한 불법의 정수는 소태산의 깨달음과 통한다.

소태산은 대각大覺을 이룬 후 "만유가 한 체성이며, 만법이 한 근원이로다. 이 가운데 생멸 없는 도와 인과보응되는 이치가 서로 바탕하여 한 두렷한 기틀을 지었도다."『대종경』 서품 1]라고 말하였다. 일원상의 진리로 표현된 대각의 내용은 불법의 근간이 되는 불생불멸의 도와 인과보응의 도라는 면에서 상통하고 있다.

소태산은 이를 더욱 구체적으로 풀이하면서 '불법이 천하의 큰 도'라고 말하는 이유로 ①참된 성품의 원리를 밝힌 점 ②생사의 큰 일을 해결한 점 ③인과의 이치를 드러낸 점 ④수행의 길을 갖춘 점『대종경』 서품 3]을 들고 있다. 따라서 불법이라는 면에서 석가모니불이 깨달은 내용과 소태산이 깨달은 내용이 일치하는 것이며, 이와 같은 연유로 소태산은 석가모니불을 연원불로 한다고 했다.

새 시대, 새 종교

이처럼 소태산이 불법을 천하의 큰 도라 하고, 석가모니불이 성인들 중의 성인이라 하면서도, 불교의 한 종파이기를 거부하고 새로운 종교인 원불교를 개교하게 된 까닭은 무엇일까? 소태산은 불교가 오랜 역사 속에 쌓인 자산이지만, 새로운 시대에 알맞도록 혁신해야 할 필요성을 절감했다. 따라서, 새로운 교단을 건설하려는 의지를 펼친 것이다.

"과거의 유불선儒佛仙 삼교三敎가 각각 그 분야만의 교화를 주로 하여 왔지만, 앞으로는 그 일부만 가지고는 널리 세상을 구원하지 못할 것"이라고 하며, "미래의 불법은 재래와 같은 제도의 불법이 아니라"『대종경』 서품 15]고 하였다. 그리고, '완전무결한 큰 회상', '누구나 걸을 수 있는 큰길' 즉 불법의 대중화를 외치면서 새 불교인 원불교를 창시한 것이다.

그렇다면 소태산이 혁신하고자 했던 불교의 모습은 무엇이며 소태산의 교법 속에 어떻게 나타났는지를 살펴보기로 하자. 소태산이 개혁하고자 했던 불교의 모습은 '불법의 시대화·생활화·대중화'로 구체화 된다. 그는 『조선불교혁신론朝鮮佛敎革新論』에서 ①등상불 신앙을 버리고, 법신불 일원상을 신앙의 대상으로 하고, 수행의 표본으로 삼는 것이며, ②법당의 부처님에게만 불공을 올려 왔던 신앙생활을 사은이 살아 있는 당처에 두루 불공을 드리며, ③각종 각파로 분립된 종파를 삼학병진하는 수행으로 통합하여 현실 생활 속에서 신앙과 수행을 겸하도록 하며, ④불교가 과거 전통에 귀의하는 제도였다면 과거에 개발된 사상을 돌아오는 세상에 필수 불가결인 불법으로 개조하자는 것이며, ⑤출세간 생활을 벗어나 생활 속에 불법을 살리는 종교인이 되자는 것이며,

⑥과거 불교는 자력 또는 타력에 일방적으로 의존하는 양태를 보였는데, 이를 자력과 타력의 병진으로 혁신하도록 했다.

『조선불교혁신론』에 밝힌 미래의 불법은 자타력을 아울러 행하는 불법이며, 공부의 요도와 인생의 요도를 아우르며, 또한 일과 이치에 결함이 없는 불법으로 혁신하자는 데 그 의미가 있다. 이와 같은 내용은 불법의 시대화·생활화·대중화를 추구하는 구체적인 모습이다.

이와 같은 불교혁신운동은 민중불교운동이라고도 할 수 있는데, 당시 한용운, 백용성, 박한영, 백학명 등에 의한 불교 개혁운동과 그 흐름을 같이 하게 된다. 그러나 이는 척불斥佛운동에 대한 하나의 해답으로 이루어진 자체 내 반성을 위한 불교혁신의 해답이지만, 소태산이 주창한 불교혁신 운동은 원불교 교단의 창립을 발판으로 새 불교 운동으로 이어졌다고 할 수 있다.

원불교와 불교의 관계에 관한 질문에 정산은 "주로 창조하시고, 혹 혁신, 혹 인용因用하셨느니라."『정산종사법어』 경의편 39』고 답하였다. 이러한 면에서 원불교는 전통 불교의 핵심을 전승하면서, 제도나 교법을 시대와 생활과 대중에 적합하도록 개혁한 '새 불교'라고 할 수 있다.

불교와 원불교의 관계를 굳이 비유하여 말한다면 유대교와 기독교, 또는 브라만교와 불교와의 관계에 비추어 볼 수 있다. 기독교는 유대교의 토양 속에서, 불교는 브라만교의 토양 속에서 발아發芽되었으나 유대교와 기독교, 브라만교와 불교가 다른 것처럼 불교와 원불교는 불법을 믿고 수행하여 이 땅 위에 불국토를 건설한다는 점에서는 같지만, 교리와 제도 형식에 있어서는 서로 달리하는 것으로 원불교는 새 시대의 새 불교로 자리하는 점이 다르다.

중요한 것은 '원불교가 불교인가, 그렇지 않은가?'를 논하는 문제가 아니라, '어떻게 하면 불법을 주체로 한량없는 참 문명 세계·도덕 세계를 이룰 것인가?'라는 문제가 중요한 것이다.

원불교의 경전들

옛 성인의 말씀에 "성인이 이 세상에 나시기 전에는 진리가 하늘에 있고, 성인이 세상에 탄생하시면 진리가 성인에게 있고, 성인이 가신 뒤에는 진리가 경전에 있다."라고 했다. 경전에는 진리의 말씀, 즉 성인이 깨달은 진리의 가르침이 있다.

경전은 진리가 무엇이며, 진리는 어떻게 믿어야 하며, 진리는 어떻게 깨달아 나갈 것인가에 대해서 밝힌 책이다. 또한 과거 세상의 성자 철인들이 세도인심을 깨우치기 위하여 그 도리를 밝혀 놓은 것이 경전이며, 더 구체적으로는 일과 이치의 두 가지를 밝혀 놓은 것이다. 일에는 시비 이해를 분석하고 이치에는 대소유무를 밝혀 우리 인생이 방향을 정하고 인도를 밟도록 이끄는 것이 경전이다.

원불교의 주요 경전은 『원불교 교전』이다. 이를 줄여서 『교전

教典』이라 부르며, 『정전正典』과 『대종경大宗經』으로 구성되어 있다. 『정전』은 소태산에 의해 친히 저술된 경전이고, 『대종경』은 소태산의 법문과 언행을 제자들이 정리하여 기록한 것이다. 이에 대해서 정산은 "『정전』은 교리의 원강을 밝혀 주신 원元의 경전이요, 『대종경』은 그 교리로 만법을 두루 통달케 하여주신 통通의 경전이라, 이 양대 경전이 우리 회상 만대의 본경本經이니라."[『정산종사 법어』 경의편 1]고 말하였다.

또한 원불교의 경전은 보통 10종 교서로 집약된다. ①『정전』은 원불교 교리의 강령을 밝힌 제일 중요한 기본 경전이고, ②『대종경』은 소태산의 언행록이며, ③『불조요경』은 불교의 『금강경』, 『반야심경』 등 연원이 되는 옛 경전이고, ④『예전』은 개인·가정·사회·교단의 예의 규범이며, ⑤『성가』는 찬송·축원·권도權道의 노래집이고, ⑥『세전』은 태교로부터 천도에 이르기까지 일생일대의 도리와 강령을 밝힌 것이며, ⑦『정산종사 법어』는 정산의 언행록이고, ⑧『교사』는 원불교 초기 50년간의 교단 역사를 기록한 것이며, ⑨『교헌』은 교단의 기본 헌장이고, ⑩『대산종사법어』는 대산의 언행록이다. 그중에서 『정전』과 『대종경』을 합하

원불교 경전

여『원불교 교전』이라고 한다.

소태산의 친저

『원불교 교전』은 다른 경전에서 찾아볼 수 없는 특징이 있는데, 그 특징은 원불교의 원경인『정전』은 소태산 재세在世 시 친히 저술한 경전이라는 것이다. 소태산은 열반하기 1년 전에 그동안 추진해오던『정전』의 편찬이 완성되자 "때가 급하여 이제 만전을 다하지는 못하였으나, 나의 일생 포부와 경륜이 그 대요는 이 한 권에 거의 표현되어 있나니, 삼가 받아 가져서 말로 배우고, 몸으로 실행하고, 마음으로 증득하여, 이 법이 후세 만대에 길이 전하게 하라. 앞으로 세계 사람들이 이 법을 알아보고 크게 감격하고 봉대할 사람이 수가 없으리라."고 하였다.

과거 종교의 역사를 볼 때 모든 종교의 경전이 교조의 친저親著가 아닌 후래 제자들에 의해 이루어진 것임을 감안할 때, 소태산에 의해 이루어진『정전』의 완성은 그 특징이 더욱 드러난다. 이러한 특징은 원불교 교법의 해석에 그 기준점이 된다는 점에서 커다란 시사점이 있다. 진리를 깨닫지 못한 제자들에 의한 자기 관념적 해석이 아니라, 법의 종통을 확립할 수 있는 근거가 되기 때문이다.

불교 경전의 예를 들어본다면, 불타의 말씀과 그 제자들의 말이 혼재混在해 있는 것이 특징으로, 경전의 결집이 석가모니불이 열반한 뒤 후래 제자들에 의해 이루어졌다. 따라서 어느 경우는 위경僞經의 논란이 되기도 하였으며, 경전을 통한 공부 길이 그릇 인도되는 문제가 있었다.

정전의 개요

『정전』은 소태산이 1943년(원기28) 친히 저술한 경전으로, 원불교 교리가 체계적으로 수록되어 있다. 원불교 교도들에게 『정전』은 원불교 제1의 본경이요, 원元의 경전으로 받들어진다. 총서편, 교의편, 수행편의 3편으로 구성되어 있다. 총서편에는 개벽론인 개교의 동기와 불법 및 만법의 일원화론인 교법의 총설이 있고, 교의편에는 최고 종지인 일원상, 신앙문이며 인생의 요도인 사은·사요, 수행문이며 공부의 요도인 삼학·팔조, 총체적 지도 강령인 사대강령 등이 있고, 수행편에는 수행·훈련·활용의 각 조목과 법위등급 등이 있다.

대종경의 개요

『대종경』은 소태산의 언행록이며, 당대의 제자들이 수필한 법문을 분류하고 정리해서 1962년(원기47)에 편찬한 것이다. 이는 원불교 제2의 본경本經이요, 통通의 경전으로 평가된다. 모두 15품으로 이루어져 있으며, 각 품의 내용을 정리해 보면 대략 다음과 같다.

①서품序品: 소태산의 대각·연원·개교에 관한 서설적 법문.

②교의품敎義品: 교법의 주체·일원상·신앙문·수행문, 그 활용과 실행에 따른 공덕.

③수행품修行品: 수양 연구 취사의 공부 방법·공부의 대소 본말 정사大小 本末 正邪·수행상의 수시 교훈.

④인도품人道品: 도덕의 본말·인도의 대의·대인접물對人接物하는 처세의 도와 지도 요법.

⑤인과품因果品: 인과의 원리와 그 변증, 상생과 작복의 권장.

⑥변의품辨疑品: 우주·인사·경의·교운·수행 등 각 방면의 의문에 답변한 법문.

⑦성리품性理品: 성리의 근원과 그에 대한 수시 문답.

⑧불지품佛地品: 대자대비 만능자재한 불타의 경지에 관한 법문.

⑨천도품薦度品: 생사 거래의 원리와 영혼 천도의 의의 및 그에 대한 연마의 길.

⑩신성품信誠品: 신성의 의미와 그 공덕 및 옳고 그른 신성과 그 실지의 예증.

⑪요훈품要訓品: 솔성·덕행·봉공 등 일반적 단편적 교훈.

⑫실시품實示品: 만능이 겸비하신 위의 덕량과 공명정대하신 운심처사로 실지 시범하신 법문.

⑬교단품敎團品: 교단의 화합·발전에 관한 교훈.

⑭전망품展望品: 교운의 장래·세상의 변천 그 밖의 예언.

⑮부촉품咐囑品: 열반을 앞두고 설한 특별 교훈·최후 법설.

소태산은 이 세상의 많은 경전들이 오랜 시일을 지내오는 동안 부연敷衍과 주해註解가 더하여 오거지서五車之書와 팔만장경八萬藏經으로 후래 대중들이 정법을 보지 못하고 법의 가지와 그늘에 가리는 폐단을 지적하였다. 그리고 소태산은 교리를 간단명료하게 서술하여 누구나 쉽게 이해할 수 있는 교법을 제정하였다. 따라서 정법에 이르는 간단한 교리와 편리한 방법이 『교전』에 담겨 있다.

일원상은 무엇을 상징하는가

"원불교에서는 '동그라미(○)'를 믿습니까?"

"동그라미를 믿어서 원불교입니까?"

"도대체 동그라미에는 무슨 의미가 담겨 있습니까?"

쉽게 말해 원불교는 ○을 믿는 종교이다. 원불교에서는 ○을 '일원상一圓相'이라고 부른다. 일원상이란 진리의 상징으로 원불교의 최고 종지를 나타낸다. 보통 원불교에서는 '일원'과 '일원상'이라는 두 가지 용어가 거의 같은 의미로 쓰이는데, 이를 명확히 구별하면 '일원'이란 진리의 이름이며, '일원상'이란 진리의 모습을 말한다.

둥그신 진리

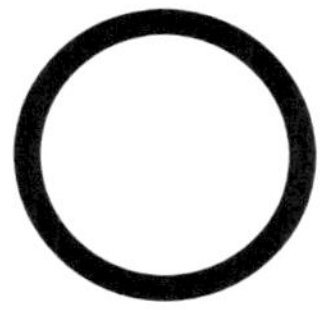

먼저 우리는 일원상을 확실히 이해하기 위해 진리란 무엇이며, 진리의 상징이 일원상이라고 했는데, 상징이란 무엇인가를 살펴보기로 하자.

이 세상은 무엇에 의해 움직여지는가? 이 세상 만물을 운전하고 주재하는 궁극적인 것은 무엇인가? 모든 성자와 철학자, 과학자들에 의해 추구되었던 가장 궁극적인 그 무엇을 '진리'라 이름한다. 이러한 궁극적인 진리를 유교에서는 태극太極 또는 무극無極이라 하고, 도교에서는 자연自然 혹은 도道라 하고, 불교에서는 청정법신불淸淨法身佛이라 하고, 기독교에서는 그 이름을 하나님이라 불렀다. 그리고 원불교에서는 '일원一圓'이라고 했으며, 그 진리의 모습을 상징적으로 ○으로 표현한다.

여기에서 진리를 '○'으로 상징한다고 했는데, 그 상징이란 무엇인가? 상징[Symbol]은 함축적으로 의미를 전달할 수 있는 도구이다. ○이란 진리의 모습을 상징한 것이다. 따라서 ○이란 진리의 사진이며, 진리 그 자체라고는 할 수 없다.

소태산은 "저 원상은 참 일원을 알리기 위한 표본이라, 비하건대 손가락으로 달을 가리킴에 손가락이 참 달은 아닌 것과 같느니라. 그런즉 공부하는 사람은 마땅히 저 표본의 일원상으로 인하여 참 일원을 발견하여야 할 것이며, 일원의 참된 성품을 지키고, 일원의 원만한 마음을 실행하여야 일원상의 진리와 우리의 생활

이 완전히 합치되리라."라고 하였다. [『대종경』 교의품 6]

○은 달을 가리키는 손가락과 같고 진리의 사진과 같은 것이다. 달을 가리키는 손가락이 참 달이 아니며, 사진이 실제의 참모습이 아닌 것같이, 상징이란 의미 전달의 매개체이다.

그렇다면 왜 소태산은 ○을 진리의 상징으로 표상하였는가? 이러한 물음에 대한 답은 소태산이 깨달은 진리의 내용을 통해 확연히 알 수 있다. 소태산은 1916년(원기1) 4월 28일 우주와 인생의 근본 원리에 대한 큰 깨달음을 얻고 "만유가 한 체성體性이며 만법이 한 근원이로다. 이 가운데 생멸生滅 없는 도道와 인과보응因果報應되는 이치가 서로 바탕하여 한 두렷한 기틀을 지었도다."[『대종경』 서품 1]라고 깨달음을 표현하였다. 이 표현 중 '한[一] 두렷한[圓] 기틀[相]'의 의미로 일원상의 진리가 도형으로 표현된 것이다.

'일원상'에서의 일一은 하나로서 유일·절대의 의미가 있으며, 원圓은 원만하다는 말로서 모자람도 남음도 없는 완전무결함을 뜻한다. 상相은 모양으로서 상징적인 일원의 모습, 진리의 모습이라 할 수 있다. 즉 일원상은 유일 절대의 원만한 진리의 모습을 표현한 것이다.

일원상은 원불교에서만 진리의 상징으로 표현된 것은 아니다. 일원상이라는 용어와 도형은 전통 불교, 특히 선가禪家에서 선지禪旨를 나타낼 때 주로 사용되었다. 그 외에도 여러 종교에서 궁극적인 진리나 절대의 자리를 표현할 때 자주 원을 사용하여 그 진경을 표현해 왔다. 중국 북송北宋의 유학자 주렴계[周濂溪,

1017~1073]도 『태극도설太極圖說』에서 진리의 궁극적 경지를 "무극이 태극無極而太極"이라고 표현하고 그 상징을 원으로 밝혔다.

또한 독일 신학자 마이스터 에크하르트[Meister Eckhart, 1260?~1328?]나 이탈리아 미술가 지오토 디 본도네[Giotto di Bondone, 1267?~1337]도 절대자를 원으로 상징했다. 동서고금은 물론 종교 여하를 막론하고 많은 사람이 언어로 표현하기 어려운 진리의 세계를 원으로 표현해 온 것이다. 진리의 상징으로서 원은 구경의 정신세계를 지향하는 사람들에게는 역사적으로 하나의 공유물이 되어왔다.

신앙의 대상, 수행의 표본

그렇다면, 이러한 일원상은 원불교에서 어떠한 의미를 가지는가? 원불교에서 일원상은 신앙의 대상이자 수행의 표본으로 모셔진다. 단지 진리로 표현되는 상징뿐만 아니라 그 궁극적 진리를 알고 경배하며, 닮아가고자 신앙의 대상과 수행의 표본으로 모시는 것이다. 따라서 일원상은 원불교 교리의 출발이며 전체라 할 수 있다.

또한 '일원상'을 '법신불 일원상法身佛 一圓相'이라고도 표현하는데, 법신불은 불교의 법신法身·보신報身·화신化身의 삼신불三身佛을 통합한 진리 자체를 가리키는 표현이다. 즉 '법신불 일원상'은 일원상의 진리가 바로 현상으로 나타난 만유불萬有佛을 포함한 전체로서의 진리불眞理佛이라는 것이다. 이를 소태산은 "일원은 법신불이니 우주 만유의 본원本源이요, 제불제성의 심인心印이며, 일체 중생의 본성本性이다."라고 하였다.

일원상에 담긴 진리의 내용

일원상이 법신불로서 진리의 상징이라면, 그 진리의 내용이 무엇인가를 살펴보는 것은 진리의 인식에 있어서 필수적이다. 진리란 형태가 없다. 그러나 엄연히 진리, 법칙은 존재한다. 우리가 단지 진리라고 이름 붙여볼 뿐 글이나 말로써 진리를 표현한다면, 그것이 진리에 대한 설명은 될 수 있지만 진리 그 자체는 아닐 것이다. 따라서 일원상 진리는 언어言語와 명상名相을 떠난 자리이다. 이를 언어의 도가 끊어진 '언어도단言語道斷의 입정처入定處'라고 한다. 이는 언어에 대한 집착까지도 놓으라는 것이다.

소태산은 "만유가 한 체성이요, 만법이 한 근원"이라고 했다. 하나의 체성, 하나의 근원이란 궁극적 진리는 하나일 뿐 둘일 수 없다는 것이다. 단지 그 하나의 진리를 이름만 달리 표현했을 뿐이다. 소태산은 "이 가운데 생멸 없는 도와 인과보응되는 이치가 서로 바탕하여 한 두렷한 기틀을 지었도다."라고 하였다. 한 두렷한 기틀이 바로 일원상이며, 이 일원상이 우주와 인생의 궁극적인 진리인 하나의 진리이다.

불생불멸과 인과보응

먼저 우리는 생멸 없는 도와 인과보응되는 이치를 살펴보기로 하자. 생멸 없는 도와 인과보응의 이치는 하나의 진리로 만유에 작용한다. 생멸이 없다 함은 불생불멸하다는 것이다. 인생은 일생으로 볼 때는 유한한 생명을 가진 존재이지만 영원한 진리와 함께한다. 사람의 생사에 대해서 원불교에서는 불생불멸의 진리에 의해 영생永生을 말한다. 육신이 영원히 존재하는 것이 아니라, 육신을 주재하는 영혼의 영원불멸을 말한다. 이러한 불생불멸의 진리는 인간뿐만 아니라 만유에 그대로 적용된다. 따라서 끊임없이 이어지는 진리에 의해서 우주와 만물이 유전될 수 있는 것이다.

인과보응의 진리란 이 세상 모든 만물의 작용이 인과의 이치에 의해 나타나게 된다는 것이다. 인과보응의 진리란 불교의 핵심 진리로 선을 지으면 선의 과보를 받고 악을 지으면 악의 과보를 받는다는 선인선과善因善果 악인악과惡因惡果의 단순한 인과만을 가리키지 않는다. 이 세상 모든 만물이 모두 인과적 존재로서 서로 작용하고 있다는 것이다.

이 인과의 원리는 불교의 연기 법칙으로 설명될 수 있는데 연기설이란 "이것이 있으므로 저것이 있게 되고 이것이 생기므로 저것이 생기며, 이것이 없을 때 저것이 없고 이것이 멸하므로 저것이 멸한다."라는 법칙이다. 이 말은 이 세상 모든 존재는 서로 상의상자[相依相資-서로 의지하고 주고받는]의 관계라는 것이다. 따라서 이 인과의 진리는 우주 만물에 적용되며 털끝만큼도 틀리지 않게 작용한다. 인과보응의 이치는 불생불멸의 진리 속에서 작용하며 불생불멸하는 진리를 따라 인과보응의 진리가 나타난다. 소태산은 이를 두고 "이 이치들이 서로 바탕하여 한 두렷한 기틀을 지었도다."라고 표현한 것이다.

불생불멸과 인과보응의 진리를 다시 요약하면, 불생불멸은 불변不變의 세계를 나타낸 것이요, 인과보응의 진리는 변화의 세계를 나타낸 것이다. 불변의 세계란 유상有常의 세계로 상주불멸常住不滅로 여여자연如如自然하여 무량세계가 전개되는 것을 말한다. 또한 변화의 세계란 무상無常의 세계로 우주의 성주괴공成住壞空과 만물의 생로병사生老病死와 사생四生의 심신 작용을 따라 육도六途로 변화를 시켜 혹은 진급으로 혹은 강급으로 혹은 은생어해恩生於害로 혹은 해생어은害生於恩으로 무량세계가 전개되는 것을 말한다.

본원·심인·본성

『정전』 일원상 진리의 첫머리에 "일원一圓은 우주 만유의 본원이며, 제불제성의 심인이며, 일체중생의 본성"이라고 밝혔다. 이 우주에는 헤아릴 수 없이 많은 사물이 존재하고 있다. 그것이 존재하는 근원적인 까닭을 소급해 들어가면 모두 하나의 원리에 귀결되며, 그 사물들이 존재하는 방식도 성주괴공成住壞空과 생로병사生老病死로 변화하는 하나의 법칙에 따라서 존재한다.

만물이 존재하도록 하는 변치 않는 하나의 원리와 잠시도 쉬지 않고 변화하는 법칙에 따라서 만물이 존재한다는 변·불변變·不變의 이치를 일원상의 진리라고 할 수 있는데, 이러한 뜻에서 일원을 우주 만유의 본원이라고 한다. 따라서 일원은 모든 존재의 가장 근원이 되는 까닭이며, 만물의 생성변화生成變化를 그렇게 되도록 하는 힘이자 법칙이기 때문에 만물의 근본이요, 바탕이라 할 수 있다.

제불제성의 심인은 모든 부처님과 성현들의 깨달으신 마음자리, 곧 일원상의 진리를 가리킨다. 모든 종교의 근본 교지教旨도 바로 일원상의 진리에 근원한 것이다. 따라서 모든 종교의 근본 원리는 일원상의 진리에 돌아간다고 할 수 있다.

『대종경』 교의품 3장에서는 "일원상은 부처님의 심체를 나타낸 것으로 천지 만물의 본원이며 언어도단의 입정처入定處라, 유가儒家에서는 이를 일러 태극太極 혹은 무극無極이라 하고, 선가仙家에서는 이를 일러 자연自然 혹은 도道라 하고, 불가佛家에서는 이를 일러 청정법신불淸淨法身佛이라 하였으나, 원리에 있어서는 모두 같은 바로서 비록 어떠한 방면 어떠한 길을 통한다고 할지라도 최후 구경에 들어가서는 다 이 일원의 진리에 돌아가나니, 만일 종교라 이름하여 이러한 진리에 근원을 세운 바가 없다면 그것은 곧 사도邪道라 …"고 했다.

일원이 일체중생의 본성이라는 말은 무슨 뜻일까? 우리는 진리가 나를 떠나서 따로 있는 것처럼 생각한다. 하지만 깨달은 경지에서 보면 이 우주 만물 속에 진리가 깂아 있다. 나의 본래 성품도 원만구족하고 지공무사하여 진리의 모습을 그대로 갖고 있다. 그러나 우리 어리석은 중생들은 그 본래의 모습을 모르고 살며, 그 모습이 여러 가지 잘못으로 인하여 가리고 더럽혀져 있기에 모를 수밖에 없다.

우리의 본성을 가리고 더럽힌 잘못을 흔히 무명無明 업장業障이라고 한다. 이러한 무명 업장은 바로 우리들의 삼독심[三毒心, 貪心·嗔心·痴心]에서 비롯된다. 욕심내고 성내고 어리석은 마음 때문에 우리의 본래 성품인 진리의 모습, 즉 불성佛性이 가리고 더럽혀진다.

따라서 우리는 우리의 본래 성품을 발견하고 이를 잘 기르고 가꾸어서 나의 삶이 곧 불성의 모습대로 나타나도록 하자는 것이다. 이러한 사람이 바로 부처요 성현이며, 이러한 모습이 일원상 진리의 위력을 얻고 일원상 진리에 합일한 것이다.

세상은 은혜의 바다 사은

기독교의 사랑과 불교의 자비는 기독교와 불교의 근본 가르침을 실천하는 데 있어서 대표되는 단어이다. 하나님의 사랑과 은총, 부처님의 자비에서 예수 그리스도와 석가모니 부처님의 인류 구원의 의지를 엿볼 수 있다. 원불교에서는 진리의 본질과 그 실천에 있어 대표되는 단어가 바로 '은혜'이다.

'나'는 누구인가? 석가모니는 '참 나'는 실체가 없다고 하였다. '나'는 육체와 정신으로 이루어져 있는데 나의 육체와 정신은 계속 변하기 때문에 '참 나'가 아니라는 것이다. 석가모니는 '나'라는 존재는 우주 안에 있는 여러 요소가 모여서 임시로 나의 육체와 정신을 구성하고 있을 뿐이지 영원불멸한 '참 나'의 실체는 없다고 하였다. 육신은 지수화풍地水火風 사대四大의 집합이요, 정신은 수상행식受想行識의 작용일 뿐이다. 이것이 불교의 무아無我사상이다.

이렇게 보면 '나'란 나를 구성하고 있는 요소들의 집합체이며, 내가 생명을 지속하며 나일 수 있는 것은 다른 무엇과의 관계 속에서 가능하다는 것이다. 따라서 나는 관계 속의 존재이다. 굳이 인간을 '사회적 동물'이라 표현하지 않아도 나라는 개체가 홀로 존재하지 않고 나를 둘러싼 모든 존재와의 관계 속에서 내가 형성되며, 또한 나로 인해 모든 존재도 가능한 것이다. 이를 불교에서는 '인드라망[indrjala, 因陀羅網]'이라 하여 나라는 존재는 그물과 같이 모든 존재와 엮어져 관계하고 있다고 하였다.

그 관계를 좀 더 살펴보면, 대자연과의 관계, 나를 낳아 길러준 부모 형제와의 관계, 다른 사람들과의 관계, 사회 국가와의 관계 등 이루 헤아릴 수 없는 관계 속에서 나라는 존재가 가능하다. 이러한 관계는 크게 보이지 않는 진리와 형상으로 나타난 유형의 관계로 나눠볼 수 있다. 이를 소태산은 나를 중심으로 '없어서는 살 수 없는 관계'로 규정하고, 없어서는 살 수 없는 관계이기 때문에 이를 '은혜'라고 하였다. 소태산은 은恩을 네 가지 범주로 구분하여 사은四恩을 밝혔다.

절대적인 은

이 세상의 모든 존재는 하느님이나 부처님이 내려주시는 은총과 자비같이, 없어서는 살 수 없는 은혜의 덩어리이다. 그렇다면 현실적으로 우리들은 나와 관계된 모든 존재를 은혜의 관계로 인식하고 이에 감사하며 살고 있는가? 어쩌면 감사의 대상보다는 원망의 대상이 더 많을지도 모른다.

예를 들어 가난하고, 병들고, 버림받고, 상처받고 죄악에 시달리는 생활이 어떻게 은혜로 받아들일 수 있는가? 태어나자마자 부모로부터 버림받은 경우, 가까운 사람에게 배신을 당한 경우, 사랑하는 사람과 이별해야 하는 고통 등 인간이 세상을 살아가면서 맞이하는 모든 고통이 어떻게 은혜라고 할 수 있을 것인가?

물론 현상의 차별 세계는 인간들의 평가에 따라서 좋고 나쁨, 은혜와 원망이 있을 수 있다. 그러나 원불교에서 말하는 은혜란 현실에서 나에게 이익이 되거나 해가 되는 상대적인 은의 개념이 아니라 일원상의 진리가 베풀어준 근원적인 은혜를 말한다. 또한 가장 기본적으로 느낄 수 있으며 없어서는 살 수 없는 생명적 관계로서의 은혜를 말한다.

소태산은 그러한 은혜를 크게 범주화하여 천지은·부모은·동포은·법률은이라는 '사은四恩'으로 밝혔다. 사은이 상대적인 은혜가 아니라 절대적 은혜라고 하는 이유는 천지, 부모, 동포, 법률이 없이는 인간은 한순간도 존재할 수 없기 때문이다. 사은은 나에 국한해서만 작용하는 것이 아니라 우주 안에 존재하는 만물에 똑같이 적용된다.

네 가지 크신 은혜

사은은 천지은天地恩·부모은父母恩·동포은同胞恩·법률은法律恩을 말한다. 천지은은 우주 대자연이 질서 정연하게 운행하는 가운데 모든 존재가 생명을 유지하며 살게 되는 은혜이다. 부모은은 부모가 나를 낳아서 길러 주시고 사람의 도리를 가르쳐 주신 은혜이다. 동포은은 동포들이 각각의 생업에 종사하면서 그 산물을 나에게 공급하여 살게 하며, 동·식물까지도 나의 생존에 없어서는 안 될 관계로 맺어진 은혜이다. 법률은은 성문법, 불문법을 비롯한 모든 법과 규범이 있어서 사회의 안녕과 질서가 유지되고 그 안에서 우리가 보호받으며 살게 되는 은혜를 가리킨다.

사은은 하나하나가 없어서는 살 수 없는 것들이다. 그럼에도 사람들은 이런 관계를 너무 당연한 것으로 생각하여 은혜롭다는 사실조차 모르고 산다. 그러면서도 누군가에게 실질적인 도움을 받으면 그것을 고마워할 줄은 안다.

천지 보은의 길

천지에서 받은 은혜를 쉽게 생각해 보면 하늘의 공기, 땅의 바탕, 일월의 밝음, 풍·운·우·로風雲雨露의 혜택을 들 수 있다. 이와 같은 피은被恩의 내역은 자연이 우리에게 주는 은혜의 선물이다. 따라서 천지 보은은 자연과 환경에 대한 고마움을 느끼고 자연보호, 환경보호를 통해 은혜로운 천지를 가꾸는 것이다.

따라서 물리적인 천지의 은혜에 보은하는 길 외에도, 천지의 대도를 본받아서 천지 같은 인격을 이루고 천지 같은 대덕大德을 행하는 것이 천지 보은의 조목이 된다. 그 방향은 다음과 같다.

①천지의 지극히 밝은 도를 본받아서 우주 만물의 이치와 인간 세상의 모든 일을 연구하여 걸림 없이 아는 지혜를 갖추는 것.

②천지의 지극히 정성한 도를 본받아서 모든 일을 할 때에 시종여일始終如一하게 성실히 행하여 그 목적을 달성하는 것.

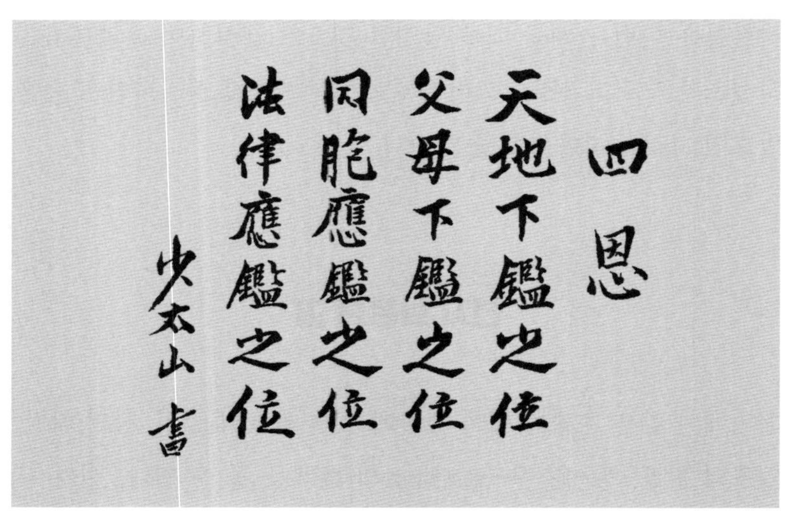

소태산 대종사 친필 사은(四恩)

③천지의 지극히 공정한 도를 본받아서 친·불친이나 사사로운 감정과 이해에 끌리지 않고 오직 공명정대하게 행하는 것.

④천지의 순리 자연한 도를 본받아서 합리와 불합리, 순順과 역逆을 구분하여 역리를 버리고 순리에 따라 합리적으로 행하는 것.

⑤천지의 광대무량한 도를 본받아서 선악, 미추를 차별하지 않고 모두 감싸는 무한한 포용력을 기르는 것.

⑥천지의 영원불멸한 도를 본받아서 현실의 생로병사에 얽매이지 않고 초연한 자세로 생활하는 것.

⑦천지의 길흉이 없는 도를 본받아서 길吉한 일을 당할 때 자만하거나 넘치지 않고, 흉凶한 일을 당할 때 좌절하거나 절망하지 않으며, 항상 조심하고 최선을 다하는 것.

⑧천지의 응용무념應用無念한 도를 본받아서 자신이 행한 모든 일을 마음에 남겨두지 않으며, 보은하는 자세로 오직 은혜를 베풀기만 할 것.

그중에서 '응용무념의 도'는 천지팔도天地八道의 바탕이 되는 가장 핵심적인 강령이 된다. 왜냐하면 마음을 작용할 때 언제나 순수하고 깨끗한 상태를 유지하면 나머지 일곱 가지의 도를 행할 수 있기 때문이다. 이와 같이 천지 팔도를 본받아 실천하면 천지와 내가 하나가 되는 천인합일天人合一의 경지에 이르게 된다.

부모 보은의 길

부모은의 핵심은 낳아 주신 절대의 은혜와 자력이 없을 때 무한한 자비로 길러 준 양육의 은혜, 그리고 인간의 도리를 가르쳐 준 교육의 은혜이다. 이러한 부모은에 보은하는 길은 네 가지로 요약할 수 있다.

①훌륭한 인격자가 되는 것이다. 세상에 유익을 줄 수 있는 훌륭한 인격과 능력을 갖추어서 부모가 자녀를 낳아 기른 보람을 얻도록 함과 동시에 자녀의 활동으로 그 부모까지도 빛나게 하여 부모의 정신적 생명을 드높이는 일이다.

②자력自力이 없는 부모를 봉양하는 것이다. 부모가 노쇠하거나 병약해졌을 때 육체적인 봉양을 드림과 동시에 마음을 편안하게 모시는 일이다. 일반적 의미에서 효孝를 실천하는 것을 말한다.

③부모의 가르침을 계승하고 추모하는 것이다. 부모가 돌아가셨을 경우 길이 부모의 무한한 은혜와 공덕을 추모하고 부모의 가르침과 기대에 어긋나지 않도록 항상 자신을 살피는 일이다.

④자력이 없는 사람들을 내 부모처럼 보살피는 것이다. 이는 부모 보은의 핵심적인 강령으로서 '무자력자無自力者 보호의 도'라고 한다. 부모로부터 내가 자력이 없을 때 보호를 받은 그 은혜를 나와 부모라는 일대일의 관계를 넘어서서 자력이 없는 모든 사람을 보호하는 것으로 확대하여 실천하는 보은이다. 이처럼 베풀어

주기만 하는 부모의 무한한 자비를 본받아서 행하자는 무자력자 보호의 도는 부모은의 본질적 의미를 구현하는 것으로서 소태산의 특징적인 보은사상이다.

동포 보은의 길

인류공동체는 서로 유기적인 관계 속에서만 공존이 가능하다. 유기적 관계는 관계 맺고 있는 하나하나가 균등한 관계를 이룰 때 조화롭게 유지된다. 조화라는 것은 관계 당사자 모두에게 은혜가 나타날 수 있는 상부상조의 노력을 통해 이루어지는 것이다. 한편의 은혜만 요구되거나 한편의 이익만 추구될 때 조화는 이루어질 수 없다. 소태산은 이처럼 유기적인 조화를 추구하는 삶의 자세를 '자리이타自利利他의 도'라고 하였으며, 동포은에 대한 보은의 핵심 강령으로 삼았다. 소태산은 인류가 활동하는 직업의 종류에 따라 각기 보은의 내역을 밝혔다.

①사士는 천만 학술로 교화할 때와 모든 정사를 할 때에 항상 공정한 자리에서 자리이타로써 할 것.

②농農은 의식 원료를 제공할 때 항상 공정한 자리에서 자리이타로써 할 것.

③공工은 주처와 수용품을 공급할 때 항상 공정한 자리에서

자리이타로써 할 것.

④상商은 천만 물질을 교환할 때 항상 공정한 자리에서 자리이타로써 할 것.

⑤초목금수草木禽獸도 연고 없이는 꺾거나 살생하지 말 것.

이 중에서 다섯 번째의 항목은 인간 중심적인 가치관을 넘어선 넓은 의미의 동포 개념에 근거한 공동체의 삶을 강조한 것이다. 여기에는 모든 생명에 대한 존엄성과 각 생명체의 존재 가치를 중시하는 평등 정신이 담겨 있다.

법률 보은의 길

법률은 인도정의人道正義의 공정한 법칙에 따라 옳고 그름을 구분하여 불의를 징계하고 정의를 바로 세워 안녕질서를 유지하는 것이다. 우리는 그 가운데 생명을 보존하며, 그러한 안녕과 질서 속에서 각자의 생업에 전념하여 우리의 생활을 보전시킬 수 있다. 따라서 법률의 은혜에 보은하는 길은 법률은의 본질인 안녕질서의 유지에 우리가 직접 참여하는 일이다.

소태산은 법률의 은혜가 나타나는 방향으로 순응하라고 하였다. 법률에서 금지하는 조건으로 은혜를 입었으면 그 도에 순응하고, 권장하는 조건으로 은혜를 입었으면 그 도에 순응하라는 것이다. 이를 요약하면 법률은에 대한 보은은 '불의를 제거하고 정의를 세우는 도'이다.

사은 사상의 원리

첫째, 사은은 생성生成의 원리이다. 은은 우주와 그 안에 있는 생명을 존재하게 하는 원동력이다. 모든 존재가 서로 없어서는 살 수 없는 절대적인 은혜의 관계로 맺어져 있다는 것이다. 하나의 생명이 탄생하여 그 생명을 지속하는 모든 과정에 은혜의 관계가 적용되지 않는 바가 없다. 그러한 관계의 법칙이 곧 철학과 과학에서 말하는 존재의 법칙이며, 만물 생성의 원리이다.

둘째, 사은은 사실적 신앙의 원리이다. 소태산이 새 종교를 통해 구현하고자 하는 원만한 신앙, 사실적 신앙은 신앙의 대상에 대한 인식과 방법에서 분명히 드러나고 있는데, 그 핵심이 사은사상이다. 궁극적 진리인 일원상 진리가 곧 사은이며, 우리는 절대타력인 사은의 은혜 속에서 살고 있음을 알아서 언제나 사은 당처에 감사와 사죄를 드리고 사은 당처에 불공을 드려야 한다. 사은은 우리가 원하는 바 신앙적 소망을 이루어 줄 사실적 권능을 가지고 있기 때문이다. 그러한 신앙의 자세를 사실적 신앙이라고 하며, 사은사상이 그 원리를 밝히고 있다.

셋째, 사은은 윤리의 원천이다. 여기서 말하는 윤리는 인간

관계의 윤리뿐만 아니라, 모든 존재가 공존 공생할 수 있는 윤리까지 포함한다. 모든 존재가 서로 은혜로운 관계로 맺어져 있으며, 관계를 떠나서는 살 수 없다는 것을 알았다면 그 관계를 더욱 돈독하게 할 필요성을 느끼게 될 것이다. 그러한 필요성은 자신이 어떻게 행할 것인가라는 도리를 생각하게 하고 마침내 당연히 해야 할 실천적 윤리를 정립하게 한다. 다른 사람을 대하는 행위 규범으로서의 윤리에서 자연을 보호하고 가꾸어야 할 윤리에 이르기까지 윤리는 스스로 느껴서 실천하는 자율적인 것이어야 한다. 타율적 강제성을 띠게 되면 윤리라고 할 수 없다. 이러한 윤리의 기반인 자율성은 스스로 우러나는 감사하는 마음에서 비롯되는 것이기 때문에 사은사상을 윤리의 원천이라고 한 것이다.

행복의 출발은 은혜의 발견에 있다. 은恩이란 글자는 인因과 심心의 합성어이다. 이 글자에 의하면 은혜는 마음에서 비롯됨을 알 수 있다. 현실에서 이해의 득실에 의해 감사와 원망을 할 것이 아니라 근본적인 은혜를 발견하여 감사하고 보은하는 것이 나의 행복뿐만 아니라 이 세상을 은혜로운 낙원으로 만들 수 있는 길이 될 것이다. 소태산은 자신이 은혜 입은 것을 알지 못하는 것과 설사 안다 할지라도 보은의 실행이 없는 것도 배은背恩이라고 하였다. 종교적인 의미에서는 모르는 것도 배은이며, 알고도 행하지 않는 것도 배은인 것이다.

이상사회의 모습
사요

인간이 세상을 살아가면서 가장 기본적으로 추구하고자 하는 권리는 무엇일까? 아마도 자유와 평등의 권리일 것이다. 자유란 정해진 법률에서 구속받지 않고 자기 이상을 실현하고자 하는 권리를 말하며, 평등이란 어떠한 차별적 제약을 받지 않고 인간이 누릴 수 있는 정당한 권리의 욕구를 말한다. 보통 자유와 평등은 모순관계를 갖는다. 자유를 위해선 평등이 깨질 수 있으며, 평등을 위해선 개인의 자유가 침해받을 수 있기 때문이다. 원불교가 이상적으로 생각하는 세계는 자유와 평등이 함께 보장되는 세계이다.

자유와 평등은 사회적 관계 속에서 형성되는 이념이다. 나를 중심으로 다른 사람과의 관계, 넓게는 사회, 국가와의 관계 속에서 진정한 자유와 평등의 정신을 찾아야 한다. 그렇다고 해서 자유와 평등이 나를 둘러싼 주위 여건들에 의해 저절로 주어지는 것은 아니다. 자유와 평등에 대한 개인적 노력이 수반될 때 사회의 자유, 평등은 이루어질 수 있다. 또한 사회와 국가는 개인의 자유와 평등을 보장해 주어야 한다.

원불교에서는 자유와 평등이 보장된 이상적인 사회를 이룩하기 위한 조건으로 네 가지를 제시하고 이를 사요四要라고 한다. 사요는 자력양성自力養成·지자본위智者本位·타자녀교육他子女教育·공도자숭배公道者崇拜이다. 우리는 사요를 통해서 개인의 자유를 보장받고 평등사회를 구현할 수 있다. 이는 원불교에서 가르치는 사회생활의 도리이며, 사회를 발전시킬 의무를 이행하는 요긴한 법이다.

사요는 일원상의 진리에 바탕하여 인류에게 평등하게 잘 살 수 있는 길로 인도하려는 방법이다. 『교전』 교리도[본서 64쪽 참조]에 의하면 이 사요가 신앙문에 들어 있는데 그것은 사은의 피은에 대한 사회적 보은의 길이요, 인류와 사회를 향한 불공이 되기 때문이다.

자력양성

소태산은 부모, 형제, 자녀, 친척 사이에 부당하게 의뢰 생활을 하거나 여자라는 이유만으로 부당하게 권리를 제한당하는 현실을 철저히 비판하고 그 극복 방안을 내놓는다. 그는 어서 빨리 자력을 길러서 자기의 의무와 책임을 다하는 동시에, 힘 미치는 대로 자력 없는 사람들이 자력을 세워갈 수 있도록 도움을 주자고 제자들을 독려한다. 어리고 늙고 병든 사람을 제외하고는 의뢰 생활을 하지 말고, 여자도 평등하게 교육을 받아야 하며, 남녀가 동등하게 직업을 갖고 가정, 국가에 대한 의무와 책임을 동등하게 이행하고, 차자次子도 부모 모시기를 장자처럼 해야 할 것이라 지적하고 있다.

이와 같은 자력양성의 조목은 소태산이 사요의 법문을 내놓은 구한말 시대 상황에서 볼 때, 가히 혁명적이었다. 비록 100여 년이 지난 지금 많은 부분 사회적 상황이 달라졌다고는 하지만 그 근본정신은 변하지 않고 새롭게 이어 나갈 필요가 있다.

자력을 갖춘 사람은 무슨 일을 하든지 자신감을 가지며, 하고 싶은 일을 성취하면서 삶의 보람을 누릴 수 있다. 그러기 위해서는 여러 분야에 걸쳐 골고루 자력을 갖추어야 한다. 이를 크게 나누면 정신의 자주력, 육신의 자활력, 경제의 자립력으로 요약된다. 자력을 갖춘 사람들이 사는 세상은 투쟁과 반목이 아닌 선의의 경쟁으로 더욱 풍요로운 복지사회를 이룰 수 있으며, 일체의 차별이 없어지고 인권을 존중하는 평등사회가 될 수 있다.

자력양성을 '일상 수행의 요법'에서는 "타력생활을 자력생활로 돌리자."라고 하였다.

지자본위

세상을 올바르게 살아가기 위해서는 필요한 지식이 너무도 많다. 학문적 지식뿐만 아니라 생활의 지식, 도구를 사용하는 지식은 물론 삶의 지혜도 많은 부분 요구된다. 그러나 과거에는 불합리한 차별제도에 의해 지식이 일부 특권층의 전유물이었던 것은 사실이다. 이에 소태산은 우리의 의식과 관습 속에 남아 있는 불합리한 차별 의식과 차별제도를 벗어던지고 오직 배우고자 하는 목적만을 달성하도록 하며 능력 있는 사람이 존경받는 세상을 만들고자 하였다. 그리하여 개개인이 자기의 타고난 재능을 충분히 발휘하도록 하며, 그 힘으로 보다 발전된 성숙한 사회를 만들어 가야 한다고 주장하면서 지자본위智者本位를 역설하였다.

현대는 과거에 비해 차별이 많이 사라졌다. 과거에는 반상班常·적서嫡庶·노소老少·남녀男女·종족種族의 차별이 엄연했다. 그러나 과거와 같은 형태의 차별제도나 의식이 아니라 아직도 많은 부분 어리석은 사람이 지혜 있는 자를 스승으로 모시고 배움을 행하는 일은 쉽지 않다. 따라서 지혜 있는 자는 누구나 나의 스승이라는 생각을 가지며, 자기의 지적 능력에 대한 자만을 버리고 겸손한 자세를 가져야 한다. 그리고 일상생활 속에서 스승을 찾아 항상 배움을 잃지 말아야 한다.

소태산은 지자본위의 조목으로 솔성率性의 도와 인사人事의 덕행이 자기 이상인 사람, 정사政事를 하는 것이 자기 이상인 사람,

생활에 대한 지식이 자기 이상인 사람, 학문과 기술이 자기 이상인 사람, 기타 모든 상식이 자기 이상인 사람을 모두 스승으로 알고 배우라고 했다. 그리고 배울 때는 근본적으로 사람을 차별하는 것이 아니라, 앎을 구하는 때에 있어서 하자는 것이다.

지자본위의 정신을 '일상 수행의 요법'에서는 "배울 줄 모르는 사람을 잘 배우는 사람으로 돌리자."라고 하였다.

타자녀 교육

정산은 "교육은 세계를 진화시키는 근원이요, 인류를 문명화하는 기초니, 개인·가정·사회·국가의 성쇠와 흥망을 좌우하는 것이 교육을 잘하고 잘못함에 있다."[『세전』 1. 교육에 대하여]라고 말했다. 교육을 받지 못하면 사회에 적응하여 생활하기 어렵고 가치관을 갖기도 힘들다. 교육이 아니면 사람이 사람 구실을 하기가 어렵다. 따라서 교육의 기회는 모든 사람에게 고루 주어져야 한다.

하지만 과거의 교육을 보면 신분에 따른 차별과 경제적 능력에 따른 제한, 그리고 불합리한 제도에 의해 평등성이 크게 침해당해 왔다. 소태산은 이러한 잘못된 교육관행을 바로잡고자 '타자녀 교육'을 주창하였다.

교육은 문명 촉진의 방법이며 낙원 생활의 기본 요소이다. 지식 사회, 힘을 가진 국가, 인류 문명의 촉진을 달성하기 위한 교육 평등 정신의 구현은 교육 기회의 확장으로 성취된다. 소태산은 그 방향을 세 가지로 제시하였다.

첫째, 교육의 결함 조목이 없어지는 기회를 만난 우리는 자녀가 있거나 없거나 타자녀라도 내 자녀와 같이 교육하기 위하여 모든 교육기관에 힘 미치는 대로 조력도 하며, 또는 사정이 허락되는 대로 몇 사람이든지 자기가 낳은 셈 치고 교육할 것이요.

둘째, 국가나 사회에서도 교육기관을 널리 설치하여 적극적으로 교육을 실시할 것이요.

셋째, 교단敎團에서나 사회·국가·세계에서 타자녀 교육의 조목을 실행하는 사람에게는 각각 그 공적에 따라 표창도 하고 대우도 하여 줄 것이니라. [『정전』 교의편, 사요, 타자녀 교육]

자타의 국한을 벗어나 내 자녀, 남의 자녀 가리지 않고 교육의 기회를 균등히 제공해서 인류 문명을 촉진하고 인간의 도리를 배워서 낙원 생활을 하는 것이 타자녀 교육이다.

타자녀 교육의 정신을 '일상 수행의 요법'에서는 "가르칠 줄 모르는 사람을 잘 가르치는 사람으로 돌리자."라고 하였다.

공도자 숭배

복지의 척도를 물질적 풍요만으로 본다면 기계문명의 발달과 경제적 성장으로 완성되겠지만 참다운 복지, 즉 진정한 행복은 물질적 조건, 육체적 조건, 정신적 조건 등 여러 가지 요인들의 균형과 조화로 이루어진다. 진정한 복지사회를 이루기 위해서는 사회를 위해 헌신하는 사람들이 많이 나와야 한다.

한 가정보다는 이웃을, 이웃보다는 국가 사회를, 나아가 세계 인류를 위해서 자신을 온통 바치고 일하는 공도자公道者가 꼭 필요하다. 하지만 세상에서 그런 사람들을 찾아보기가 어려운 현실이다. 따라서 모든 사람이 공도자를 우러러 공경하고 우대해야 한다.

소태산은 개인의 이기적 욕심을 버리고 공도에 헌신할 것과 공도에 헌신한 사람에 대해서는 자녀가 부모에게 하는 도리로서 모시고 받드는 공도자 숭배公道者崇拜를 밝혔다.

공도자 숭배의 조목으로 첫째, 공도사업의 결함 조목이 없어지는 기회를 만난 우리는 가정사업과 공도사업을 구분하여, 같은 사업이면 자타의 국한을 벗어나 공도사업을 할 것이며, 둘째, 대중을 위하여 공도에 헌신한 사람은 그 노력한 공적에 따라 노쇠하면 봉양하고, 열반 후에는 상주가 되어 상장喪葬을 부담하며, 영상과 역사를 보관하여 길이 기념하도록 하였다.

일반인들에게 공도사업에 힘쓰라는 것이 개인의 사적 이익이나 사생활을 완전히 포기하라는 말은 아니다. 사회 구조는 자기의 삶을 살기 위해서 일하는 것이지만 그 일의 성과는 어떤 형태로든지 다른 사람과 나누어 가지게 된다. 따라서 각자의 일터에서 일할 때 사욕을 앞세워 남을 해롭게 하거나 자기의 이익만을 챙기는 이기심을 버리고 남을 먼저 배려하는 마음으로 일하는 이타심을 발휘하자는 것이다.

공도 정신이 없이 사리사욕만을 추구하는 사람들이 사는 세상은 만인의 만인에 대한 투쟁 사회가 된다. 오로지 자기 것만을 챙기려는 투쟁 사회에서는 서로가 패배자요 함께 멸망하는 사회이다. 그러므로 일상생활에서 크고 작은 일터에서 누구나 오직 사私보다 공公을 우선시하는 자세로 살아가자는 공도公道의 길이 사회 발전의 길이요, 인류의 이상을 실현하는 길이다.

공도자 숭배의 정신을 '일상 수행의 요법'에서는 "공익심 없는 사람을 공익심 있는 사람으로 돌리자."라고 하였다.

이상에서 살펴본 바와 같이 사요의 실천은 이 세상에 인권평등·지식평등·교육평등·생활평등을 구현하고, 보다 살기 좋은 가정과 사회와 국가와 세계를 건설하는 것이다. 이는 사은으로부터 받은 은혜에 대하여 대對사회적으로 보은하고 불공하는 것이다. 아울러 일원상의 진리를 바탕으로 평화와 평등 세계를 이룰 수 있는 약재가 된다.

전인적 인격의 길
삼학

훌륭한 사람이라는 인격의 평가는 지위의 높고 낮음, 가난한 사람과 부자, 지식의 많고 적음에 관계없이, 생각과 말과 행동이 올바른가, 사회에 공헌하는 정도는 어떠한가에 따라 평가된다. 생각과 말과 행동이 올바르면 자기의 이해보다는 남을 위해 헌신할 수 있는 기본적 자질이 갖추어져 있다고 할 수 있기 때문에 인격의 기반과 그 척도를 여기에 두는 것이다.

인격을 닦자는 것은 인간다운 원만한 생활을 하자는 것이다. 사람은 누구나 평생토록 안정되고 행복한 생활을 하고 싶어 한다. 그러나 일생을 한결같이 안정된 생활을 할 수 있을 것인가. 경제적인 안정을 얻었다 하더라도 인간의 힘으로 극복할 수 없는 근본적인 한계에 부딪혔을 때, 일상적인 삶에서 보람을 찾지 못하고 허무감을 느낄 때, 또는 예측할 수 없는 인간의 운명에 대해 불안감을 가질 때 많은 사람은 절망과 회의에 빠진다.

이런 점에서 소태산은 육신의 의식주 못지않게 정신적인 안정을 가져다줄 정신의 의식주가 중요하다고 역설하였다. 소태산은 정신의 의식주로 정신수양, 사리연구, 작업취사의 삼학三學을 제시하여 인간이 원만한 인격을 닦아가도록 하였다. 이 삼학은 단순히 인격을 완성하는 방법적 요소로 제시된 것이 아니라 원불교에서 수행의 표본으로 삼고 있는 법신불 일원상의 진리에 근거하여 진리적 인격을 닦아나가는 방법이 된다.

정신수양

인간이 세상을 살아가는 데는 많은 욕심의 경계들이 다가온다. 하고 싶은 것, 갖고 싶은 것, 알고 싶은 것 등. 이러한 욕심은 최령最靈한 인간이기에 갖는 기본적인 감정일 수 있다. 그러나 예의염치와 공정한 법칙은 생각하지 않고 자기에게 있는 권리와 기능과 무력을 다하여 욕심만 채우려 한다면 결국, 욕심의 노예가 되어 원만구족하고 지공무사한 나의 본래 성품을 잊어버리게 될 것이다. 번민과 망상으로 마음의 안정을 잊은 고통의 생활이 바로 욕심에서 비롯된다. 그러므로 끊임없이 생겨나는 이 욕심을 제거하고 온전한 정신을 얻어 어떠한 욕심 경계에도 끌리지 않기 위해 정신수양이 필요하다.

정신이란 마음의 본래 상태를 말한다. 말하자면 좋다, 싫다, 나쁘다 등등 여러 가지 마음이 나오기 이전의 순수한 마음이다. 그래서 정신을 '마음이 두렷하고 고요한 경지'라고 규정하였다. 또한 정신은 분별성과 주착심이 없는 경지이다. 분별성과 주착심이 없다는 것은 마음이 작용할 때 욕심에 끌려서 한편에 치우치거나 집착하지 않는 것을 말한다. 수양의 수修는 번뇌를 닦아 낸다는 의미이며, 양養은 순수한 근본 마음인 성품을 보존하며 욕심에 끌리지 않도록 강화한다는 의미이다.

과거의 불교에서는 수양의 목적을 불같이 일어나는 욕심의 제거에 역점을 두었음에 비해 원불교에서는 일어나는 욕심을 절제할 수 있는 정신의 자주력에 중점을 두고 있다. 현실의 세계에 살면서 유혹의 조건들을 피할 수 없으며, 본능적으로 일어나는 욕심 자체를 근본적으로 없앨 수는 없으므로 욕심을 절제할 수 있는 능력, 유혹에 넘어가지 않을 능력이 매우 중요한 것이다.

정신수양의 방법은 동정動靜 간에 병행할 수 있다. 소태산은 그 방법으로써 피경공부, 무심공부, 일심공부, 선정공부를 제시하였다.

①피경避境공부: 모든 일을 할 때 나의 정신을 시끄럽게 하고 정신을 빼앗아 갈 일을 짓지 말며, 그와 같은 경계를 멀리하는 것.

②무심無心공부: 모든 사물을 접응할 때 애착愛着과 탐착貪着을 두지 말며 항상 담담한 맛을 길들이는 것.

③일심一心공부: 이 일을 할 때에 저 일에 끌리지 말고 저 일

을 할 때에 이 일에 끌리지 말아서 오직 그 일 그 일에 일심만 얻도록 하는 공부.

④선정禪定공부: 여가 있는 대로 염불과 좌선에 힘쓰는 것.

사리연구

이 세상은 크게 일과 이치로서 운전된다. 많은 사람과 더불어 살면서 일과 이치는 다양하게 인간사에 관여하여 인간의 고락을 엮어낸다. 일에는 시비 이해가 따르게 되고 이치에는 대소 유무가 있어서 시비 이해를 바르게 분석하고 대소 유무를 올바로 깨치는 것이야말로 인간 세상을 살아가는 데 있어 행·불행의 갈림길이 되는 것이다. 일의 선후차서先後次序를 알고 이치의 시종본말始終本末을 알아서, 이치에도 걸림이 없고 일에도 걸림이 없어서 인과의 이치, 생로병사하는 변화의 이치를 알고 고락의 원인을 알고자 하는 것이 사리연구의 목적이 된다.

소태산은 사리연구의 요지에서 "사事라 함은 인간의 시비 이해是非利害를 이름이요, 이理라 함은 곧 천조天造의 대소 유무大小有無를 이름이니, 대大라 함은 우주 만유의 본체를 이름이요, 소小라 함은 만상이 형형색색으로 구별되어 있음을 이름이요, 유무라 함은 천지의 춘하추동 사시순환과 풍운우로상설風雲雨露霜雪과 만물의 생로병사와 흥망성쇠의 변태를 이름이며, 연구라 함은 사리를 연

마하고 궁구함을 이름이니라.”고 하였다. [『정전』 사리연구의 요지]

사리연구의 목적은 사람이 살아가는 데에 활용할 수 있는 지혜를 얻자는 것이므로 생활을 떠나서 따로 연구만 하는 방법은 옳지 못하다. 생활의 지혜는 생활 속에서 습득하여야 하며, 인간의 도리는 인간 사회에서 배워야 사실적이고 실용적인 것이 된다.

소태산은 공부인이 동하고 정하는 두 사이에 연구력을 얻는 빠른 방법으로 다음과 같이 제시하였다.

①인간 만사를 작용할 때 그 일 그 일에 알음알이를 얻도록 힘쓸 것.

②스승이나 동지와 더불어 의견 교환하기를 힘쓸 것.

③보고 듣고 생각하는 중에 의심나는 곳이 생기면 연구하는 순서를 따라 그 의심을 해결하도록 힘쓸 것.

④경전 연습하기를 힘쓸 것.

⑤과거 모든 도학가道學家의 경전을 참고하여 지견을 넓힐 것. [『대종경』 수행품 2]

작업취사

여기에 한 그루의 과일나무가 있다고 하자. 가지는 튼튼하고 잎은 무성하며 거기에 피어 있는 꽃도 아름답다. 그러나 줄기와 가지와 꽃과 잎은 좋은 나무이지만 이 나무에 결실이 없다면 그 나무는 과일나무로서 역할을 상실한 것이다.

우리가 수행하는 목적은 혜복을 구하자는 것이다. 지혜와 복락이 따라오지 않는 수행이란 알맹이 없는 빈껍데기에 불과하다. 아무리 수양력과 연구력을 얻었다고 해도 이를 안이비설신의眼耳鼻舌身意 육근 동작에 활용하여 혜복의 결과를 가져오지 못할 때는 수양력과 연구력은 허사가 되고 마는 것이다. 소태산은 작업취사의 중요성을 강조하면서 올바른 취사가 없는 수양과 연구는 결실 없는 나무와 같다고 하였다.

많은 사람이 선善이 올바르고 좋은 줄은 안다. 그리고 선을 행하려고 한다. 또한 악이 그른 줄을 알고 악을 짓지 않으려고 한다. 그러나 많은 사람이 선을 행하지 못하고 악을 끊지 못하여 낙원을 버리고 고해로 들어가게 된다. 이러한 사람을 일러 중생이라고 하는데, 낙원을 버리고 고해로 들어가는 원인은 일을 당하여 무엇이 옳은지 그른지 몰라서 실행이 없거나, 설사 그 옳고 그름은 안다 할지라도 불같이 일어나는 욕심을 제어하지 못하거나, 철석鐵石같이 굳은 습관에 끌려 선을 행하지 못하고 악을 행하게 된다.

따라서 작업취사란 우리가 무슨 일이나 육근을 작용하는 데 있어 정의는 기어이 취하고 불의는 기어이 버리는 실행 공부를 말한다. 결국 작업취사를 통해 싫어하는 고해苦海는 피하고 원하는 낙원樂園을 맞이하자는 것이다.

동動하고 정靜하는 두 사이에 취사력을 얻는 빠른 방법은 다음과 같다.

①정의인 줄 알거든 크고 작은 일을 막론하고 죽기로써 실행할 것.

②불의인 줄 알거든 크고 작은 일을 막론하고 죽기로써 하지 않을 것.

③모든 일을 작용할 때 즉시 실행이 되지 않는다고 낙망하지 말고 정성을 계속하여 끊임없는 공을 쌓을 것.

사람의 인격에 대한 평가는 그 사람의 행동을 통해서 알 수 있다. 말 한마디, 행동 하나하나에 그 사람의 공부 정도가 배어나기 마련이다. 여기에 취사의 중요성이 드러난다. 아무리 좋은 판단을 했다 하더라도 실행이 미치지 못하면 허사가 되고 만다. 또한 수양, 연구, 취사는 우리들 생활 속에서 동시에 필요로 하는 공부법이다. 취사를 잘하기 위해서는 올바른 연구가 있어야 하고, 연구에는 수양의 힘이 함께 아우러져야 한다. 이를 삼학병진三學竝進의 공부법이라고 한다.

성공의 길, 실패의 길 팔조

좋은 원료와 기능이 우수한 전동기가 있다고 하더라도 전동기를 돌릴 수 있는 전기의 힘이 없다면 원하는 상품은 만들 수 없을 것이다. 아무리 좋은 공부법이 있다고 하더라도 이를 실행하지 않으면 그 공부법은 나와 전혀 상관없는 무용지물에 불과할 뿐이다.

소태산은 팔조八條를 통해서 원만한 인격을 이룰 수 있고 성공의 길로 나아갈 수 있다고 했다. 팔조는 일원상 수행을 잘하기 위해서 갖추어야 할 진행사조進行四條와 그 반대로 버려야 할 사연사조捨捐四條를 총칭한 것이다. 진행사조는 신·분·의·성信·忿·疑·誠이고, 사연사조는 불신·탐욕·나·우不信·貪慾·懶·愚이다.

진행사조를 잘 갖추면 자연히 사연사조는 힘이 약해져서 사라지고, 거꾸로 사연사조를 잘 버리면 진행사조가 다시 살아나는 관계가 있다. 즉 진행사조는 적극적으로 긍정적 요소를 키워 힘을 갖추는 길이라면, 사연사조는 부정적인 요소를 제거하는 소극적인 방법이라고 할 수 있다. 이 권장 사항과 금기 사항을 아울러서 노력하는 것이 가장 효과적인 방법이 된다.

진행사조

신信은 믿음을 이름이니, 만사를 이루려고 할 때 마음을 정하는 원동력이다. 삼학 공부를 통하여 불지佛地에 오르는 것은 우리가 길을 가는 것에 비유될 수 있다. 가령 길을 가려는 사람이, 이 길로 가면 자기가 가고자 하는 목적지에 도달할 수 있다는 믿음이 없이는 출발할 수가 없고, 비록 출발은 했다 할지라도 다른 길을 모색하거나 도중에 포기하고 말 것이다. 그러나 믿음이 있는 사람은 다른 생각을 품거나 딴청을 부리지 않고 길을 달려가 결국 목적지에 도달할 수 있을 것이다. 이와 같이 삼학 공부에 있어서 믿음은 마음을 정하고 길을 출발하여 열심히 노력할 수 있는 기초가 된다.

분忿은 용장한 전진심을 이름이니, 만사를 이루려 할 때 권면하고 촉진하는 원동력이다. 분이란 분발심과 같은 의미로 공부하는 도중에 우리의 마음이 해이하게 되거나 절망이나 좌절, 포기와 같은 경계를 당하게 되었을 때, "나도 하면 될 수 있다."라는 신념을 되살리는 의욕과 용기이다.

사람이 먼 길을 가다 보면 처음 출발할 때의 마음이 달라지기도 하고, 고통을 견디기 어려워하거나 불안한 마음이 나기도 하며, 실의에 빠질 수도 있다. 마찬가지로 삼학 공부를 하는 도중에 좌절하거나 적당한 곳에서 편히 머물러 안주하는 때가 있을 수 있다. 이러한 때에 박차고 일어나서 용맹정진하도록 하는 것이 바로 분이다.

의疑는 일과 이치에 모르는 것을 알고자 함을 이름이니, 만사를 이루려 할 때에 모르는 것을 알아내는 원동력이다. 공부하는 과정에서 항상 새로운 것을 알아내고자 하는 탐구 정신을 갖고 묻고 배우고 생각하여 바르고 빠른 길을 찾아내는 것이 의이다. 삼학 공부의 표준을 가지고 생활하는 가운데 일의 옳고 그름이나 이롭고 해로움을 깨달아 알고, 또한 이 우주의 이치나 우리의 자성 원리를 깨달아 알기 위해서는 모르는 것에 대한 꾸준한 사색과 탐구가 있어야 한다.

길을 떠나는 사람이 목적지를 확실히 정하지 않거나, 현재 자신이 있는 위치도 모르고, 설사 목적지를 정하였다고 하더라도 그곳을 찾아갈 능력이 없으며, 왜 이 길을 가야 하는지를 모르는 경우가 있다. 그렇게 되면 그 사람은 도중에 다른 길로 가버릴 수도 있고 포기할 수도 있다. 그러므로 자기가 가고 있는 방법이나 길에 대하여 보다 바르고 빠른 길을 모색하는 자세를 가져야 한다. 이처럼 일의 시비 이해와 이치의 대소 유무에 있어서 모르는 것을 발견하고 그것을 알아내기 위하여 탐구하는 것을 의라고 한다.

성誠은 잠시 그치거나 끊어짐이 없는 마음을 이름이니, 만사를 이루려 할 때에 그 목적을 달하게 하는 원동력이다. 어떤 일을 시작하여 성공하고, 못하는 것은 시작할 때의 마음으로 꾸준한 정성을 계속하고 못 하는 데에 달려 있다. 삼학 공부의 성공 여부도 바로 끊임이 없는 정성에 달려 있다. 불보살의 인격을 이루느냐 범부 중생에 머물러 있느냐는 결국 이 정성 정도의 차이에서 판가름이 난다.

소태산은 "큰 도에 발원한 사람은 짧은 시일에 속히 이루기를 바라지 말라. 잦은걸음으로는 먼 길을 걷지 못하고, 조급한 마음으로는 큰 도를 이루기 어렵나니, 저 큰 나무도 작은 싹이 썩지 않고 여러 해 큰 결과요, 불보살도 처음 발원을 퇴전하지 않고 오래오래 공을 쌓은 결과이니라."고 하였다. [『대종경』 요훈품 10]

사연사조

불신不信은 믿음의 반대로 믿지 아니함을 이름이니, 만사를 이루려 할 때에 결정을 얻지 못하게 하는 것이다.

탐욕貪慾은 모든 일을 상도常道에 벗어나서 과히 취함을 말한다. 탐욕은 정당한 의욕이나 분발심이 아니고, 한꺼번에 급하게 모든 것을 취하려는 생각이나 만용과 같은 것이다.

나懶는 만사를 이루려 할 때에 하기 싫어함을 말한다. 꾸준히 계속하는 끊임이 없는 마음이 아니라 도중에 게으름을 피우고 해이한 마음을 말한다.

우愚는 대소 유무와 시비 이해를 전혀 알지 못하고 자행자지自行自止함을 말한다. 이는 모르는 것을 알고자 하는 마음이 없는 데에서 비롯된 결과이므로 자기가 모르는 사실을 발견하여 하나하나 터득해 가는 것으로 극복되어야 한다.

누구나 실패보다는 성공을 원한다. 그 성공의 길은 어려운 것이 아니다. 그러나 실천하기란 쉽지 않다. 매사에 믿음·분발·의문·정성이 함께 하고, 불신·탐욕·게으름·어리석음을 멀리했을 때 성공의 길은 환히 열리게 된다.

원불교의 교도 훈련

철학자 칸트[Immanuel Kant, 1724~1804]는 "하늘엔 무수한 별들, 땅에는 무수한 도덕률이 있다."라고 했다. 세상에는 무수히 많은 가르침이 있다. 세상은 도덕이 없어서가 아니라 그것을 실천하는 사람이 적기 때문에 문제이다. 아무리 훌륭한 가르침이 있다 하더라도 이를 실행하는 훈련이 없다면 그 외침은 공허할 수밖에 없다.

훈련이란 배워 익히는 것이다. 『논어論語』 첫 구절에 있는 배워서 때때로 익힌다는 '학이시습學而時習'은 바로 훈련의 의미이다. 참다운 인격이란 앎과 실행이 일치해야 한다. 앎과 실행이 일치하기 위해서는 끊임없는 노력이 필요하다. 인격 완성을 위한 끊임없는 노력의 과정이 바로 훈련이다.

원불교에서는 특별히 훈련에 대해 강조하고 있다. 원불교에서 말하는 훈련법은 모든 공부인으로 하여금 배우고 익혀서 불보

하섬해상훈련원 재가교역자 훈련

살의 인격을 갖출 수 있도록 체계적으로 단련시키는 공부법이다. 즉 이 훈련법은 인격의 요소인 삼대력三大力을 갖추기 위한 삼학 공부의 체계적인 교과목이다. 이 과목을 단련함으로써 삼학을 종합적으로 병진할 수 있다.

소태산은 개교의 동기에서 "진리적 종교의 신앙과 사실적 도덕의 훈련으로 정신의 세력을 확장하고 물질의 세력을 항복 받아 파란고해의 일체 생령을 광대무량한 낙원으로 인도한다."라고 하여 훈련을 강조하였는데, 사실적 도덕의 훈련이야말로 원불교 공부법의 특징이라 할 수 있다. 특히 소태산은 훈련을 소 길들이는 것에 비유하여 범부 중생의 무절제한 생활을 법도 있는 생활로 길들이는 것이라고 했으며, 쇠를 풀무 화로에 집어넣고 달구고 또 달구며 때리고 또 때려서 잡철은 다 떨어버리고 좋은 쇠를 만드는 것과 같다고 하였다.

또한 대산은 "훈련이란 수련이요, 수련은 심신단련이요, 심신단련은 기질변화를 하게 하고 기질변화하면 마음에 혁명이 일어나서 훈련하기 전과는 판이한 새 사람이 되므로 어리석은 인생이 변하여 성인이 될 수 있고, 무능한 약자가 변하여 강자가 될 수 있다."라고 하였다.

원불교 훈련은 크게 정기훈련법과 상시훈련법으로 나누어진다. 정기훈련법은 공부인에게 일정 기간 정해진 장소에서 전문적인 지도를 받으면서 삼학 공부의 원리와 방법을 습득하고 익히도록 하는 훈련으로서 공부인이 일상생활 속에서 공부할 자료를 준비하는 훈련이다.

상시훈련법은 공부인이 일상생활을 떠나지 않고 그 생활 속에서 삼대력을 쌓아갈 수 있도록 하는 평상시 훈련 방법으로서 상시응용 주의사항과 교당내왕시 주의사항이 있다. 따라서 정기훈련은 일정 기간, 일정 장소에서 전문 지도자에 의한 집중 단련이며, 상시훈련은 주로 자신의 표준에 의한 자율적 훈련으로서 공부인의 일상생활 속에서 이루어지는 훈련이다.

이 두 가지 훈련법은 서로 밀접한 관계가 있고 상호 보완, 상호 기초가 되는 법이기 때문에 이 두 가지 훈련법을 아울러 나아갈 때에 완전한 공부가 되고 그 공부의 성취가 효과를 거둘 수 있다.

정기훈련법

공부인에게 정기定期로 법의 훈련을 받게 하려고 정기훈련 과목을 정하였는데, 그 과목은 모두 11가지로 염불念佛·좌선坐禪·경전經典·강연講演·회화會話·의두疑頭·성리性理·정기일기定期日記·상시일기常時日記·주의注意·조행操行이 있다. 이를 삼학으로 분류해 보면 염불·좌선은 정신수양 훈련 과목이고, 경전·강연·회화·의두·성리·정기일기는 사리연구 훈련 과목이며, 상시일기·주의·조행은 작업취사 훈련 과목이 된다.

『정전』에서 밝힌 11과목을 원문 그대로 밝히면 다음과 같다.

> **염불**은 우리의 지정한 주문呪文 한 귀를 연하여 부르게 함이니, 이는 천지만엽으로 흩어진 정신을 주문 한 귀에 집주하되 천념 만념을 오직 일념으로 만들기 위함이요,
>
> **좌선**은 기운을 바르게 하고 마음을 지키기 위하여 마음과 기운을 단전丹田에 주住하되 한 생각이라는 주착도 없이 하여, 오직 원적무별圓寂無別한 진경에 그쳐 있도록 함이니, 이는 사람의 순연한 근본정신을 양성하는 방법이요,
>
> **경전**은 우리의 지정 교서와 참고 경전 등을 이름이니, 이는 공부인으로 하여금 그 공부하는 방향로를 알게 하기 위함이요,
>
> **강연**은 사리 간에 어떠한 문제를 정하고 그 의지를 해석시킴이니, 이는 공부인으로 하여금 대중의 앞에서 격格을 갖추어 그 지견을 교환

하며 혜두慧頭를 단련시키기 위함이요,

회화는 각자의 보고 들은 가운데 스스로 느낀 바를 자유로이 말하게 함이니, 이는 공부인에게 구속 없고 활발하게 의견을 교환하며 혜두를 단련시키기 위함이요,

의두는 대소 유무의 이치와 시비 이해의 일이며 과거 불조의 화두話頭 중에서 의심나는 제목을 연구하여 감정을 얻게 하는 것이니, 이는 연구의 깊은 경지를 밟는 공부인에게 사리 간 명확한 분석을 얻도록 함이요,

성리는 우주 만유의 본래 이치와 우리의 자성 원리를 해결하여 알자 함이요,

정기일기는 당일의 작업 시간 수와 수입 지출과 심신 작용의 처리 건과 감각感覺 감상感想을 기재시킴이요,

상시일기는 당일의 유무념 처리와 학습 상황과 계문에 범과 유무를 기재시킴이요,

주의는 사람의 육근을 동작할 때 하기로 한 일과 안 하기로 한 일을 경우에 따라 잊어버리지 아니하고 실행하는 마음을 이름이요,

조행은 사람으로서 사람다운 행실 가짐을 이름이니, 이는 다 공부인으로 하여금 그 공부를 무시로 대조하여 실행에 옮김으로써 공부의 실효과를 얻게 하기 위함이니라.

상시훈련법

공부인이 상시로 수행을 훈련하는 조항으로서 '상시응용 주의사항常時應用注意事項' 6조와 '교당내왕시 주의사항敎堂來往時注意事項' 6조가 있다. 『정전』에 수록된 그 내용은 다음과 같다.

1. 상시응용 주의사항

①응용應用하는 데 온전한 생각으로 취사하기를 주의할 것.

②응용하기 전에 응용의 형세를 보아 미리 연마하기를 주의할 것.

③노는 시간이 있고 보면 경전·법규 연습하기를 주의할 것.

④경전·법규 연습하기를 대강 마친 사람은 의두 연마하기를 주의할 것.

⑤석반夕飯 후 살림에 대한 일이 있으면 다 마치고 잠자기 전 남은 시간이나 또는 새벽에 정신을 수양하기 위하여 염불과 좌선하기를 주의할 것.

⑥모든 일을 처리한 뒤에 그 처리 건을 생각하여 보되, 하자는 조목과 말자는 조목에 실행이 되었는가 못 되었는가 대조하기를 주의할 것.

상시응용 주의사항은 유무식, 남녀노소, 선악귀천을 막론하고 인간 생활을 하면서도 상시로 공부할 수 있는 빠른 법으로 1조는 작업취사, 2조·3조·4조는 사리연구, 5조는 정신수양에 해당하며, 6조는 삼학 공부를 실행하고 안 한 것을 살피고 대조하는 길이다.

2. 교당내왕시 주의사항

①상시응용 주의사항으로 공부하는 중 어느 때든지 교당에 오고 보면 그 지낸 일을 일일이 문답하는 데 주의할 것.

②어떠한 사항에 감각된 일이 있고 보면 그 감각된 바를 보고하여 지도인의 감정 얻기를 주의할 것.

③어떠한 사항에 특별히 의심 나는 일이 있고 보면 그 의심된 바를 제출하여 지도인에게 해오解悟 얻기를 주의할 것.

④매년 선기禪期에는 선비禪費를 미리 준비하여 가지고 선원에 입선하여 전문 공부하기를 주의할 것.

⑤매 예회例會 날에는 모든 일을 미리 처결하여 놓고 그날은 교당에 와서 공부에만 전심하기를 주의할 것.

⑥교당에 다녀갈 때는 어떠한 감각이 되었는지 어떠한 의심이 밝아졌는지 소득 유무를 반조返照하여 본 후에 반드시 실생활에 활용하기를 주의할 것.

교당내왕시 주의사항은 상시로 공부하는 중에 공부의 정도를 점검하고 지도를 받게 하기 위한 공부법이다.

소태산은 "지금의 종교는 신자들에게 충분한 훈련을 시키지 못하는 관계로 일반적으로 종교인이라 하여 특별한 신용을 받지 못하지마는 돌아오는 세상에는 모든 종교의 교화 사업이 발달하므로 각 교회의 신자들이 각각 보통 사람과는 판이한 인격을 가지게 될 것이요, 따라서 관공청이나 사회 방면에서 인재를 선발하는 데에도 반드시 종교 신자를 많이 찾게 되리라."라고 하였다.

현대사회에 종교는 많아도 참다운 종교인은 거의 없다고 말한다. 이 말은 종교인들이 사회로부터 불신을 받고 있다는 말이다. 그 이유는 말과 행동이 달라서 인격적으로 존경을 받지 못하기 때문이다. 참다운 인격의 완성이야말로 배우고 익히는 훈련 과정을 통해 완성되는 것이다.

소태산은 교리상 훈련법을 제정하여 정기와 상시로 법의 훈련을 받게 하였는데, 이는 다른 종교에서는 찾아보기 힘든 교리 체계이다. 이것은 원불교 훈련이 갖는 특징으로서, 원불교 훈련은 신앙에 바탕해서 깊은 수행을 하기 위한 훈련이고, 동과 정, 정기와 상시로 간단없이 병진하는 훈련이며, 맹목적 타성을 위한 기계적 훈련이 아니라 성불제중의 서원과 능동적 수행을 위한 훈련이며, 자신의 내부에 잠재해 있는 무한한 능력을 개발하는 훈련이다.

해야 할 일, 해서는 안 될 일

인간의 심성心性은 크게 두 가지 측면에서 살펴볼 수 있다. 하나는 선善의 측면이고 다른 하나는 악惡의 측면이다. 맹자[孟子, BC372?~BC289?]가 말한 성선설性善說이나, 순자[荀子, BC313?~BC238?]가 말한 성악설性惡說은 인간 심성을 각각 다른 관점에서 파악한 것이다. 부처를 이루는 데도 인간 심성의 긍정적인 측면과 부정적인 측면을 아울러 살핌으로써 원만한 인격을 이룰 수 있다. 원불교에서는 중생으로서 죄를 짓게 되는 인간 심성의 부정적인 측면을 '계문'으로 금지하고 있으며, 인간 심성을 올바르게 사용하는 권장 조목으로 '솔성요론 16조'를 밝히고 있다.

30 계문

계문戒文, 즉 계율은 인간에게 있어서 약간은 지키기 힘든 요소로 인식될 수 있다. 중생의 차원에서 계문은 불보살을 이루는 데 있어 하지 말아야 할 금지조항이다. 따라서 중생의 입장에서는 이 계문이 개인의 자유를 구속하는 족쇄일 수도 있다. 그러나 공부인의 입장에서 보면 이 계문이야말로 참된 인간의 모습을 지켜주는 파수꾼인 것이다.

소태산은 "참 자유는 방종을 절제하는 데에서 오고, 큰 이익은 사욕을 버리는 데에서 온다. 그러므로 참 자유를 원하는 사람은 먼저 계율을 잘 지키라."고 가르쳤다.[『대종경』 요훈품 42] 계율을 지킨다는 것은 구속이 아니라 더 큰 자유를 위한 자기 자신과의 싸움이다.

계문은 삼학 공부 가운데 작업취사 과목으로, 안으로 신身·구口·의意 삼업三業을 청정하게 하여 육근을 바르게 사용해서 불의는 죽기로써 하지 않는 실행력을 얻자는 것이며, 밖으로 교단이나 사회의 질서에 순응하여 법도에 맞는 생활을 하자는 것이다.

불교의 경우 세속적인 인간의 욕구에 관해 금지하는 조항으로 수행자에게 계율을 주어 성불에 이르는 사다리를 제공하였다. 경經·율律·논論 삼장三藏 중 율장律藏이 있어 계율을 더욱 강조했으며 율종은 불타가 정해주신 계율을 지켜 신·구·의 삼업을 청정히 하여 불도를 이룬다는 종파이다.

석가모니불은 제자들에게 "내가 죽은 후에 마땅히 계율을 존중히 여기되 마치 어둠 속에서 등불을 얻은 것과 같이 하고 가난한 사람이 보화를 얻은 것같이 하라. 이 계율은 너희들의 큰 스승이 되느니라."라고 하였다. 그래서 불교에서는 일반신자[출가하지 않고 불제자가 된]인 우바새, 우바이에게 각각 5계와 8계를, 출가수행자인 비구에게는 250계를, 비구니에게는 348계를 준 것이다.

불교뿐만 아니라 많은 종교에서 계율을 제시하여 사람이 밟아가야 할 바른길을 제시했는데, 기독교에서도 모세가 하나님의 계시에 따라 만든 기본적인 율법인 십계명이 있다. 모든 종교에서 특히 강조하는 계문은 살殺·도盜·음淫이다. 이는 중생이 짓는 죄업 중 가장 무거운 죄가 되기 때문이다.

원불교의 계문은 불교의 계율과 달리 그 범위가 다르다. 원불교에서는 전통 불교처럼 많은 계를 주는 것이 아니라, 단계별로 10계문을 주어 공부의 단계적 목표를 제시하고 있다. 그 단계란 보통급·특신급·법마상전급인데, 이는 인격의 성숙 정도, 또는 공부의 성숙 정도에 따라 지켜야 할 공부의 목표가 된다.

보통급 10계문은 "①연고緣故 없이 살생을 말며, ②도둑질을 말며, ③간음姦淫을 말며, ④연고 없이 술을 마시지 말며, ⑤잡기雜技를 말며, ⑥악한 말을 말며, ⑦연고 없이 쟁투爭鬪를 말며, ⑧공금公金을 범하여 쓰지 말며, ⑨연고 없이 심교간心交間 금전을 여수與受하지 말며, ⑩연고 없이 담배를 피우지 말라."이다. 보통급 계문은 유무식·남녀·노소·선악·귀천을 막론하고 처음으로 불문에 들어오는 사람에게 주는 계문으로 공부의 기초가 되는 계문이다. 특히, 가장 무거운 죄업이 되는 살·도·음을 금지하고 있다.

특신급 10계문은 "①공중사公衆事를 단독이 처리하지 말며, ②다른 사람의 과실過失을 말하지 말며, ③금은보패 구하는 데 정신을 빼기지 말며, ④의복을 빛나게 꾸미지 말며, ⑤정당하지 못한 벗을 좇아 놀지 말며, ⑥두 사람이 아울러 말하지 말며, ⑦신용 없지 말며, ⑧비단 같이 꾸미는 말을 하지 말며, ⑨연고 없이 때 아닌 때 잠자지 말며, ⑩예 아닌 노래 부르고 춤추는 자리에 좇아 놀지 말라."이다. 특신급 계문은 특별한 신심을 내어 과거의 나쁜 습관을 고치고 생활의 변화를 불러오는 데 필요한 중심 계문이 된다.

법마상전급 10계문은 "①아만심我慢心을 내지 말며, ②두 아내를 거느리지 말며, ③연고 없이 사육四肉을 먹지 말며, ④나태懶怠하지 말며, ⑤한 입으로 두말하지 말며, ⑥망녕된 말을 하지 말며, ⑦시기심猜忌心을 내지 말며, ⑧탐심貪心을 내지 말며, ⑨진심瞋心을 내지 말며, ⑩치심痴心을 내지 말라."이다. 법마상전급 계문은 속 깊은 마음공부를 하는 데 필요한 계문으로 특히, 심계心戒가 중심이 된다.

원불교 계문 중에는 '연고緣故'가 붙은 조항이 있는데, 연고의 의미는 '사유 또는 정당한 이유로 그럴 수밖에 없다고 인정되는 까닭'을 말한다. 연고를 자의적으로 해석하여 자기합리화를 위한 방편으로 쓸 우려가 있는데, 연고가 성립되는 경우는 건강상의 이유, 또는 생업으로 인한 불가피한 경우가 이에 해당한다.

이상 원불교 계문의 특징을 살펴보면 ①조문이 간소화되어 대중적으로 계율을 지키기가 쉽고 편리하게 된 점, ②내용이 현실 사회생활에 적합하게 된 점 - 30계문 가운데 융통성을 보이는 연고 조항이 7개 조항이나 있다. ③계문을 지킬 능력의 정도를 3단계로 구분해서 공부인이 그 수준에서 잘 지켜 향상되도록 한 점을 들 수 있다.

솔성요론

솔성요론率性要論이란 성품을 거느리는 요긴한 길을 의미한다. 『중용中庸』에서는 "천명지위성天命之謂性이요, 솔성지위도率性之謂道라"고 하였다. 즉, 하늘의 명을 일러 성이라 하고, 이 본성을 따르는 것을 도라 했다. 이는 인간 본연의 성품을 따르는 것이요, 자기 주관에 의해 성품을 자유자재로 활용하는 것을 말한다.

원불교에서는 본래 성품을 일원상으로 표현하였고, 일원상의 속성을 원만구족하고 지공무사하다고 하였다. 모자람이 없이 두루 갖춘 자리가 우리의 본래 성품이며 지극히 공변되어 아무런 삿됨이 없는 것이 우리의 성품 자리이다. 따라서 솔성이란 우리의 본래 성품을 실지 생활에서 그대로 사용하자는 것이다. 이는 원불교 수행법인 삼학 중 작업취사에 해당한다.

과거의 공부가 성품을 깨닫는 견성見性과 성품을 기르는 양성養性 공부에 치중되었다면 원불교의 수행은 견성, 양성, 솔성이 아우르는 삼학의 병진 공부를 강조하고 있다. 특히, 견성과 양성의 목적은 솔성에 있으므로 솔성이 아니면 견성과 양성이 물거품으로 돌아간다. 결론적으로 솔성이란 내 마음을 자유자재로 쓰기 위함이요, 나아가 천만 경계를 임의로 활용함을 의미한다. 천도天道에 잘 순응하는 것은 보살의 경지요, 천도를 잘 사용하는 경지는 부처의 경지이다.

솔성요론은 다음과 같은 내용의 16조로 구성되어 있다.

①사람만 믿지 말고 그 법을 믿을 것.

②열 사람의 법을 응하여 제일 좋은 법으로 믿을 것.

③사생四生 중 사람이 된 이상에는 배우기를 좋아할 것.

④지식 있는 사람이 지식이 있다 함으로써 그 배움을 놓지 말 것.

⑤주색낭유酒色浪遊하지 말고 그 시간에 진리를 연마할 것.

⑥한 편에 착着하지 않을 것.

⑦모든 사물을 접응할 때에 공경심을 놓지 말고, 탐한 욕심이 나거든 사자와 같이 무서워할 것.

⑧일일시시日日時時로 자기가 자기를 가르칠 것.

⑨무슨 일이든지 잘못된 일이 있고 보면 남을 원망하지 말고 자기를 살필 것.

⑩다른 사람의 그릇된 일을 견문하여 자기의 그름은 깨칠지언정 그

그름을 드러내지 말 것.

⑪다른 사람의 잘된 일을 견문하여 세상에다 포양褒揚하며 그 잘된 일을 잊어버리지 말 것.

⑫정당한 일이거든 내 일을 생각하여 남의 세정을 알아줄 것.

⑬정당한 일이거든 아무리 하기 싫어도 죽기로써 할 것.

⑭부당한 일이거든 아무리 하고 싶어도 죽기로써 하지 않을 것.

⑮다른 사람의 원 없는 데에는 무슨 일이든지 권하지 말고 자기 할 일만 할 것.

⑯어떠한 원을 발하여 그 원을 이루고자 하거든 보고 듣는 대로 원하는 데에 대조하여 연마할 것.

물질이 개벽되니 정신을 개벽하자

'물질이 개벽되니 정신을 개벽하자.'는 원불교 개교표어로서 『정전』 개교의 동기를 함축적으로 나타낸 것이다. 개벽이란 원래 '천지의 재창조'라는 의미로서 '천개지벽天開地闢'의 준말이다. 개벽은 하늘이 열리고 땅이 열린다는 말로 대변혁을 뜻한다. 일찍이 동학의 창시자인 수운[水雲 崔濟愚, 1824~1864]이 후천개벽을 주창主唱하였고, 이어 증산[甑山 姜一淳, 1871~1909], 소태산에 의해서 새로운 도수, 새로운 문명 세계의 시작을 알리는 후천개벽 사상이 주창되었다.

소태산은 "안으로 정신문명을 촉진하여 도학을 발전시키고 밖으로 물질문명을 촉진하여 과학을 발전시켜야 영육이 쌍전雙全하고 내외가 겸전兼全하여 결함 없는 세상이 될 것이다."라고 하였다.[『대종경』 교의품 31] 소태산은 영육의 쌍전과 내외의 겸전을 말하였는데 어디까지나 주가 되는 것은 정신이고 물질은 끝에 해당하는 것이다. 소태산은 물질에 의해 정신이 끌리는 것을 물질의 노예 생활로 보았다. 그리고 물질의 노예 생활이 바로 파란고해波瀾苦海라고 진단한 것이다.

개교표어는 고도로 발달한 물질문명을 수용하고 긍정하면서 그것을 충분히 활용할 수 있는 정신문명의 강화를 말한다. 개교표어의 대의를 둘로 나누어 보면, 올바른 문명 발전의 측면과 개개인의 주체성 확립의 문제이다. 문명 발전의 측면은 정신문명인 도학을 발전시켜 물질문명인 과학을 올바른 방향으로 잘 활용해야 한다. 또한 개개인의 주체성 확립은 물질의 욕망에서 벗어나 정신의 자주성을 확립하여 물질을 선용해서 인간의 주체성을 확립하는 것이다. 물질문명을 소외시키자는 것이 아니라, 물질문명을 선용하는 것이다.

물질문명은 의식주라는 생활 개조를 통하여 일생의 신낙원身樂園을 가져다준다면 정신문명은 도학문명으로 삼대력을 갖추고 보은행報恩行으로 마음 개조를 하여 영생의 심낙원心樂園을 이룩해 내자는 것이다. 정신문명이 주主라면 물질문명은 종從이며, 정신문명이 내적內的이라면 물질문명은 외적外的이다. 그리고 정신문명이 영적靈的이라면 물질문명은 육적肉的이다. 따라서 정신개벽은 원불교 개교 이념임과 동시에 원불교의 역사에서 영원히 변치 않을 교단적 핵심과제요, 소명이다.

곳곳이 부처님 일마다 불공
처처불상 사사불공

처처불상處處佛像 사사불공事事佛供은 원불교 신앙을 간명하게 표현한 신앙표어이다. 그 뜻은 곳곳에 불상을 모시고 있으니, 만사萬事를 부처님 앞에서 불공하듯 공경과 정성으로 처리해 나가자는 것이다. 불상은 신앙의 대상이며, 불공은 신앙의 행위를 말한다. 따라서 처처불상은 원불교 신앙의 특성이며, 사사불공은 원불교 불공법의 특성이다.

불상의 유래

불상은 부처나 보살의 형상을 조각하거나 그림으로 나타낸 것이다. 그러나 불교의 초기 역사에서는 불상이 존재하지 않았다. 석가모니가 깨달음을 얻고 열반에 든 이후, 그의 가르침을 따르던 신자들은 초월적인 존재인 부처의 모습을 인간의 형상으로 표현하는 것을 금기시했다. 따라서 당시의 미술에서는 보리수, 법륜, 발자국 등 상징물을 통해 부처를 나타냈다.

불상이 처음 제작되기 시작한 것은 기원전 1세기경, 인도의 간다라와 마투라 지역에서였다. 이 두 지역은 서로 다른 문화적 배경을 가지고 있었기에 불상의 양식 또한 차이를 보였다.

간다라 불상은 헬레니즘 문화의 영향을 강하게 받았다. 알렉산더 대왕의 원정 이후 그리스 문화가 유입되면서, 간다라 불상은 그리스 신상처럼 뚜렷한 이목구비, 곱슬머리, 주름진 옷을 특징으로 한다. 이는 그리스-로마 조각 양식의 영향을 받은 결과이다.

반면, 마투라 불상은 인도 고유의 전통 양식을 계승했다. 붉은 사암을 사용하여 둥근 얼굴, 풍만한 몸매를 강조했으며, 몸에 밀착된 얇은 옷을 입고 있다. 이 시기에 불상의 특징적인 상징인 육계[肉髻, 우쉬니샤: 부처의 정수리에 솟아오른 살덩어리 혹은 뼈처럼 튀어나온 부분을 말한다. 부처가 지혜와 깨달음을 완성했음을 상징하며, 일반인과는 다른 초월적인 존재임을 나타낸다.]나 백호[白毫, 우르나: 부처의 눈썹과 눈썹 사이에 있는 희고 부드러운 털을 말한다. 이 털은 오른쪽으로 말려 있으며, 빛을 발하여 세상을 비추고 중생을 구제하는 부처의 자비와 지혜를 상징한다.]가 확립되었다.

이후 불상은 중국, 한국, 일본 등 동아시아로 전파되며 각 지역의 문화와 융합하여 고유한 양식으로 발전하였다. 불상은 단순한 숭배의 대상을 넘어, 불교의 교리를 시각적으로 전달하는 중요한 역할을 수행했다.

그러나 불상 신앙은 맹목적인 방향으로 민중을 이끌기도 했으므로, 참된 진리를 밝혀 진리적이고 사실적인 불공으로 인도하려는 것이 처처불상 사사불공이라는 소태산의 가르침이다.

처처불상

이 사상은 대승불교에서 찾아볼 수 있으나 불교사상에서 보면 법신불法身佛 보신불報身佛 화신불化身佛 가운데 법신불 사상이 처처불상 사상과 상통한다. 처처불상은 다른 말로 일체만유불一切萬有佛이라고 할 수 있다. 일체만유불은 이 세상 일체 만물이 모두 부처라는 뜻이다.

불교에서는 법당에 모셔진 불상, 즉 부처님의 형상을 만들어 모셔놓은 등상불等像佛이 보편화되었다. 나아가 불교가 대중화되면서 일부에서는 불상이 부처님을 대신하는 것으로 여겨지기도 하였다. 하지만, 소태산은 모든 죄와 복을 일체만유불 속에서 찾도록 하였다. 과거 의식에 치우쳤던 불상 신앙을 실제적인 처처불處處佛 신앙으로 바꾸어 놓은 것이다.

처처불상의 진리관으로 볼 때, 석가모니불을 모신 곳만이 법당이 아니라, 현실의 삶과 삼라만상이 모두 다 법신불의 응화신應化身이다. 현상을 떠나서 진리가 없고 진리의 바탕 위에 현상이 존재한다. 소태산은 처처불상을 나타내는 법문으로 "천지 만물 허공 법계가 다 부처 아님이 없나니 …"라고 하였다. 이 법문에 의하면 저 숲에 있는 나무 한 그루와 풀 한 포기는 물론, 미물 곤충까지도 부처이다. 이는 만유가 화복禍福의 직접적 권능자라는 것이며, 법신불의 응화신으로 일원상의 진리가 내재한다는 것이다.

사사불공

처처불상 사사불공의 사상은 사실 신앙과 사실 불공을 존중하는 특징을 가지고 있다. 곳곳이 부처이기에 하나하나의 일은 불공을 떠나서 생각할 수 없게 된다. 따라서 어느 곳에나 깃들어 있는 진리를 두려워하고 공경해서 가는 곳마다 진리를 떠나지 않는 불공이 되게 하자는 것이다.

사사불공이란 일마다 불공하는 심경으로 처리하자는 것이다. 불공의 뜻은 향, 등燭, 꽃, 과일 등을 공양하는 일종의 재식으로서 자기 소원을 달성하려고 부처님께 음식이나 헌공금 등을 정성스럽게 바치고 기도 올리는 것이다.

소태산은 사사불공의 실제를 며느리의 효孝를 구하기 위해서 부처님께 불공드리러 실상사로 찾아가는 늙은 부부의 예를 들어 설명하였다. 소태산은 부처가 따로 있는 것이 아니라 집에 있는 며느리가 살아 있는 부처라고 말하고 살아있는 부처인 며느리 부처님에게 직접 불공할 것을 권고하였다. 이에 노부부는 며느리에게 실지 불공을 함으로써 효부孝婦로 만들었다는 이야기이다. 이처럼 사사불공이란 법당에 가서만 불공할 것이 아니라, 그 일 그 일을 불공하는 심정으로 정성껏 진행하며 일체 사물에서 부처님의 은덕이 나타나도록 직접 활용하는 것이다.

이것은 종래 법당 중심의 불공 개념을 생활 중심, 사회 중심으로 개혁한 것이다. 우주 만유는 불성에 바탕을 두었으며 부처님의 자비법신慈悲法身으로서 은혜의 덩어리이며 죄복의 주체자이다. 따라서 일마다 불공 아님이 없는 것이다.

사사불공의 방법은 ①은혜를 베푸는 일체불에게 보은 감사하는 마음을 갖는 것, ②일체 부처님에게 늘 공경하는 마음을 갖는 것, ③그 일 그 일에 정성을 다하는 것이다. 불공하는 마음은 정성과 공경이 주체가 된다.

사사불공의 실행은 사사물물을 부처로 알고 믿는 데에서부터 출발한다. 대하는 모든 만물을 존엄하신 부처님을 모시는 마음으로 지극한 공경과 정성을 다하는 것이 신앙의 참 의미를 실현하는 사실적인 불공법이 된다.

때와 장소를 가리지 않는 마음공부 무시선 무처선

무시선無時禪 무처선無處禪은 원불교 수행을 대표하는 표어이며, 때와 장소를 가리지 않고 선을 닦아나가는 수행법을 말한다. 보통 선이란 경계를 피하여 조용한 곳에 앉아 본래의 마음을 관하는 것으로 생각할 수 있다. 그러나 무시선 무처선은 언제 어디서나 때와 장소를 가리지 않고 공부하는 것이다. 『정전』에서는 무시선을 활동선活動禪으로 설명한다. 괭이를 든 농부도 선을 할 수 있고, 망치를 든 공장工匠도 선을 할 수 있으며, 주판을 든 점원도 선을 할 수 있고, 정사를 잡은 관리도 선을 할 수 있으며, 내왕하면서도 선을 할 수 있고, 집에서도 선을 할 수 있다. 이를 통해 볼 때 무시선은 처소의 차별이 없는 선이며, 동정 간動靜間에 아울러 할 수 있는 선이다.

『금강경』에서는 "응하여도 주한 바 없이 그 마음을 내라.[應無

所住 而生其心]"고 했다. 이는 천만 경계 중에 동하지 않는 공부법을 말하는데 이 공부법이 바로 무시선이 된다. 무시선은 소태산이 주창한 선의 독창적인 표현이다.

어느 곳에서나 걸리고 막히지 않으면서 공경심을 놓지 않고 행하므로 무시선 공부가 곧 사사불공하는 공부도 된다. 고요하고 한적한 곳을 가려서 선을 하는 것이 아니라 일 속에서 누구든지 선을 하는 것이 필요하다. 특히 현대사회처럼 바쁜 생활 속에서 마음을 다스리는 시간이 따로 있는 것이 아니라 생활 속에서 각자의 처지에 따라 자유로이 할 수 있는 선 공부가 바로 무시선 공부이다.

무시선의 방법

무시선의 방법은 무시선의 원리를 깨달아 행하면 그것이 곧 무시선의 방법이 되는 것이지만 처음으로 행하고자 하는 사람에게는 그 순서를 찾아서 공부하는 것이 효과적이다. 순서를 밟아 공부하는 길을 간명하게 정리해 보면, 다음과 같다.

①마음의 고삐를 잡는 공부[執心]: 중생의 마음이란 마치 길들이지 못한 소와 같다. 따라서 처음에는 소의 고삐를 잡고 공부하는 것과 같이 마음을 챙기는 공부가 있어야 한다. 이 단계는 마치 소를 길들이기 전에 소가 자기 마음대로 하던 습관을 버리기 위하

여 정성스럽게 노력하는 것과 같다.

②마음의 대중을 잡는 공부[觀心]: 아무리 욕심나는 경계를 당하더라도 끌리지 않는 대중을 잡는 공부를 말한다. 지금이 공부할 때인 것을 확인하면서 스스로 공부할 기회가 돌아왔다고 보고 마음이 어느 경계에도 끌리지 않도록 하는 대중을 잡고, 공부심으로 대처하자는 것이다.

③마음을 놓아 맡기는 공부[無心]: 마음을 마음대로 하는 힘이 생기는 듯하면 그 마음에 스스로를 맡겨 보는 공부를 하는 단계이니, 이것은 곧 마음공부의 능력이 생기는 상태인 것이다. 여기서 마음의 자유를 얻어 능력이 생기므로 더욱 조심해야 한다.

④마음의 자유를 얻는 공부[能心]: 부동심不動心 속에서 마음의 자유를 얻는 상태를 말함이니, 이는 경계에 동하지 않는 능력을 말하는 것이다. 이러한 경지에 이르게 되면 마음의 자유를 얻어 마음을 마음대로 하는 능력이 생겨 법다운 생활을 하게 된다. 이는 진정으로 마음의 자유를 얻은 상태라 할 수 있다. 이상의 공부 과정을 거치게 되면 곧 참다운 부처에 이르게 되는 것으로, 이러한 과정이 무시선의 방법이 되는 것이다.

무시선 공부에서 공부의 강령은 일이 있을 때는 불의를 제거하고 정의를 양성하며 일이 없을 때는 잡념을 제거하고 일심을 양성하는 것이다.

한결같이 치우침 없이 동정일여 영육쌍전

동정일여動靜一如는 일이 있을 때나 일이 없을 때나 곧 동정에 끌리지 않고 한결같이 일원상과 합일하는 공부법을 말한다. 그리고 영육쌍전靈肉雙全은 영을 구제하는 삼학의 수도 생활과 육신을 구제하는 의식주 생활을 함께 온전히 하자는 것이다. 이는 원만한 교법의 실천이다.

동정일여

동정일여動靜一如란 '동정 간 불리자성不離自性' 또는 '동정 간 천인합일天人合一'을 의미한다. 이는 공부인의 구경처로 성인의 경지이다. 동動은 우리의 육근에 일이 있을 때, 정靜은 육근에 일이 없는 때를 이르는 말로서 동정일여는 곧 우리가 일을 하는 동시動時에도 그 진리를 떠나지 않고, 일을 하지 않는 정시靜時에도 그 진리를 떠나지 않아 일동一動 일정一靜이 진리에 부합하고 자성에 부합하는 것을 말한다.

이러한 동정일여의 경지는 하루아침에 이루어지는 것이 아니고 오랜 세월을 두고 외정정外定靜 내정정內定靜의 무시선 공부를 계속해야 가능하다. "무릇 사람에게는 항상 동과 정 두 때가 있고, 정정定靜을 얻는 법도 외정정과 내정정의 두 가지 길이 있나니, 외정정은 동하는 경계 중에서 취사를 중심으로 하는 마음공부요, 내정정은 일이 없을 때에 수양을 중심으로 하는 마음공부이나 이는 서로 근본이 되어 내외를 병진하는 참다운 공부법이다."『대종경』 수행품 19]

소태산은 과거 도가에서 하는 공부는 정할 때 공부에 치중하여 일과 공부를 아울러 행하기가 어려웠는데, 이는 원만한 공부가 아니므로 앞으로의 참다운 공부는 공부와 일을 둘로 보지 않고 공부를 잘하면 일이 잘되고 일을 잘하면 공부가 잘되어 동할 때나 정할 때나 계속하여 삼대력 얻는 법을 주장하였다.

이러한 동정일여의 공부법은 ①육근이 무사無事하면 잡념을 제거하고 일심을 양성하며, 육근이 유사有事하면 불의를 제거하고 정의를 양성하는 공부를 하며, ②정할 때는 밖의 경계가 안으로 들어오지 않고 안의 경계가 밖으로 나가지 않는[外不放入 內不放出] 불방심不放心 공부를 하고, 동할 때는 천만 경계 중에서 육근을 사용할 때 순연한 본래 마음이 그 순역 경계에 흔들리지 않는 부동심 공부를 하는 것이며, ③일 없을 때는 항상 일 있을 때 할 것을 준비하고, 일 있을 때는 항상 일 없을 때의 심경을 가지는 것, ④내정정 외정정 공부로서 동하고 정하는 두 사이에 항상 간단間斷없이 백천삼매百千三昧를 얻는 것, 즉 일상삼매一相三昧 일행삼매一行三昧를 얻는 것이다.

영육쌍전

영육쌍전靈肉雙全이란 인간의 영적인 향상과 육적인 향상을 조화롭게 병행하자는 것이다. 다시 말하면 정신의 발전을 위한 수도 생활과 육신의 발전을 위한 의식주생활을 이원화二元化하여 그 어느 한편만을 중시하고 다른 한편을 소홀히 할 것이 아니라 영육 양면을 다 함께 원만히 발전해 나가자는 것이다.

정신의 수양과 육신의 생활을 아울러 발전시켜 나가는 것이 건전한 생활 방식이요, 바람직한 인간 존재 방식이다. 왜냐하면 인간이란 존재는 영적인 존재만도 아니요, 또한 육적인 존재만도 아니기 때문이다. 영적인 존재이자 동시에 육적인 존재요, 육적인 존재인 동시에 영적인 존재가 사람이기 때문이다.

영과 육은 분리할 수 없는 인간의 양면이다. 즉 인간은 정신과 육신의 이중구조로 된 존재이다. 그러기 때문에 영육 간에 그 어느 한편을 등한시하는 자세는 스스로 자기 존재를 파괴하는 결과를 가져오므로 원만한 인간 생활을 할 수 없게 만든다. 기형적인 삶이다. 이러한 모순을 지양한 삶이 곧 영육쌍전이다. 이는 원불교의 특징적인 생활 방식이요, 인류가 다 함께 지향해나갈 삶의 방식이다.

과거에는 수도와 생활을 별개의 것으로 생각하여 수도를 하자면 생활을 못 하고 생활을 하자면 수도를 못 하였다. 그리하여 세간인들은 인간성 상실의 폐단을 낳고 출세간인들은 경제성장을 저해하는 병폐를 자초하여 왔다. 소태산은 이러한 양극의 폐단을 지양한 원만한 인류 삶의 길로 영육쌍전을 제시하였다. 이는 곧 물심일원物心一元인 진리에 부합된 삶이다. 요컨대 영육쌍전이란 정신의 도덕문명과 육신의 물질문명을 병행하는 '원만한 삶의 방식'으로 개인, 가정, 사회, 국가에 도움이 되게 하자는 것이다.

생활 속에 꽃피운 불법
불법시생활 생활시불법

불법시생활佛法是生活 생활시불법生活是佛法. 이 표어는 “불법이 생활이요, 생활이 불법이다.”라는 뜻이다. 생활과 불법은 분리해서 생각할 수 없다는 의미이다. 불법을 실제 생활 속에서 활용하고, 생활 속에서 참다운 불법을 닦으라는 것이다.

과거의 불교는 출세간出世間 생활을 본위로 해서 교리와 제도가 조직되어 일반신자들이 불교의 교리를 이해하고 따르기란 쉽지 않았다. 종교는 인간 생활을 떠나서는 존립할 수 없다. 아무리 초월자와 절대적인 신神을 말한다고 할지라도, 결국은 인간 생활과 가장 근접해야 하는 것이 종교이다.

과거의 불교는 일반신자들이 쉽게 접할 수 없었다. 사찰이 산중 한적한 곳에 자리 잡고 있어 세간世間 생활에 바쁜 사람들이 세간을 벗어나 부처님의 참된 가르침을 배울 수도 없었으며, 어려운 경전으로 인해 유무식有無識 남녀노소를 막론하고 누구나 쉽게 불교의 정수精髓를 알기가 어려웠다. 또한 의식 생활에서도 사농공상의 직업을 놓아버리고 불공이나 시주나 동령動鈴으로서 생활한 것은 일반대중 누구나 행할 수 없는 생활이었다. 결혼도 출세간出世間 공부인에게는 절대로 금하였음은 물론, 예법에서도 여러 가지 형식 불공만 밝히고 세간 생활에 대한 예법은 밝히지 않은 폐단을 낳게 되었다.

이러한 불법과 생활이 일치하지 못하는 여러 가지 폐단을 극복하여 불법을 생활화하고 생활 속에서 참다운 불법을 구하자는 것이 이 표어의 배경이다. 불법은 현실 생활을 부정하고 세간을 피해 밝힐 것이 아니라 현실 생활 속에서 불법을 밝혀나감으로써 현실을 불국정토佛國淨土로 만들려는 것이다.

현실을 떠난 불법 공부는 무의미하다. 불법 공부는 현실 생활을 하면서도 얼마든지 할 수 있다. 불법이 없는 현실은 고해苦海이고, 불법이 있는 현실은 낙원이다. 불법시생활 생활시불법은 현실 속에서 불법을 찾고 불법을 현실 속에서 활용하는 산 종교인, 즉 활불活佛을 만드는 법이다.

제3장

원불교의 제도와 의례

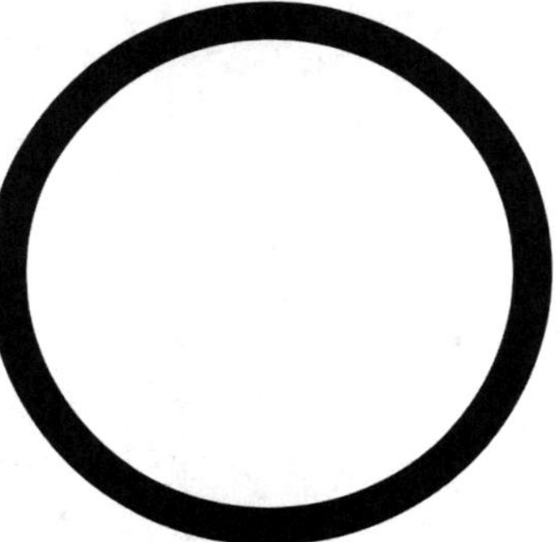

원불교 예법의 체계

인간은 사회적 동물임과 동시에 규범적 동물이다. 예란 인간 행위의 외면적 규범의 총칭이라 할 수 있으며, 예가 없는 인간 생활이란 다른 동물의 세계와 크게 다른 점이 없을지도 모른다.

『예기禮記』에 의하면 예禮는 천지 이치에 근거하여 현상세계에 사는 인간으로 하여금 법도 있는 차별상을 가져 질서를 유지하고 윤리를 세워 나가며 화평한 생활을 하도록 하는데 본의가 있음을 파악할 수 있다.

"예는 하늘 이치의 절문이요, 사람 일의 의칙이다[天理之節文 人事之儀則]."라고 했다. 이 말씀은 예가 단순히 인간 사회의 질서를 유지하기 위한 규범으로써 필요할 뿐만 아니라 하늘의 이치, 즉 자연의 질서에 따라 인간이 행동해야 함을 의미한다. 원불교의 예법도 이를 전제하고 있다. 따라서 원불교에서 바라보는 예는 규범의 의미만을 갖는 것이 아니라 신앙과 수행의 방법으로 인식할 수 있다. 참된 도를 행하는 것이 바로 예이기 때문이다.

예의 근본정신과 예전

예는 시대와 지역 문화를 따라 다르게 나타났다. 과거에는 적합하던 예법이 현재에 와서는 혹 적합하지 않은 경우가 있고, 저 나라에는 적합하던 예법이 이 나라에는 혹 적절하지 않을 수도 있는 것이다. 시대와 지역을 따라 다르게 나타났다는 것은 예의 형식이 그렇다는 것이다. 그렇다면 예의 근본정신은 어떠한가?

첫째는 널리 공경恭敬함이니, 천만 사물을 대할 때에 항상 공경 일념을 잃지 않는 것이다. 둘째는 매양 겸양謙讓함이니, 천만 사물을 대할 때에 항상 나를 낮추고 상대편을 높이는 정신을 잃지 않는 것이다. 셋째는 계교計較하지 않음이니, 꾸미지 않고 진실한 것으로, 천만 예법을 행할 때 항상 내가 실례함이 없는가 살피고 상대편의 실례에 계교하지 않는 정신을 가지는 것이다. 공경과 겸양, 그리고 무계교無計較는 인간이 세상을 살아가는 데 있어 인간다움을 실현하는 기초가 되기 때문에 예의 근본정신이 된다.

조선시대 유가의 예법은 현대를 살아가는 사람들이 실천하기에 매우 번거롭다. 상장례喪葬禮만 보더라도 3년 거상을 했던 것이 조선시대 유가의 예법이었다. 그러나 요즘에 이를 실천하는 사람은 찾아보기 힘들다.

원불교의 예법은 변치 않을 예의 근본정신을 살리고 시대와 상황에 맞는 예법 제정의 필요성을 느끼고『예전』을 원불교 경전의 한 분야로 삼고 있다. 원불교에서『예전』을 경전의 한 분야로 삼는 이유는 예의 실천이야말로 생활 속에서 소태산의 가르침을 실천하는 방법이 되기 때문이다. 예법이란 인간사에 있어 지켜야 할 도덕적 규범 내지는 규칙이다.

『예전』은 총서편, 통례편, 가례편, 교례편으로 구성되어 있다. 총서편에는 예의 정의와 근본 및 특성과 개혁의 필요성 등이 밝혀져 있고, 통례편에는 일상생활 속에서 예법의 실천 요강이 구체적으로 제시되어 있으며, 가례편에는 출생, 성년, 혼인, 상장 및 재와 제사에 관한 예법이 밝혀져 있으며, 교례편에는 봉불, 법회, 득도 등 교단 내의 의례들이 제시되어 있다.

혁신예법

원불교 예법은 소태산의 친저親著인『예전』에 근거한다. 1916년(원기1) 4월에 대각을 이룬 소태산은 제자들을 모으고 저축조합을 설립하면서 가장 먼저 미신 타파와 생활개선 운동을 전개하였는데, 형식과 허례에 빠져 있는 당시 예법에 대해 개혁의 필요성을 절실히 느끼게 되었다.

당시에 사용되고 있던 유가의 예법은 너무나 형식화되고 번거로워 사람들의 생활에 많은 구속을 줄 뿐만 아니라 경제 방면에도 낭비가 심하며 사회발전에도 장애가 됨을 개탄하고 1926년(원기11) 2월에 「신정의례新定儀禮」를 발표하게 된 것이다.

「신정의례」란 소태산이 제시한 새로운 예법으로 출생의 예, 성년의 예, 결혼의 예, 상장의 예, 제사의 예를 말한다. 이 신정의례는 과거의 형식 위주의 예법을 사실적이고 실질적인 예법으로 혁신한 예법이었다.

소태산은 신정 예법 중 결혼의 예에 의거하여 친딸인 박길선을 결혼시키게 된다. 당시 신흥종교의 일부 교주들은 자신의 세력을 과시라도 하듯 큰 비용을 들여 자녀의 성대한 결혼식을 올렸다고 한다. 반면 소태산은 평소에 입던 옷을 깨끗이 빨아 예복으로 사용하였고, 결혼 기념으로 법회 보는 장소에 벽시계를 걸었다는 교단 일화를 통해 볼 때 소태산의 공익정신과 예법의 실제적인 혁신성을 엿볼 수 있다.

원불교 예법의 특징은 과거의 예법과 그 근본정신에 있어서는 같으나 예법을 실천하는 방법과 형식이 시대화되고, 생활화되었다는 점에 큰 특징이 있다. 이는 허례와 허식을 배격하고 오직 사실적이고 생활화된 원불교 교법의 구현이다.

원불교 교도가 되는 과정

인간이라면 누구나 행복한 삶을 원한다. 행복을 추구하는 많은 방법 중 종교에 입문하는 일이야말로 그 행복한 삶을 보장받을 수 있는 출발점이 될 수 있다. 종교 입문의 목적과 형태는 사람에 따라 다양할 것이다. 입문 형태만 살펴보더라도 모태신앙도 있고, 자라면서 스스로 선택할 수도 있으며, 주위 인연들에 의한 권유도 있을 수 있다. 그런데 무엇보다도 중요한 것은 종교의 입문이 '내가 어느 한 종교를 선택했다.'는 선택과 소속의 문제가 아니라 새로운 삶의 시작이며, 진리와의 만남이며, 성현과의 만남을 통한 행복한 삶으로의 초대라는 것이다.

원불교인이 된다는 것도 어느 한 종교를 갖는다는 단순한 의미가 아니라 새 삶의 시작이며, 성불제중成佛濟衆의 출발이라는 데 큰 의미가 있다. 성불은 부처를 이룬다는 뜻으로 자아의 완성을 의미한다. 그리고 제중은 널리 중생을 건진다는 뜻으로 모든 이웃과 은혜를 함께 나누고 진리의 길로 인도하는 것이다.

원불교의 가르침에 의해 새 삶을 시작하는 데에는 형식, 절차, 도리 등이 필요하다. 입교하게 되면 법명을 받고, 교도로서 네 가지 의무를 행해야 하며, 보통급 10계문을 받아 초입자로서 공부하게 된다.

입교와 연원

입교는 원불교 교도가 된다는 것이다. 나아가 성불제중의 서원을 세우고 신앙과 수행을 통해 복락을 얻고 자기 인격을 완성하겠다고 다짐하는 것이다. 교도가 아니더라도 성자 정신에 의해 인생을 더욱 뜻있고 보람되게 살아갈 수 있겠지만 입교를 통해 교도가 된다는 것은 자기의 공부 목표를 더욱 뚜렷하게 한다는 것과 체계적인 공부를 할 수 있다는 데 그 의미가 있다.

원불교의 입교 절차는 먼저 교당에 입교 원서를 제출하여야 한다. 그러면 '원불교인으로 새롭게 다시 태어났다'는 의미로 법명法名이 나오게 되며, 이에 따라 원불교인으로서 지켜야 할 의무를 주게 된다. 이때 원불교 교도가 되게끔 나를 이끌어 준 사람을 연원淵源이라고 한다. 나를 낳아 주신 분은 부모님이다. 따라서 내 육신의 뿌리는 부모님일 것이다. 이와 마찬가지로 나를 원불교라는 대도大道의 문에 이끌어 준 사람은 인연 관계상 나의 뿌리가 되며 이를 연원이라고 한다.

세상의 많은 복 중에서 대중을 올바른 신앙의 길로 인도해 주는 일이야말로 복의 으뜸이라고 했다. 연원의 공덕은 물질을 보시하는 것보다 그 공덕이 더 크다. 왜냐하면 물질적 보시는 일시적인 은혜를 끼친 것이지만, 정법회상正法會上으로 이끌어 주는 연원의 공덕은 그 사람의 영생 길을 개척해 주기 때문이다. 따라서 입교자의 입장에서는 감사 보은하는 심경으로 종교 생활을 하며, 연원자의 입장에서는 입교자가 원불교인으로서 굳건한 뿌리를 내리도록 보살피고, 안내하고, 가르쳐 주는 역할을 하게 된다. 연원은 나를 대도 정법으로 인도해 주신 스승님, 즉 인도사引導師가 되는 것이다.

세계의 공명

법명法名이란 원불교 입문을 통해서 얻게 되는 원불교 이름을 말한다. 가톨릭의 경우 세례 의식을 통해 세례명을 받게 되는 것처럼 원불교의 법명도 입교식을 통해 법명을 받게 된다. 법명을 받는다는 것은 영적인 거듭남이며, 새로운 삶의 시작이다.

이름이란 단순히 다른 사람과 구별되는 호칭이 아니다. 부모가 자녀의 이름을 지을 때는 원력願力을 담아서 짓기 때문이다. 훌륭하게, 건강하게, 슬기롭게, 예쁘게 등등 간절한 기원이 이름 속에 담겨있는 것이다. 이처럼 우리가 법명을 받을 때도 진리를 향한 구도인, 수행인, 인격자가 되기를 원하는 간절한 원이 담겨있음을 알아야 한다. 법명은 단순한 이름이 아니라 새 삶의 지표요, 좌우명이라고 할 수 있다.

원불교에서 법명의 의미는 새로 태어난다는 것이다. 이는 육신의 탄생이 아니라, 진리를 향해 힘차게 나아가는 원불교인으로 다시 태어난다는 것이다. 이 법명의 의미를 바로 알 때 과거 낡은 생각과 습관을 버리고 새 마음 새 각오로 공부와 사업에 정진하게 된다.

소태산은 그의 첫 제자들에게 법명을 주면서 "그대들의 전날 이름은 곧 세속의 이름이요, 개인의 사사로운 이름이었다. 이제 그 이름을 가진 사람은 이미 죽었고 세계 공명公名인 새 이름을 주어 살리는 바이니 삼가 받들어 가져서 많은 창생을 제도하라."고 하였다. 법명은 공명公名이다. 공명이란 나 개인만을 위한 삶이 아니라, 모두를 위한 삶이다. 그러한 역할을 하라는 것이다.

네 가지 의무

원불교인으로서 올바른 신앙생활을 하기 위해서는 교도로서 지켜야 할 의무가 있다. 이를 교도의 '사종의무四種義務'라 한다. 사종의

무란 네 가지 지켜야 할 기본적인 의무로 조석심고, 법회출석, 보은헌공, 입교연원을 말한다.

①조석심고朝夕心告: 아침저녁으로 일정한 시간에 모든 부처님과 선조 부모님 전에 예를 올리고 각자의 원하는 바를 고백하며 심축하는 신앙 행위이다. 신앙인의 출발은 조석심고에서 이루어진다. 심고란 마음으로 간절히 원願하고 고告하는 것이다. 아침 심고를 통해 하루의 보은 생활을 다짐하고, 저녁 심고를 통해 하루의 죄복을 결산하고 반성, 다짐하는 시간을 갖는다. 조석심고를 통해 항상 일원상 진리와 함께하는 생활을 할 수 있다.

②법회출석法會出席: 법회는 자기 생활을 되돌아보는 시간이며, 법의 양식을 얻는 소중한 시간이다. 일상적인 생활을 하다가 법회에 참여함으로써 자신의 삶을 되돌아보고, 법문을 통해 더 나은 삶을 다짐하게 된다. 또한 법회 날에는 일상적인 일들을 미리 처리하고 그날은 오직 마음공부에만 전력하는 것이다. 한순간 특별한 발심으로 반짝하는 공부보다 끊임없는 법회출석이야말로 신앙생활에 기본이 된다.

③보은헌공報恩獻供: 보은하는 마음으로 공익을 위해 헌공하는 것이다. 헌공은 나 자신의 복락을 구하자는 것이 아니라 공익을 위해 은혜 갚는 생활이 된다. 나라는 존재는 혼자만의 힘으로 살아가는 것이 아니라 사은의 큰 은혜 속에서 살아가고 있다. 그러므로 사은에 감사 보은해야 하는데, 그 방법의 하나로 일상생활에서 근검·절약·절식의 생활로 저축된 재물을 가지고 어려운

사람을 도와주거나 공익사업에 희사하자는 것이 보은헌공이다. 원불교에서는 헌공금을 장학사업이나 자선사업 등 공익을 위해 활용하고 있으며, 봉공회를 통해 대사회적 봉공 활동을 전개하고 있다.

④입교연원入敎淵源: 대도정법大道正法을 모르는 사람들을 원불교에 인도해서 영생을 통한 혜복慧福의 길을 열어주자는 것이다. 복 중에는 인연 복이 제일이고, 정법을 만나 바른 신심信心이 나게 해주는 것이 무엇보다 중요하다고 했다. 바른 법을 만나 낙도樂道 생활을 혼자만 할 것이 아니라 모두가 함께 즐기고 일원상 진리의 길로 나아가자는 것이다. 나를 이끌어 준 것에 대한 감사와 보은의 행위로 입교연원에 힘써야 한다.

보통급 10계문

원불교에서는 공부인으로서 밟아가야 하는 공부의 단계가 있다. 공부의 정도에 따라 목표와 방법을 주게 되는데 이를 법위등급法位等級이라고 한다. 법위등급은 여섯 등급이 있다. 그중 원불교에 처음 입문한 사람에게는 유무식·남녀노소·선악귀천을 막론하고 보통급이 주어지게 된다. 보통급에 해당하는 원불교 신입교도에게는 공부의 출발점이 될 수 있는 계문이 주어지는데 이것이 보통급 10계문이다.

계문戒文은 불교의 계율戒律과 같은 것으로, 하지 말아야 할 금기禁忌를 조목 지어 놓은 것이다. 하지 말아야 하는 계문을 범함으로써 공부에 방해가 됨은 물론이요, 죄업을 쌓는 원인이 된다는 사실을 명심해야 한다. 따라서 계문에는 어린아이가 날카로운 칼을 만지는 것을 경계하고, 우물에 빠질 것을 걱정하듯 수도의 길에 첫발을 내딛는 공부인을 보호해 주는 성자의 자비 정신이 들어 있다. 또한 과거 중생의 습관을 고쳐 불보살의 세계에 다가서게 하려는 것이 계문이다.

공부인에게 기본이 되는 보통급 10계는 "①연고緣故 없이 살생을 말며, ②도둑질을 말며, ③간음姦淫을 말며, ④연고 없이 술을 마시지 말며, ⑤잡기雜技를 말며, ⑥악한 말을 말며, ⑦연고 없이 쟁투爭鬪를 말며, ⑧공금公金을 범하여 쓰지 말며, ⑨연고 없이 심교 간心交間 금전을 여수與受하지 말며, ⑩연고 없이 담배를 피우지 말라."이다.

보통급 10계문은 일상에서 죄의식 없이 가볍게 범하기 쉽다. 그러나 보통급 10계문을 준수함으로써 더 큰 죄업을 짓기 전에 악의 씨앗을 없애고, 나쁜 습관을 제거하여 바른 생활을 할 수 있다.

교도의 공부 단계와 평가 방법

종교인이라도 다 똑같은 것은 아니다. 공부의 정도에 따라 인격의 성숙도는 달리 나타나기 마련이다. 종교에서 공부의 단계를 설정하고 이를 평가하고 이에 따른 가치를 부여한다면 이는 특별한 경우에 속할 것이다. 종교가에서도 어느 정도는 공부의 구경처究竟處를 밝히고 그에 이르는 공부 길을 밝히고 있으며, 그 공부 이상에 도달한 사람에게는 예우, 존숭尊崇하는 경우가 있긴 하다. 가령 불교의 계율을 살펴보면 공부의 정도에 따라, 공부인의 신분에 따라 지켜야 할 계율이 정해져 있다. 그러나 일반적으로 깨달음의 구경처와 그 단계는 잘 밝혀져 있지만, 그 공부 단계를 평가하는 방법은 구체적이지 못한 면이 있다.

일반적으로 교육에 있어서는 성적에 의해 평가가 이루어진다. 또한 그 성적에 의해 그 사람의 지식 정도가 측정된다. 원불교에서는 크게 공부성적과 사업성적에 의해 그 사람의 평가가 이루어진다. 공부성적이라 함은 그 사람의 법의 정도를 평가하는 것이다. 법의 정도를 평가한다는 것은 수양修養의 힘과 연구硏究의 힘과 취사取捨의 힘이 어느 정도인가를 알아보자는 것이다. 사업성적이라 함은 그 사람이 행한 보은의 정도를 말한다. 보은의 방법은 크게 정신, 육신, 물질 간에 이루어진다. 사업성적에 있어 보은을 혜시惠施라고 하는데, 이 혜시는 물질 또는 금전적 혜시에만 그치지 않고 육신의 노동력을 통해 봉공하는 행위, 정신적으로 봉공하는 행위도 혜시에 해당한다.

공부성적에 있어서는 원불교 법위등급에 따라 공부의 단계가 설정되어 있으며, 이에 따른 법의 지위가 주어지게 된다. 사업성적에 있어서는 위에서 밝힌 대로 정신, 육신, 물질 간의 혜시의 정도에 따라 그 공덕을 존숭尊崇하는 예우가 있게 되며, 공부성적과 사업성적을 합하여 이를 원성적元成績이라 하는데, 원성적을 통해 그 사람의 평가가 이루어진다. 이와 같이 공부성적과 사업성적을 함께 평가하는 것은 원불교가 지향하는 몸과 마음을 함께 중요시하는 영육쌍전靈肉雙全의 정신에 기초한다고 할 수 있다. 또한 이를 종교가에서 평가한다는 것은 공부와 사업을 더욱 진작시키고, 공도자 숭배의 정신에 따라 받들고자 하기 때문이다.

법위등급

법위등급法位等級이란 수행인의 공부 정도를 여섯 등급으로 나눈 것이다. 그 여섯 단계란 보통급·특신급·법마상전급·법강항마위·출가위·대각여래위이다. 공부의 정도를 따라 아래 공부 단계를 칭하여 3급級이라 하고, 위의 공부 단계를 칭하여 3위位라 한다. 이 법위등급은 공부인이 공부의 단계를 밟아나가는 이정표이며, 마음공부의 측정기라고 할 수 있다.

각 공부 단계를 간단히 살펴보면 다음과 같다. ①보통급普通級은 원불교에 처음 입교하여 보통급 10계문과 4종 의무를 지키는 사람으로 불문佛門에 들어오는 단계이다. ②특신급特信級은 보통급 10계와 특신급 10계에 큰 과오가 없고 4종의무를 이행하며, 이 공부 이 사업에 재미를 붙이고 반신반의半信半疑가 없는 사람으로 특별한 신심이 있는 단계이다. ③법마상전급法魔相戰級은 30계문을 대체로 준수하고 그 일 그 일에 속 깊은 마음공부로 법法과 마魔를 일일이 분석하고 고전苦戰하는 사람으로 법과 마를 가려내는 단계이다. ④법강항마위法强降魔位는 스스로 심계心戒를 두고 법도 있는 생활을 하며, 성리性理에 비추어서 재색명리財色名利에 대한 욕심을 항복 받고 시기 질투와 명상名相이 텅 빈 경지로 법력이 뛰어난 단계이다. ⑤출가위出家位는 순일한 공심으로 심화心和·기화氣和·인화人和·물화物和가 되고, 시방일가十方一家 사생일신四生一身이 되어 세계의 일을 내 일로 삼고 교단의 일이 나의 일이 된 경지로 항마위의 법력에 큰 덕을 갖추어 국한을 벗어난 단계이다. ⑥대각여래위大覺如來位는 만능萬能·만덕萬德의 권능을 갖추고 무등등無等等한 대각도인大覺道人 무상행無相行의 대봉공인大奉公人이 된 경지로 큰 덕에 대자대비의 모든 방편과 만능이 겸비한 단계이다.

법위가 법강항마위 이상이 되면 법사法師라 칭하고 정사正師로 예우받는다. 또한 출가위 이상의 법력을 갖게 되면 원정사圓正師, 대각여래위의 법력을 갖게 되면 대원정사大圓正師가 된다.

법위사정

법위사정法位査定이란 공부의 정도를 평가하는 것이다. 평가는 '개인 사정—교당 사정—교구 사정—교단 사정'의 순으로 진행된다. 개인 사정이란 신분검사身分檢査에 의해 자기 스스로 자기의 공부 정도와 사업의 정도를 평가하는 것이다. 교당 사정은 교무에 의해 그 교도의 공부 정도를 평가하는 것이며, 교구 사정·교단 사정은 평가된 결과를 사정 심의하는 과정에 해당한다.

이 평가를 통해 자신의 공부 정도를 점검하여 공부의 향상심을 갖게 되며, 구체적인 공부 길을 제시받게 된다. 예를 들어 보통급을 지나 특신급에 진급한 교도는 특신급에 해당하는 계문을 준수할 의무가 생기게 되며 교법에 대한 바른 이해, 바른 믿음이 뿌리내릴 수 있도록 더욱 노력해야 한다.

법호와 법훈

원불교의 공부 정도는 3급級 3위位가 있다. 그중에서 3위의 가장 첫 단계에 해당하는 위는 법강항마위인데, 이 위에 도달한 사람은 모든 마魔를 물리치고 법法으로 사는 사람이며, 초성위初聖位로 받들어 법호를 증여받게 된다.

법호法號는 재가출가 교도를 막론하고 그 사람의 법위에 따라 주어지는 것인데, 이는 소태산이 법인기도를 올린 후 아홉 명의 제자에게 법호와 법명을 내린 것이 시초이다. 남자에게는 산山자 항렬을, 여자에게는 타원陀圓이라는 항렬이 붙는다. 산은 웅장함과 장엄함을, 타원은 부드러움과 포용을 의미한다.

법훈法勳은 법의 훈장이란 뜻으로 공부와 사업 간에 성적이 뛰어나 원불교 발전에 이바지한 사람에게 주어지게 되는데, 종법사를 역임한 분과 출가위 이상의 법위를 가진 분을 종사위宗師位, 원성적 정특등 이상이 되는 출가 교도에게는 대봉도위大奉道位, 재가 교도에게는 대호법위大護法位의 법훈을 드리고 후인들에게 사표가 되도록 한다.

신앙의 대상을 모시는 방법과 태도

어느 집을 방문하게 되면 그 집의 중심이 되는 곳에 가훈이 걸려 있는 것을 볼 수 있다. 가훈은 가족의 정신을 하나로 묶고 삶의 좌표와 목표를 제시하는 역할을 한다. 액자로 표구된 가훈은 한갓 장식에 지나지 않을 수도 있지만, 그 가족에게는 정신의 축이 되는 중요한 가보家寶일 수도 있다.

교회에 걸려 있는 십자가는 예수님을 통해 인류의 죄를 대속代贖하는 사랑의 의미가 있다. 사찰 대웅전에 모셔진 부처님의 모습을 통해서는 부처님의 한량없는 자비와 위없는 깨달음을 접할 수 있다.

이와 같이 신앙의 대상에는 그 종교가 지향하는 함축적 의미가 담겨있다. 신앙의 대상을 모신다는 것은 단지 형상만을 모신다는 의미가 아니라 그 모심을 통해 그와 같이 되기를 원하는 닮아

감의 간절한 원願이 있어야 한다. 그 대상을 통해서 바른 공부 길을 제시받고, 지혜와 복의 문을 열어야 한다.

신앙의 대상

원불교의 신앙의 대상은 법신불 일원상이다. 법신불 일원상이란 우주 만유의 근본 자리이며, 모든 성인이 깨달은 진리이며, 우리의 본래 마음자리이다. 진리란 형상으로 표시할 수 없는 무형한 대상이지만 모르는 사람들에게는 달을 가리키는 손가락과 같이 그 대상을 통해 진리를 깨달을 수 있으며, 그 대상을 통해 바른 인격을 양성하고 참된 삶을 살아갈 수 있다.

법신불 일원상으로 상징되는 진리는 언제 어디서나 여여히 작용하고 있다. 이는 우주 만유를 통해 작용하지 않는 바가 없으며, 어느 시간, 어느 공간에서나 그 작용은 분명하다. 따라서 형상으로 모셔진 법신불 일원상은 길을 모르는 중생들을 가르쳐 주기 위한 대표적인 진리의 상징이다. 원불교의 신앙은 처처불상 사사불공으로 표현한다. 원불교의 진리관으로 볼 때는 곳곳이 부처이다[處處佛像]. 처처불상은 우주 만물 허공 법계가 다 부처 아님이 없다는 뜻이다. 그러나 처처불상이되 법신불 일원상을 신앙의 대상으로 모시는 것은 중생들을 바른 진리의 길로 인도하기 위한 가르침이다.

법신불 모시기

신앙의 대상인 법신불 일원상을 모시는 것을 봉불奉佛이라고 한다. 봉불이란 부처님을 봉안奉安한다는 뜻으로 원불교에서는 법신불인 일원상을 모신다. 법신불 일원상은 원불교인에게 있어 신앙의 대상이자 수행의 표본으로 모시게 되며, 항상 대할 때마다 경외심敬畏心으로 모셔야 한다.

법신불 일원상의 진리에 비추어보면, 우주 만유가 법신불 아님이 없으므로 굳이 일원상을 봉안할 필요가 없다고 생각할 수 있다. 하지만, 일반 대중에 있어서는 형상화된 신앙의 대상이 없으면 마음의 귀의처와 수행의 표준을 알기가 어렵고, 설령 안다 할지라도 마음 대조에 때때로 그 표준을 잃기가 쉽다. 그러므로, 교당이나 가정을 막론하고 법신불의 상징인 일원상을 봉안하여 행주좌와어묵동정行住坐臥語默動靜 간에 신앙의 대상과 수행의 표본으로 삼는 것이다.

봉불을 크게 나누어 보면 교당 봉불과 가정 봉불이 있다. 교당 봉불은 교도들이 정기적으로 모여 신앙하고 수행하는 장소로 만들어진 교당에 법신불을 모시는 것이다. 가정 봉불은 교도들의 일상적인 삶이 이루어지는 가정에 법신불을 모시는 것으로 가정에서 신앙의 대상과 수행의 표준을 잃지 않고자 함이다. 이 외에도 직장과 차 안 등 어디서나 원불교 교도로서 종교 생활을 알차게 할 수 있도록 법신불 일원상을 모시고 있다.

어느 교도의 집에는 거실에만 일원상이 봉안된 것이 아니라 부엌, 화장실, 서재 등 그 집 안 곳곳에 일원상이 봉안되어 있다고 한다. 그 이유는 언제 어디서나 법신불 일원상을 모시고 살고 싶었기 때문이다. 이 교도의 신앙 태도에서 우리는 항상 법신불 일원상과 함께하려는 정성스러운 마음을 엿볼 수 있다.

법신불 일원상과 같은 마음으로 살고, 일원상의 가없는 위력에 감사하며, 보은을 다짐하는 생활이야말로 신앙인의 기본적 자세이며, 항상 일원상을 모시고 사는 봉불 생활이라 할 것이다. 또한 형상으로 된 법신불 일원상을 모시는 것도 중요하지만, 그보다 항상 마음속에 일원상을 모시는 심봉불心奉佛이 더욱 중요함을 알아야 한다.

어떻게 모실 것인가?

교당이나 가정에 법신불을 봉안하는 것은 『예전』에 정해진 대로 이루어진다. 특히 가정에서는 그 집의 중심이 되는 곳에 법신불을 봉안하고 신앙의 대상과 수행의 표준으로 삼아야 한다. 법신불 봉안은 단순히 모시는 것만으로 끝나는 것이 아니라 『예전』에 정해진 대로 그 모시는 태도가 필요하다. 『예전』에 밝혀진 일원상을 모시는 태도는 다음과 같다.

①대각전이나 불단이 있는 실내에 출입할 때는, 입구에서 불

단을 향하여 합장 경례한 다음, 출입한다.

②불전 배례는 대례로써 합장 4배 함을 원칙으로 하되, 평시에는 경례로 2배 하며, 법회나 의식 중 대중의 회집會集으로 인하여 대례로 4배를 올리기가 곤란할 경우는, 주례의 지시에 따라 일제히 경례로 4배 한다.

③교도는 매일 아침과 저녁에 일정한 시간을 정하여 불전에 경례를 올린다. 조석으로 경례를 올리는 뜻은 진리와 마음으로 연하고 진리적인 삶을 다짐하기 위해서다. 또한 삼세三世의 제불제성諸佛諸聖과 삼세의 부모 조상에게 경례하는 의미가 있다.

법신불 일원상이 봉안된 장소에 형식적으로 예를 올리는 것이 아니라, 진정 마음속에서 우러나오는 경외심으로 법신불 일원상을 대하는 자세가 신앙인의 기본자세가 된다. 가정에 법신불을 모신 경우에는 가정을 떠나 밖으로 나갈 때, 또한 밖의 일을 마치고 돌아올 때 법신불 전에 출고반면出告反面의 예를 올리는 자세도 신앙인으로서 필요한 태도이다.

정신의 양식을 얻는 날

현대인의 바쁜 생활 속에서 일요일은 지친 심신을 재충전하는 날이다. 산이나 강으로 자연과 더불어 호연지기浩然之氣를 기르는 시간을 갖기도 하고 교회나 절을 찾아 마음을 정화하고, 성인의 말씀을 통해서 바른 가르침을 배우기도 한다.

원불교 교도들은 법회를 통해 마음의 평화를 얻고 정신의 양식을 장만한다. 일주일간의 삶을 반성하고 마음의 안정을 얻고 새 삶을 다짐하는 시간이 바로 법회이다.

법회法會란 법의 모임을 말한다. 교단 초창기에는 '예회例會'로 불리었는데, 지금은 '법회'라는 단어가 일반화되었다. 법회는 지금같이 일요일이나 주중의 특별히 정해진 날에 행해진 것이 아니라 성자의 말씀을 통해 바른 가르침이 행해지는 시간 모두가 법의 모임이었다. 석가모니불 당대 법회의 형태가 바로 이러했다. 석가모니불께서 정각正覺을 이룬 후, 교진여[憍陳如, Kāuṇḍinya] 등에게 최초의 법문을 설한 것이 법의 모임이었으며, 『금강경』에 밝혀진 대로 1,250명의 대중과 더불어 법문을 설한 것이 바로 법회였다.

원불교의 초기 법회 형태도 이와 마찬가지였다. 초기 법회 형태는 특별한 형식을 갖추지 않고 자연스럽게 제자들에게 진리의 말씀을 설한 것이 법회였으며, 법을 설한 그곳이 법회의 장소였다. 특히 초기 법회 형태를 살펴보면 '주경야회晝耕夜會'의 성격을 띠었다. 낮에는 생업에 종사하면서 일을 하고, 저녁에 모여 법회를 열었다.

원불교 초기 교단의 역사를 살펴보면 영산에서 방언공사를 할 때, 낮에는 방언공사에 전력하고, 저녁에는 최초의 교당인 구간도실九間道室에 모여 소태산의 법설을 받들면서 공부했다. 지금의 법회는 매주 일요일이나 주중의 특별한 날을 정해 열리는 것이 일반적이다.

법회에서는 무엇을 하나?

『예전』에 의하면, 법회는 법을 강론하며 법을 훈련하며 기타 신앙을 중심으로 하여 진행하는 법의 모임을 통칭한다고 했다. 법을 강론한다고 함은 진리의 말씀을 전한다는 것이다. 진리의 말씀이란 성자들의 깨달음의 내용으로 원불교에서는 소태산이 깨달음을

교당의 법회 장면

통해 밝힌 교법을 말한다. 법을 훈련한다고 함은 마음으로 새기고 몸으로 실행한다는 것이며, 중생의 습관을 버리고 부처의 마음을 닮아가는 과정을 말한다. 기타 신앙을 중심으로 하여 진행하는 법의 모임이란, 실제에 있어 교도들에게 신앙적 감동을 주어 성자혼聖者魂을 체 받고 법신불 사은의 무한한 은혜에 감사하며 보은의 다짐을 하는 것을 말한다.

소태산은 '교당내왕시 주의사항'에서 "매 예회例會 날에는 모든 일을 미리 처결하여 놓고 그날은 교당에 와서 공부에만 전심하기를 주의하라."고 했다. 이 법문에 의하면 법회는 공부하는 모임이다. 공부란 바로 마음공부로 마음을 맑히고, 밝히고, 훈훈하게 하는 것이 원불교의 공부이며 법회를 통해서 그 공부가 이루어진다.

법회는 정례법회와 수시법회가 있다. 정례법회는 정기적으로 보는 법회로 일요법회와 저녁에 보는 야회가 있고, 대상별로 일반법회, 청년법회, 학생법회, 어린이법회 등이 있다. 수시법회는 특별행사, 특별기원 등 비정기적으로 행해지는 법회를 말한다.

법회의 순서

법회 식순은 대체로 다음의 순서를 기준으로 해서 진행된다. '좌종 10타—개회—불전헌배—입정—독경[일원상서원문과 반야심경]—설명기도—법어봉독—일상 수행의 요법—성가—설교—성가—묵상심고—기타—폐회'의 순서가 그것이다. 각 순서가 갖는 의미는 다음과 같다.

○ **좌종 10타**: 개회 전 법신불 전에 나아가 종을 10번 울린다. 10번 울리는 이유는 시방세계 모든 중생이 이 법음을 듣고 깨어나라는 것이다. 이 종소리는 모든 생명을 깨우는 소리이며, 어둠을 밝히는 소리이다.

○ **개회**: 개회는 죽비 3타로 신호하며, 법회의 시작을 의미한다.

○ **불전헌배**: 신앙의 대상인 법신불 일원상에 경배하는 것을 말하며, 사은보은四恩報恩의 의미로 큰절을 네 번 올린다.

○ **입정**: 요란한 마음을 가라앉혀 마음의 고요함을 갖는 선정禪定에 드는 것을 말한다.

○ **독경**: 목탁의 운곡에 맞춰 경을 외우는 것으로써, 원불교의 교리 사상이 집약되어 있으며 법신불 일원상의 진리와 합일하고자 하는 간절한 서원이 담긴 「일원상서원문」과 반야의 지혜로써 생사 고뇌에 가득한 중생계를 벗어나 열반의 피안에 이르게 하는 가장 중심되고 빠른 길을 가르쳐 준 법문인 「반야바라밀다심경」을 독경한다.

○ **설명기도**: 사회자의 인도에 따라 지난날의 생활에 대한 감사와 신앙 수행의 다짐, 소원 성취를 위한 기도를 올리고 '심고가'를 부른다.

○ **법어봉독**: 법문을 봉독하는 시간으로 대중과 합독함으로써 진리의 가르침을 받드는 시간이다.

○ **일상 수행의 요법**: 교리의 강령이 수록된 일상 수행의 요법 아홉 조항을 외우면서 자신의 신앙과 수행을 대조한다.

○ **성가**: 신앙, 수행, 믿음 등을 노래하는 성가를 부름으로써 법에 대한 찬양과 기쁨을 함께 즐기는 것이다.

○ **설교**: 법을 강론하는 시간으로, 교도들로 하여금 신앙심을 불러일으켜 감흥을 주고 참된 수행을 다짐케 하는 시간이다.

○ **묵상심고**: 설명기도와는 달리 의식을 인도하는 주례자의 설명 없이 각자 마음속으로 반성과 다짐을 하는 시간이다.

○ **기타**: 공지 사항으로 교단적 행사와 천도재, 특별기도, 애

경사 및 기타 여러 소식을 전한다.

○ **폐회**: 개회와 마찬가지로 죽비 3타로 신호하여 법회의 종료를 알린다.

신앙의 목적이 혜복慧福을 얻는 것에 있다고 볼 때, 법회는 궁극적으로는 지혜와 복을 장만하는 시간이다. 이것이 법회의 공덕이다. 법회 참석의 공덕을 말할 때 흔히 콩나물시루 이야기를 많이 한다. 콩나물을 기르기 위해 아침저녁으로 매일 같이 물을 주지만 그 물은 그냥 시루 밑으로 모두 흘러내려 고이는 법이 없다. 그러나 그 물기가 남아 있어 콩나물이 자라듯이 일상적으로 참석하는 법회일지라도 법의 기운이 남아 세월이 지나면 성숙한 신앙인이 된다. 이 이야기는 법회의 중요성을 새삼 일깨우는 좋은 예이다.

원불교의 경축, 기념행사

12월이 되면 거리 곳곳엔 크리스마스 트리를 장식하고, 기독교를 신앙하지 않는 사람들도 연말 분위기와 함께 예수님 탄생을 기념하는 축제의 분위기에 휩싸인다. 또한 음력 4월 8일이 되면 각 사찰에서는 연등을 매달고서 석가모니 부처님의 탄생을 축하하고 기념하는 각종 행사가 벌어진다. 이것은 그 종교를 신앙하는 사람들만의 축제일이 아니라, 성자들의 가르침이 이 땅에 실현되기를 바라는 마음으로 함께 즐기고 축하하는 인류 공동의 축제이다.

원불교에서도 종교적 의미가 함축된 특별한 날에 그날을 기념하고 경축하는 행사를 연다. 또한 재齋의식을 통해서 조상을 추모하고 근본을 되돌아보는 추원보본追遠報本의 정신을 갖는 날이 정해져 있다. 경축하는 기념일은 4번으로 이를 보통 4축이라 하고, 추원보본의 정성으로 제사를 올리는 재가 2번 있는데 이를 2재라고 한다. 이를 합하여 사축이재四祝二齋라고 부른다. 4축은 신정절新正節, 대각개교절大覺開敎節, 석존성탄절釋尊聖誕節, 법인절法認節이고, 2재는 육일대재六一大齋와 명절대재名節大齋이다.

신정절

신정新正은 1월 1일로 새해의 시작이다. 신정절新正節에는 법신불과 스승님, 그리고 웃어른께 세배를 올리고, 동지간에 서로 인사를 교환하며, 과거 1년을 결산하고 새해의 계획을 세우는 동시에 한해가 서로에게 좋은 해가 되도록 빌어주면서 경축하는 날이다.

대각개교절

대각개교절大覺開敎節은 원불교가 열린 날인데, 소태산이 대각을 이룬 4월 28일을 경축일로 삼는다. 대각이란 큰 깨달음을 말하며, 개교란 종교의 문을 열었다는 뜻으로, 소태산의 깨달음에 의해서 이 땅에 원불교를 열었다는 말이다. 『예전』에 의하면 대각개교절은 4월 28일에 소태산의 대각 성도成道를 기념하며, 원불교의 개교와 교도의 공동생일을 겸하는 경축일이다.

특히, 대각개교절은 원불교 교도들의 공동생일이라는 데 큰

대각개교절 기념식

의미가 있다. 생일이란 육신의 탄생일을 의미하는 것보다 새로운 마음으로 태어나는 '마음의 생일'에 더 큰 의미가 있으므로, 대각개교절을 원불교 교도들의 공동생일로 삼는 것이다. 대부분의 종교에서 교조의 탄생일을 기념하고 경축하는 반면, 원불교에서는 교조의 대각일을 가장 큰 경절慶節로 삼는다는 점이 다르다.

석존성탄절

석존성탄절釋尊聖誕節은 매년 음력 4월 8일, 석가모니불의 탄생을 기념하는 경축일이다. 소태산은 오랜 기간 구도求道를 통해 스스로 깨달음을 얻은 뒤, 석가모니불을 '성중성聖中聖'이라 하고 '연원불淵源佛'로 정하였다. 2천 년이 훨씬 넘는 시간과 한국과 인도印度라는 공간을 뛰어넘어 스승으로 모신 것이다. 이에 연원불인 석가모니불의 탄생일을 경축하는 것이다.

법인절

법인절法認節은 8월 21일이다. 이날은 소태산의 9인 제자들이 백지혈인白指血印의 법인성사法認聖事로써 원불교 창립정신의 표준을 보여 준 것을 기념하고 경축하는 날이다. 법인성사는 진리계眞理界로부터 인증을 받았다는 것이다. 이는 아홉 제자가 하늘을 감동하게 하는 기도 정성과 '내 한 몸을 희생하여 천하창생天下蒼生이 구원받는다면 죽어도 여한이 없다.'는 사무여한死無餘恨의 혈성血誠이 뭉쳐서 증서證書에 혈흔이 나타난 것을 말한다. 백지혈인을 통해서 남김없이 바친 대신성大信誠과 죽어도 여한이 없다는 사무여한의 대희생大犧牲 정신, 공익을 위해서 모든 것을 바치는 대봉공大奉公 정신이 원불교 창립의 기본 정신이 되었다.

육일대재

대재大齋란 소태산 이하 원불교의 모든 조상을 길이 추모하여 정례로 합동 향례享禮를 올리는 것을 말한다. 소태산의 열반일인 6월 1일에 추모의 정성을 모아 올리는 재를 육일대재라고 한다. 소태산의 열반일이라고 해서 소태산에게만 올리는 재가 아니라, 역대 선령 열위는 물론이요 제불제성諸佛諸聖과 일체 생령위까지도 모두 추모하여 합동으로 향례를 올린다.

명절대재

명절대재는 12월 1일에 올리는 재로서, 우리 고유의 명절들을 통합하여 소태산을 비롯한 역대 선령 열위를 향해 재를 모시는 것이다. 이는 과거 많은 명절로 인해 허례와 허식에 흐르는 폐단을 지적하여 진리적이며 사실적인 추원보본追遠報本의 예를 행함과 동시에 교도 상호 간의 친목과 화합을 더욱 두터이 하는 날이기도 하다.

천도재는 왜, 어떻게 올리나

인간의 삶은 생로병사라는 자연의 이법理法을 따르기 마련이다. 아무리 이 이치를 거부하려고 해도 거부할 수 없는 것이 인간으로서의 한계이다. 특히 죽음의 문제에 부딪혔을 때 인간이 갖는 두려움과 불안은 그 어떤 불안과 두려움보다 크다 할 것이다. 인간은 누구나 태어남이 있으면 죽음을 맞이하게 된다.

죽음에 대한 직면은 내 주위의 가까운 사람일 수도 있고, 나 자신일 수도 있다. 잘 태어나는 것이 중요한 것처럼 잘 죽는 것도 중요한 일이다. 이 때문에 낳고 죽는 일이 인간사의 큰일이라 하여 '생사대사生死大事'라 하지 않았던가!

모든 인간에게 죽음이 두렵고 불안한 이유는 근본적으로 그것이 알 수 없는 것이면서도 누구에게나 확실히 찾아오는 것이기 때문이다. 그런데 일부 사람들은 죽음 자체를 삶의 여정으로 생각하고 아주 편안하게 잠을 자듯이 맞이하는 경우도 있다. 그런 사람은 필연적으로 맞이하게 될 죽음을 거부하지 않고 죽음에 대한 불안이나 공포에서 벗어남은 물론이고 삶과 죽음의 참된 의미를 안다.

원불교에서는 인간의 죽음을 윤회輪廻로 해석하고 있다. 윤회란 다시 태어난다는 것으로 사람이 헌 옷을 버리고 다른 새 옷을 갈아입듯이, 육신의 소유주도 낡은 몸을 벗어버리고 새로운 몸으로 옮겨간다는 것이다. 한 인간의 생은 한없는 전체 생 가운데 하나의 생이다. 하나의 생, 그것은 윤회라는 강물 속에 있는 하나의 물결에 불과하다. 생生과 사死는 삶의 단절이 아니라 연속이다.

따라서 원불교에서는 죽음을 멸滅이 아닌 변화로 인식하고 있다. 소태산의 표현에 의하면 생사라 하는 것은 눈을 떴다 감았다 하는 것과 같고, 숨을 들이쉬었다 내쉬었다 하는 것과 같고, 잠이 들었다 깼다 하는 것과 같다고 했다.

그러므로 생사는 생멸生滅이 아니라 변화로 여긴다. 사람이 죽으면 한 생을 빌어 살았던 육신은 썩어 지수화풍地水火風 사대四大로 흩어져 자연으로 돌아가고 영식靈識만이 새로운 인연을 따라 새 몸을 받게 되는 것이다.

천도재

일반적으로 사람이 죽게 되면 육신은 자연으로 돌아가고 영혼은 새로운 몸을 받게 되는데, 새 몸을 잘 받게 하기 위해서는 그 영혼을 잘 인도하는 의식이 필요하다. 죽은 자를 영가靈駕라고 하는데, 이는 열반인[죽은 자]의 영혼을 말하며 새 몸을 받기 위하여 여기저기 돌아다니기도 하고, 새 몸을 받을 곳으로 가야 하므로 영가라고 말한다.

'재齋'는 원불교에서 열반인의 천도를 위하여 베푸는 의식이다. 흔히 '천도재薦度齋'라고도 한다. 천도재란 열반인의 명복을 빌고, 부처님의 법문을 통해 영가가 바른길을 찾아 선도善道에 태어나도록 추천하고 기원하는 의식을 말한다. 보통 49재라고도 불리는데, 49재란 열반 후 49일의 기간을 정하여 재를 올리기 때문에 붙여진 이름이다. 49일의 기간은 열반인이 일반적으로 새 몸을 받기 전 중음계中陰界에 머무르는 시간을 말한다.

천도薦度는 추천하여 건너가게 한다는 뜻이다. 따라서 천도재는 열반인이 새로운 바른길로 나아갈 수 있도록 추천하고 인도하는 의식을 의미한다. 이를 통해서 열반인이 생전에 미처 깨닫지 못한 일원상의 진리에 따라 바른길로 갈 수 있도록 도와준다.

아울러 재주齋主를 비롯하여 천도재에 참여하는 사람들도 천도재를 통해서 성장하고 정화된다. 천도재는 죽은 자만을 위한 것이 아니라, 산 자의 신앙적 성장과 해탈을 위한 수행의 과정이다.

천도재를 지내는 모습

일반적으로 천도재 의식은 관계인이 열반하면 열반식에서 발인식, 입장식의 상례 절차를 거친 뒤 교당에서 49일 동안 7일에 한 번씩 재를 올리며, 가정에서는 아침저녁으로 영가를 위해 천도 축원의 독경을 올리게 된다. 또한 그 기간에 열반인과 친족·친지·동지의 관계에 있는 사람들은 상중喪中임을 나타내는 표식으로 복표服標를 착용함으로써 심신을 재계하고 행동을 근신하게 한다. 따라서 천도 의식은 영가에게만 중요한 것이 아니라 열반인의 가족에게도 천도의 예를 다하게 함으로써 보은의 정신을 갖게 하는 데 의의가 있다.

영가를 천도하는 이유는 선도수생善道受生하게 하는 데 있다. 선도수생이란 악도에 떨어지지 않고 선도에 다시 태어나는 것을 말한다. 선도수생하기 위해서는 이승에서 선공덕善功德을 많이 쌓는 것이 중요하고, 죽음의 길에 큰 서원을 세우고 이승에 대한 모든 착심을 놓고 떠나는 것이 선도수생의 요건이 된다.

천도 의식이 중요한 이유는 부처님의 법문에 의지해서 원력을 굳게 세우고, 이생에 대한 모든 애착愛着·탐착貪着·원착怨着을 놓고 착 없이 길을 떠나게 하는 데 있다. 따라서 천도재 의식에서는 성주와 염불, 천도법문[열반 전후에 후생길 인도하는 법설], 그리고 독경 등을 통해 영가에게 법식法食을 공양함으로써 올바른 천도를 받게끔 인도하고 있다.

열반기념제

열반기념제는 고인故人의 기일忌日을 맞아 추모의 정성을 다하는 것이다. 열반기념제를 올리는 뜻은 두 가지가 있는데, 하나는 청정한 마음으로 불전佛前에 발원하여 숙세宿世의 업장業障을 녹이고 도문道門에 인연을 깊게 하며 헌공금으로 공도사업에 활용하여 그 미래의 명복冥福을 증진하고 사회의 발전을 돕는 것이요, 또 하나는 열반인의 재세在世 당시에 끼친바 공덕을 추모하며 자손 대대로 그 근본을 찾게 하여 후손들에게 보본報本 사상을 권장하는 것이다.

한 제자가 소태산에게 "천도재나 열반기념 제사를 올리는 것이 그 영에 어떤 이익이 있습니까?"라고 질문하였다. 이에 소태산은 “천지에는 묘하게 서로 응하는 이치가 있으니, 사람이 땅에 곡식을 심고 비료를 주면, 땅도 무정한 것이요, 곡식도 무정한 것이며, 비료도 또한 무정한 것이지마는, 그 곡식에 효과의 차를 내나니, 무정한 곡식도 그러하거든 하물며 최령한 사람이 어찌 정성에 감응이 없으리오. 모든 사람이 돌아간 영을 위하여 일심으로 심고를 올리고 축원도 드리며 헌공도 하고 선지식의 설법도 한즉, 마음과 마음이 서로 통하고 기운과 기운이 서로 응하여, 바로 천도를 받을 수도 있고, 설사 악도에 떨어졌다 하더라도 차차 진급이 되는 수도 있으며, 또는 전생에 많은 빚을 지고 갔을지라도 헌공금을 잘 활용하여 영위의 이름으로 공중 사업을 하여 주면, 그 빚을 벗어버리기도 하고 빚이 없는 사람은 무형한 가운데 복이 쌓이기도 하나니, 이 감응되는 이치를 다시 말하자면 전기와 전기가 서로 통하는 것과 같다.”라고 하였다. [『대종경』 천도품 29]

유가儒家에서 제사를 올리는 것은 조상의 혼백魂魄을 인정하여 모신다는 의미가 아니다. 공자는 『논어』에서 “귀신을 공경하되, 그것을 멀리하면 가히 지혜롭다.”라고 했다. 제사의 의미는 추원보본의 정성을 다하자는 것이다. 자칫 허례와 허식으로 빠지는 제례祭禮가 아니라 추모의 정성을 다하며, 실질적으로 고인의 명복을 비는 것은 고인의 이름으로 공덕을 쌓는 일이다.

원불교의 조직과 구성

원불교를 대표하는 집단개념으로 '교단敎團'이라는 말을 쓴다. 교단이란 종교단체라는 뜻으로, 원불교도 교단 운영을 위한 조직을 갖추고 있다. 종교의 가르침이 경전을 통해서만 전달되는 것이 아니기 때문에 교단 내 각종 조직의 효과적인 운영을 통해 종교의 사명을 달성하고자 노력하는 것은 원불교도 마찬가지다.

원불교의 교단 조직은 크게 교화조직과 행정조직으로 구분된다. 교단 존재의 근거가 모든 사람을 광대무량한 낙원으로 인도하는 교화에 있기 때문에 행정조직도 교화조직과 마찬가지로 교화 이념에 바탕하고 있다. 따라서 모든 조직의 행정은 교화 이념의 실현에 초점이 맞추어져 있다.

교화단

원불교 조직의 특징 중 하나는 교화단 조직이다. 교화단 조직은 교화를 위한 조직이며, 전 교도는 교화단에 편성되어 있다. 교화단 조직은 소태산 당대에 만들어진 것으로 10인 1단의 체제이다. 10인 1단 조직의 구조는 단장 한 사람의 지도로 아홉 사람을 가르치는 지도 체제인데, 최초의 교화단은 소태산이 단장이 되고, 9인 제자가 단원이 되었다.

소태산은 시방세계十方世界 모든 사람을 제도할 십인 일단의 단 조직 방법을 제정하고 제자들에게 말하기를 "이 법은 오직 한 스승의 가르침으로 모든 사람을 고루 훈련할 빠른 방법이니, 몇억만의 수라도 가히 지도할 수 있으나 그 공력은 항상 아홉 사람에게만 들이면 되는 간이한 조직이라."고 하였다.

10인 1단의 교화단법이 갖는 장점은 조직의 효율적인 운영 관리에 있다. 한 사람이 관심을 두고 지도할 수 있는 숫자는 시간과 노력에 한계가 있다고 볼 때, 10인 1단의 교화단 조직은 가장 효과적인 조직 운영의 모델이다. 이 교화단법에 의해 원불교의 교무들은 출가교화단의 구성원이 된다. 또한 최상위 교화단인 수위단회를 정점으로 그 밑에 항단, 각단의 내림차순으로 교화단이 조직, 운영되고 있다. 그뿐만 아니라 교화 일선인 교당에서도 교도들을 10인 1단의 교화단 조직법을 기준으로 조직하여 교화 활동을 펼치고 있다.

중앙행정조직

원불교는 교단을 총괄하기 위하여 중앙총부를 두고, 중앙총부에는 종법사宗法師와 수위단회首位團會, 중앙교의회中央教議會, 교정원教政院과 감찰원監察院이 있다. 종법사는 교단의 주법主法으로서 교단을 주재하고 대외적으로는 교단을 대표하는 지도자이고 대내적으로는 교도들의 정신적 지주로서 교단의 최고 스승이다. 수위단회는 교단 최고 결의기관으로 최상위 교화단이며, 종법사는 수위단회에서 선출된다. 교단의 최고 지도자인 종법사를 수위단회에서 선거로 선출하는 것은 공의에 의해 종통 계승이 민주적으로 이루어진다는 것이다. 중앙교의회는 교단의 결의기관으로 출가교도 대표와 재가교도 대표들로 구성되어 교단의 중요사안을 협의 결정한다.

교정원은 교단의 중앙집행기관으로 교단 행정을 책임지며 교정원장이 장이 된다. 교정원 산하에 교화훈련부, 총무부, 교육부, 재정산업부, 문화사회부, 공익복지부, 국제부와 기획실, 정보전산실 등이 있다. 감찰원은 교단의 감찰 기관으로 주요 업무 내용은 감사업무, 상벌 시행 업무 등이다. 또한 원불교 교단은 지방 및 국내외의 교화 활동을 원활히 전개하기 위해 교구教區를 두고, 각 지역 교화 기관으로 교당教堂을 두고 있다. 교구는 교구장이 행정책임을 가지게 되며, 교구 내 교당들을 통솔 관리한다.

이상의 조직 형태를 보면 원불교 조직은 외형상 중앙집권의 형태를 띠고 있지만 중앙행정 기구는 교화의 일선이라고 할 수 있는 교당 교화를 지원하는 지원 조직이다. 따라서 원불교 행정조직에서 중심되는 조직은 교구와 교당이다. 특히 교구 자치화 시행 이후 교구의 자율권이 확대되어 중앙총부의 행정권한이 교구로 점차 이양되고 있는 시점에서 교구 중심의 교단 운영이 필수적으로 요청되고 있다.

원불교는 교화, 교육, 자선, 산업 및 훈련, 복지, 문화, 언론의 각 기관과 원호, 친목, 장학, 수양 및 교법의 사회적 실현을 위한 각종 단체를 두고 있다. 특히 봉공회, 청운회, 여성회, 청년회, 학생회, 교사회 등 각종 단체는 구성원들의 특성에 따라 해당 목적을 달성하기 위해 활동하고 있다. 각 기관과 단체들은 활동 분야와 목적은 비록 서로 다르지만 '광대무량한 낙원 세계 건설'이라는 교화 이념을 바탕으로 운영되고 있다.

교당은 무엇하는 곳인가

보통 누군가에게 신앙하고 있는 종교를 묻고자 할 때 "당신은 어디에 다니십니까?"라고 질문한다. 그 대답으로 기독교나 불교 등 특정 종교의 교명을 말할 수도 있지만, 보통 교회, 성당, 절 등에 다닌다는 말을 종종 한다. 절, 성당, 교회는 어느 특정 종교의 건축물을 지칭하는 단어일 뿐만 아니라 그 종교 전체를 대표하는 단어이기도 하다. 절은 불교를 대표하고, 교회와 성당은 각각 개신교와 가톨릭을 대표하는 공간이다. 이와 마찬가지로 교당은 원불교를 대표하는 신앙 수행 공간이다.

종교 건축물은 성스러운 공간으로 다루어진다. 각 종교에서 말하는 진리 또는 절대자를 모신 공간이기 때문에 일반 건축물과는 다른 성역聖域으로 취급되는 것이다. 교당은 원불교의 신앙 대상이자 수행 표본인 법신불 일원상이 모셔져 있는 공간이다. 아울러 교무가 성직을 수행하는 공간이고, 종교의례가 행해지는 공간이며, 원불교 교리를 전하고 그 교리가 체질화되도록 훈련하는 공간이다. 따라서 교당은 원불교 교도뿐만 아니라 일반 사람들에게 있어서도 성스러운 공간이다. 특히 원불교 교도들에게 교당은 마음공부 하는 학교요 성불제중의 도량이다.

아홉 칸 도실

원불교 최초의 교당은 1918년(원기3)에 만들어진 '구간도실九間道室'이다. 소태산이 대각을 이룬 뒤 옥녀봉 아래에 제자들과의 모임 장소로 마련한 것이 구간도실이다. 구간九間이란 아홉 칸의 방이 있다는 것이며, 도실道室이란 단순한 주거 공간이 아니라 도를 배우고, 영성靈性을 함양하며, 소태산으로부터 정신적 지도를 받는 종교적 의미의 공간이다.

구간도실은 단순한 모임 공간이 아니라 소태산의 법설이 행해진 법회 장소였으며, 제자들을 훈련하는 훈련장이었다. 낮에는 간석지를 막는 방언공사에 전력을 다하고 저녁에는 구간도실에 모여 소태산의 법설을 듣고, 법의 훈련을 받았다. 그 당시는 자그마한 아홉 칸짜리 집에 불과했지만, 파란고해의 일체생령을 광대무량한 낙원으로 인도하겠다는 교화 경륜이 발아된 최초의 교당이다.

법신불 일원상을
모신 불단

원불교 교당은 불법의 대중화를 주장하는 소태산의 가르침에 따라 대중이 왕래하기 쉬운 지역에 자리 잡고 있다. 교당 건물의 외형적 특징은 상징탑이나 외벽에 '법신불 일원상(◯)'을 봉안하고 있다는 것이다. 교당의 명칭은 대부분 해당 지역과 관련하여 지어진다. 예를 들어 서울특별시 강남구에 위치한 교당은 '원불교 강남교당'으로, 충청북도 청주시에 위치한 교당은 '원불교 청주교당'이라는 이름으로 불린다.

교당에서 가장 중심이 되는 공간은 대각전大覺殿이다. 대각전에는 '법신불 일원상'이 모셔져 있으며, 각종 종교의례가 행해지는 장소이다. 이 장소를 대각전이라 칭한 이유는 소태산의 교화 경륜이 대각을 통해 이루어졌고, 원불교 교도들의 신앙과 수행의 궁극적 목표가 깨달음을 통한 성불제중에 있기 때문이다.

대각전은 신앙의 대상인 법신불 일원상이 모셔져 있는 불단을 중심으로 불전 도구가 진열되어 있는데, 불전 도구로는 촛대와 향로, 좌종, 경상, 목탁, 죽비 등이 있다. 이러한 불전 도구는 각종 의례를 진행하는 데 사용한다.

대각전을 출입할 때는 기본적인 예절을 지켜야 하는데, 먼저 대각전의 불전에 참배할 때는 불단에 나아가 향을 사른 후 법신불 전에 4배를 올린다. 의식이 진행되는 중에 출입할 때는 서서 대례大禮로 1배를 올리는 것이 보통이며, 항상 경건하고 엄숙한 태도로 출입하는 것이 법당 출입 시 기본 예절이다.

교당에서 이루어지는 일

교당에서는 각종 법회와 훈련, 의례, 교화단회, 상담, 순교, 봉공 활동 등의 종교활동이 행해진다. 법회는 어린이법회, 학생법회, 청년법회, 일반법회 등 대상별로 법회를 개설 운영하고 있으며, 특정 단체를 위한 법회, 야회, 특별 법회 등도 있다. 훈련은 교법을 몸에 익혀 더욱 성숙한 종교인이 되게 하는 교육과정이다. 그 분야로는 좌선坐禪, 재가교역자훈련, 단장·중앙훈련, 신입교도훈련 등이 있다. 의례는 월초기도, 보은기도, 생일기도, 특별기도와 같은 각종 기도와 열반인의 완전한 해탈 천도를 축원하는 천도재, 열반기념제 같은 제사 등이 행해진다. 교화단회는 매월 1회 단원의 친목과 경전 공부를 목적으로 실시된다. 상담은 신앙상담이 중심이 되며, 교무와의 대화를 통해 공부의 올바른 방향을 찾게 한다. 순교巡教는 교도 가정의 방문을 통해 교도의 신앙과 수행 정도를 점검하며 지도하는 것이다.

또한 지역사회와 연계하여 소년·소녀 가장 돕기, 무의탁 노인 돕기, 자선단체 봉사 활동 등 이웃의 그늘지고 어두운 곳을 찾아 꾸준하게 봉사 활동을 펼치고 있다. 또한 도덕성 회복 운동, 시민운동, 종교연합 운동 등 사회정의와 평화를 위해 지역사회의 활동들을 전개하고 있다.

교당의 조직은 교화조직으로는 10인 1단의 교화단에 의해 운영되고 있으며, 운영조직으로는 의결기구로 교당교의회, 집행협의기구로 교화협의회를 두고 있다. 임원으로는 출가 교도인 교무는 직제상 교감교무, 주임교무, 보좌교무, 부교무가 있으며, 재가 교도는 교도회장, 부회장, 원무, 단장, 중앙, 주무, 순교가 있다. 더불어 특별한 목적을 수행하는 단체로서 봉공회, 청운회, 여성회 등이 조직되어 있다.

원불교 성직자가 되는 길

인간이 살아가는 모습을 보면 천차만별이요, 그 직업의 유형도 헤아릴 수 없을 정도로 다양하다. 직업에 귀천이 없고, 차별이 없다고는 하지만 어느 직업을 갖느냐에 따라 그 사람의 일생이 보람 있는 삶이냐, 아니냐가 결정된다. 아무리 그 일이 보람 있고 가치 있는 일이라고 하더라도 누구나 쉽게 할 수 없는 일이 있는데, 그 중 대표적인 것을 들어보면 '성직聖職'을 꼽을 수 있다.

흔히 성직자는 스님, 신부, 목사 등과 같이 종교상의 직분을 맡은 교역자를 지칭한다. 성직의 길은 누구에게나 열려 있다. 그러나 아무나 쉽게 선택할 수는 없다. 그 삶에는 부단한 자기 극복의 노력이 요청된다. 자신만을 위한 삶이 아니라 오히려 나를 버리고 남을 위해서 사는 삶이 성직의 길이기 때문이다.

전무출신

원불교에서는 원불교 교법을 믿고 실천하는 사람을 '교도'라고 하며, 출가 교도와 재가 교도로 구분한다. 출가 교도는 전문적으로 성직을 수행하는 사람으로서 원불교에서는 이들을 총칭하여 '전무출신專務出身'이라고 한다. 전무출신이란 나[我]라는 국한을 뛰어넘어 오로지 공도사업公道事業에 전념하는 사람이라는 뜻이다.

원불교의 교역자 중에서 전무출신은 일반적으로 '교무敎務'라는 호칭으로 널리 알려져 있다. 교무란 '일원상의 진리와 소태산의 가르침을 전하기 위해 오롯이 힘쓰는 사람'을 말한다. 가르친다는 것은 원불교 교법을 가르친다는 것이며, 부처가 되는 공부를 가르친다는 것이다. 대부분의 교무는 원불교의 교화기관, 교육기관, 자선기관 등에서 근무하며 임무를 수행한다.

교무가 되기까지

교무 양성에 있어서 그 출발은 '선발'이다. 원불교 교역자 양성기관은 학부 과정인 원광대학교 원불교학과[전북특별자치도 익산], 영산선학대학교 원불교학과[전라남도 영광]가 있고, 대학원과정으로 원불교대학원대학교 원불교학과[전북특별자치도 익산], 미주선학대학원대학교 원불교학과[Won Institute of Graduate Studies, 미국 펜실베이니아주 필라

델피아]가 있다.

교무의 추천을 받은 지원자를 대상으로 대학 입시 전형에 앞서 원불교 전무출신 지원자 심사위원회에서 선발한다. 선발기준은 성직을 수행하는 데 기본이 되는 요소들을 중점으로 마련되어 있다. 원불교 교법에 대한 신심, 성직을 수행하겠다는 굳은 의지로서의 서원, 성직 수행에 필요한 건강과 능력 등이 그것이다. 신체검사, 적성검사와 인성검사, 면접 등을 통해서 종합적인 내용을 검증하게 된다.

선발 과정을 거쳐 합격한 사람은 원광대학교나 영산선학대학교에 진학하여 공동생활을 하며 매 학기 진급 심사에 합격하고 학사학위를 취득해야 한다. 대학 졸업 이후에는 원불교대학원대학교나 미주선학대학원대학교에서 공동생활을 하며 석사학위를 취득해야 한다. 그리고 정식으로 교무 자격을 취득하게 된다.

정규 교육 기간은 6년이지만, 수학 과정에서 개인 선택에 따라 원불교의 각 기관에서 근무하는 '예비교육 과정[2년]'까지 거치게 되면 최소 8년이 소요된다. 그 기간에는 각종 훈련과 점검을 통해 성직 수행에 필요한 자질과 능력을 점검받게 된다. 따라서 교무 한 사람이 배출되기까지 많은 시간과 공력이 뒤따르게 된다.

대학원 과정을 거쳐 교역 일선에 나서게 되면 이때부터 '교무'라는 호칭으로 불린다. 성직의 삶이란 단순히 교육과정을 마쳤다고 해서 완성되는 것이 아니기 때문에 교역 일선에서 부단한 자기 노력이 수반된다. 끊임없이 진급하는 성직자의 삶을 위해 교단

출가식 후
대종사성탑에서 기념사진

에서는 매년 1회씩 교무훈련을 통해 자신의 공부를 점검하고, 변화하는 시대에 대처할 지식과 교화 역량 배양을 위해 재교육을 시행하고 있다.

원불교 성직을 수행하는 전무출신들이 성직의 신조信條로 삼고 있는 '전무출신專務出身의 도道' 5조에는 "성직聖職은 누가 맡긴 직이 아니요, 스스로 맡은 천직天職인 동시에 대도大道의 주인이요, 하늘마음을 대행하는 천지天地의 주인이니라."고 밝히고 있다.

교무는 끝없이 성불을 향해 노력하는 수도인이며, 또한 나 자신을 위한 삶이 아니라 공익을 위해 사는 봉공인奉公人이다. 나 없으매 큰 나가 드러나고, 내 집 없으매 천하가 내 집이 아님이 없는 낱 없는 마음으로 큰 집 살림을 하는 삶이 바로 전무출신의 삶이요, 원불교 교무가 걸어가는 성직의 길이다.

가정을 이룬 교무와 독신자 교무

원불교의 성직자 하면 보통은 여자 교무를 떠올리기 마련이다. 검정치마 흰 저고리를 입고 머리를 단정히 올린 여자 교무는 원불교를 상징하는 성직자로 알려져 있다. 검소와 순결을 상징하는 여자 교역자의 복장과 외모를 통해 원불교 성직자의 이미지가 형성되어 왔다. 여자 교무가 원불교의 성직자로 대표되다 보니, 원불교에는 남자 성직자가 없는 줄로 아는 사람들이 많이 있다.

성직을 수행하는 데 있어 원불교만큼 남녀 차별이 없는 곳도 드물다. 일반적으로 대부분의 종교에서 여성은 성직 수행에 있어서 차별을 받았다. 석가모니 부처님도 처음에는 여성 수도자의 출가를 허용하지 않다가 많은 계율을 주어 겨우 출가를 허락했다. 또한 개신교의 경우 아직도 여성 목회자를 인정하지 않는 교단이 많이 있으며, 가톨릭의 경우 성당 안에서 이루어지는 의식은 신부만이 집전할 수 있다. 신부와 수녀의 성직 수행의 구분은 철저하다. 이에 비해 원불교는 성직 수행에 있어 남녀를 차별하지 아니하며, 오히려 여자 교무의 활동이 더 활발한 편이다.

정남 정녀

일반 사람들이 원불교 성직자에 관해 궁금해하는 내용 중 하나는 '교무는 결혼하는가?'라는 질문이다. 종종 '여자 교무는 왜 결혼할 수 없는가?'라는 물음도 뒤따르곤 한다.

먼저 교무의 결혼은 본인의 의사에 맡겨진다. 교무는 본인의 선택과 결정에 따라 결혼하기도 하고 평생 독신으로 살기도 한다. 참고로 불교의 경우 결혼을 하지 않는 남녀 스님을 각각 비구와 비구니라고 한다. 원불교에서는 결혼하지 않는 남자 교무를 정남貞男, 여자 교무를 정녀貞女라고 한다.

소태산 재세 시에는 결혼을 특별히 규제하지 않았다. 그러나 유교적인 전통 윤리가 지배해 온 한국 사회에서 여성의 결혼은 성직의 이미지와 부합되지 않는 사회 통념의 영향과 가사에 얽매어 성직에 전념할 수 없는 현실적 제약이 뒤따랐다. 그래서 여자 교무들이 자율적으로 정녀의 길을 선택해 왔다.

한편 2019년(원기104) 7월 수위단회에서 여성 교무 지원자가 의무적으로 제출해야 했던 서류 중에서 '정녀지원서'를 삭제하는 개정안을 통과시켰다. 이로써 여성 교무도 남성 교무와 마찬가지로 자율적인 의사에 따라 결혼을 선택할 수 있게 되었다.

결혼 여부에 따라 성聖과 속俗을 구분해서는 안 된다. 오직 성직의 길을 어떻게 걸어가느냐가 중요하다. 마찬가지로 소태산이 추구한 불법은 출가자 위주의 불법이 아니라 생활 속에서 불법을 실현하고, 불법을 통해 생활을 더욱 윤택하게 하는 것이다.

결혼한 교무와 정토

교무들의 경제생활은 어떻게 이루어지는가? 성직은 희생과 봉사의 직업으로, 그 직을 수행함으로써 경제적 풍요를 추구하지 않는다. 따라서 원불교에서는 정당한 일의 대가로 받게 되는 '월급'이라는 용어 대신 '용금用金'이라는 말을 사용한다. 용금이란 생활하는 데 기본적으로 필요한 최소한의 돈을 말하는데, 대부분 교역자가 용금을 받아 생활하고 있다.

결혼한 교무의 경우는 가족부양의 책임이 따르게 된다. 성직을 수행하는 교무들은 일반 직종에 종사하는 사람들처럼 일정한 급여를 받지 않기 때문에 교무들이 가정 경제를 책임지는 것은 힘들다. 따라서 대부분 교무의 배우자가 가정의 경제생활을 주로 책임지게 되는데, 결혼한 교무의 배우자를 '정토正土'라고 한다.

그리고, 정토들의 친목 단체로 '정토회'를 두었으며, 정토는 교무가 오로지 공도사업에 전념할 수 있도록 권장하고 밑받침한다. 땅이 세상의 만물을 밑받침하는 것처럼 정토는 교무가 전무출신의 길을 잘 걸어갈 수 있도록 가정사를 책임진다. 또한 정토 중에서 자격을 취득하여 교화 보조자로서 교단에 봉직하는 자는 '정무正務'라고 부른다.

원불교에서는 교무가 오직 공중사公衆事에만 전념할 수 있도록 배려하고 있으며, 정년 퇴임을 하게 되면 교단에서는 노후생활을 책임지고 있다. 퇴임한 교무들은 남녀별로 각 수양시설에서 생활하게 되는데, 평시에는 수양 생활로 낙도樂道하고, 교당을 순회하면서 법설을 통해 교도들을 감화시키는 법사法師의 역할을 하게 된다.

원불교인이 행하는 가정의례

예란 사람으로서 마땅히 지켜야 할 의칙儀則을 말한다. 공자孔子는 "예를 모르면 사람행세를 할 수 없다."라고 했으며, "예가 아니면 보지 말고, 듣지도 말고, 말하지도, 움직이지도 말라."고 했다. 전통적으로 한국인의 전통과 윤리를 지탱해 온 것이 예사상禮思想이었으며, 예의 실천을 통해 인간다움을 실현코자 했던 것이 우리 조상들이었다.

예의 가장 기본적인 출발은 나 자신이며, 확대하면 가정이라는 울타리이다. 가정에 관련되는 모든 의례를 '가례家禮'라고 하는데, 가례는 한 가정에서 자녀가 출생하고, 그에 따라 이루어지는 성년·혼인·회갑·상장喪葬·재齋·제사 등을 다루는 예법이다. 이 가례가 바르면 사회·국가의 예가 따라서 바르게 되고, 가례가 바르지 못하면 사회·국가의 예가 따라서 바르지 못하게 되니, 이는 가정이 곧 사회·국가의 근본이 되는 까닭이다.

예로부터 가례는 관혼상제冠婚喪祭가 중심이 되었다. 관혼상제는 한국의 대표적인 통과의식으로 성년, 혼례, 상장, 제사를 말한다. 한국인의 관혼상제 의식은 고려말에서 조선 초에 거쳐 형성되었다. 『문공가례文公家禮』 또는 『주자가례朱子家禮』로 불리는 예법이 조선왕조 500년을 지배하였다. 조선시대에 있어 예의 실천은 사람으로서 마땅히 지켜야 할 윤리 규범의 측면이 있지만, 예의 정신이 자칫 형식화되는 폐단을 낳기도 하였다.

원불교에서는 예의 근본정신을 더욱 살리고 형식과 허례로 치우친 과거 예법을 사실적이고 진리적으로 바로 세우기 위해 『예전禮典』을 제정하였다. 『예전』에 의하면 가례를 출생·성년·혼인·회갑·상장·재·제사로 밝히고 있는데, 그 내용은 다음과 같다.

출생에서 제사까지

출생은 사람이 세상에 나오는 처음이라, 그 일생에 제일 중요한 시기이며, 가정과 사회에서는 후사後事를 맡길 새 주인을 맞이하게 되는 일로 이 세상에 더할 수 없는 큰 일이다. 출생 예에 관한 내용을 살펴보면, 먼저 출생 후 7일이 되면 이름을 지어 세상에 알리는 명명식命名式을 거행한다. 또한 출생 후 7주가 되면 유아의 장래 혜복을 위하여 기원식을 하게 된다.

성년은 모태 중에서 출생한 자력 없는 어린 몸이 천지·부모의 생육하신 큰 은혜와 동포·법률의 보호하신 너른 혜택으로 차차 기골氣骨이 장성하고 기력이 향상되어 능히 자력 생활을 하게 되며, 나아가 가정·사회·국가에 하나의 독립된 인격체로 인정받게 됨을 의미한다. 성년식은 성년 됨을 축하하고, 인간 사회의 모든 의무와 권리를 부여하는 것이며, 자력 생활과 이타적利他的 보은행을 격려하는 의식이다.

혼인은 남녀가 서로 마음을 합하여 한 가정을 이루는 것이다. 이에 따라 자녀가 출생하며, 따라서 마을이 구성되고 사회·국가가 조직된다. 그래서 혼인은 곧 가정·사회·국가의 근원이 되는 것이다. 결국 한 사람 한 사람의 혼인이 정당함에 따라 사회·국가에 그만한 좋은 결과가 나타나고, 한 사람 한 사람의 혼인이 부당함에 따라 사회·국가에 그만한 낮은 결과가 나타나게 된다. 그래서 예로부터 혼인을 인간의 대사大事라 하여 의식 절차를 가장 정중히 하여 온 것이 사실이다.

회갑은 출생 후 60주년을 맞이하는 기념이다. 회갑을 맞이하는 사람에 있어서는 법신불 사은의 지중하신 은혜로 긴 세월을 지내 온 감사를 올리는 동시에 보은 사업에 얼마나 노력했는가를 반성하여 보자는 것이다. 또한 친척 또는 친구로서 법신불 사은의 은혜로 얻은 수壽의 기쁨을 축하하는 동시에 그의 일생에 끼친바 공덕을 찬양하고 여생을 더욱 격려하자는 것이다.

상장은 사람의 일생을 마치고 보내는 일이다. 상장의식 가운데에는 두 가지 의의意義가 있다. 하나는 친척과 친지로 하여금 그 정곡情曲을 풀며 절차를 갖추는 것이요, 또 하나는 죽은 자를 위하여 참다운 열반과 천도를 기원하는 것이다.

재齋는 열반인의 천도를 위하여 베푸는 법요행사法要行事이다. 보통 49일 동안 독경 축원 등으로 청정한 일념을 챙기게 하고 남은 착심着心을 녹이게 하며, 선도수생의 인연을 깊게 하는 동시에 헌공 등으로써 영가의 명복을 증진하게 하자는 데 목적이 있다. 그리고, 모든 관계인으로 하여금 이 기간을 통하여 추도 거상居喪의 예를 지키도록 하자는 것이다.

제사는 열반인에 대하여 추모의 정성을 바치는 것이다. 그 의식 가운데에는 두 가지 뜻이 있는데, 하나는 청정한 마음으로 불전에 발원하여 숙세宿世의 업장業障을 녹이고 도문道門에 인연을 깊게 하며 헌공금으로 공도사업에 활용하여 그 미래의 명복을 증진하고 사회의 발전을 돕는 것이다. 또 하나는 열반인의 재세 당시에 끼친바 공덕을 추모하며 자손 대대에 그 근본을 찾게 함으로써 보본사상報本思想을 권장하는 것이다.

원불교는 모든 예법을 실행하는 데 있어서 예의 근본정신에 충실하고 형식과 허례에 치우치지 않도록 한다. 그렇게 하여 절약한 금액으로 불사나 공익사업에 사용하도록 함으로써 예의 실질적인 실천을 강조하는 것이다.

제4장

원불교의 신앙과 수행

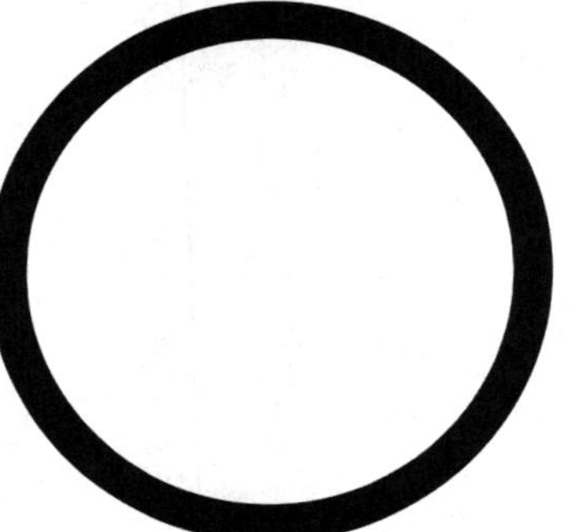

일심으로 비옵나이다

종교를 가진 사람과 신앙을 하는 이들은 누구나 절대자 앞에 겸허한 마음으로 정성을 모아 소원을 빌게 된다. 이를 통해서 마음의 안정을 얻을 수도 있고, 소원하는 바를 이룰 수도 있게 되는 것이다. 나아가 신앙생활에서 가장 중요한 것은 절대자와 신자의 만남이라고 할 수 있는데, 그 일상적 통로는 기도祈禱이다. 따라서 기도는 특별한 소원 성취를 위한 경우에만 국한하는 것이 아니라 지속적으로 이루어져야 한다. 이러한 행위를 원불교에서는 '심고心告'와 '기도'로 구분하여 교도들의 신앙심을 북돋아가고 있다.

원불교 교도들에게 있어서 심고와 기도는 매우 중요한 의미가 있다. 즉, 심고와 기도는 원불교인들이 법신불 일원상을 신앙의 대상으로 모시고 행하는 대표적인 신앙 행위이다. 법신불 사은과 거짓 없는 대화를 하는 것이요, 법신불 사은의 은혜와 위력을 간절히 염원하는 것이며, 법신불 사은과 하나가 되어 가는 것이다. 따라서 심고와 기도를 올릴 때는 경건하고 엄숙하며 진실되고 거짓 없이 해야 한다.

하나의 행사를 준비하고 추진할 때 그 행사를 후원해 줄 대상을 찾아서 교섭하는 것과 마찬가지로 사람이 세상을 살아가려면 자기의 불완전함을 보충하고 후원하는 힘이 필요하다. 그것이 타력他力이며, 자력自力이 타력의 근본이 되는 것과 같이 타력은 자력의 근본이 된다. 나아가 타력 가운데 절대적인 타력은 법신불 사은과 다름이 아니다. 따라서 없어서는 살지 못할 관계에 있는 천지·부모·동포·법률의 법신불 사은께 감사함과 동시에 그 은혜와 위력을 얻음으로써 원하는 바를 이룰 수 있음은 물론이요, 진리와 부합된 삶을 영위할 수 있는 것이다. 그리고, 그것을 실행하는 길은 심고와 기도에 있다.

먼저 심고心告는 한자의 뜻 그대로 마음으로 고하는 것인데, 자기가 마음먹고 있는 바를 속으로 묵묵히 고백하는 것이다. 그리고 기도는 자신이 원하는 바를 이루도록 빌고 또 비는 것을 말한다.

심고와 기도는 이렇게

심고와 기도는 어떻게 올리는 것일까? 그 방법은 우선 두 손을 모으고 "천지하감지위, 부모하감지위, 동포응감지위, 법률응감지위, 피은자被恩者 ○○○는(은) 법신불 사은전에 고백하옵나이다."하고 난 후에, 자신이 원하는 바를 기원하면 된다. 여기서 천지·부모·동포·법률은 사은을 뜻하고, 하감지위下鑑之位는 위에서 내려다보시고 보살펴주실 것과 응감지위應鑑之位는 좌우에서 응하여 보살펴주실 것을 바라는 말이다. 하감지위와 응감지위로 구분한 이유는 천지와 부모는 부모 항렬로 보고, 동포와 법률은 형제 항렬로 보기 때문이다. 또한 피은자는 은혜를 입은 사람이라는 말이므로, ○○○에 자신의 이름을 넣어서 한다.

심고와 기도의 종류에는 묵상심고와 실지기도·설명기도가 있다. 묵상심고는 자기 심중心中으로만 하는 것이고, 실지기도는 상대에게 기도하는 마음으로 대하는 것이며, 설명기도는 여러 사람이 잘 듣고 감동이 되어 각성이 생기도록 하는 것이다. 아울러 상대처가 있는 경우에는 묵상심고와 실지기도와 설명기도를 다 할 수 있고, 상대처가 없는 경우에는 묵상심고와 설명기도만 한다.

심고는 법신불 사은께 마음속으로 자기의 느낌을 고백하며 뜻과 같이 이루어지기를 비는 일이다. 입으로 소리를 내서 하지 않고 마음으로 법신불 사은께 자기의 느낌을 고백하고 소원을 이루어 달라고 빌며, 스스로 노력할 것을 다짐하는 것이다. 각종 법

회나 의식행사 때에 빠짐없이 들어있는 심고는 정신을 수양하는 좋은 시간이 되고, 진리 불공의 방법이 된다.

또한, 원불교의 모든 교도에게 부여되는 의무 가운데 '조석심고朝夕心告'가 있는데, 이것은 매일 아침과 저녁의 일정한 시간에 법신불 일원상을 향하여 두 손을 모으고 감사와 보은의 정성을 올리는 것이다. 아침 심고는 5시, 저녁 심고는 9시 30분으로 정하고 있으며, 아침과 저녁에 예를 올린다는 뜻으로 '신혼경례晨昏敬禮'라고도 한다. 조석심고를 올릴 때는 심신心身을 정결히 하여 법신불 전에 바로 서서 합장하고 절한 뒤 1분 정도 묵상으로 심고를 올리고 나서 두 번 경례한다. 첫 번째 경례는 과거·현재·미래의 삼세三世를 통해서 정신의 부모가 되어주셨던 스승님들께 올리며, 두 번째는 삼세를 통해 육신의 부모가 되어주셨던 모든 부모님께 올리는 경례이다.

심고와 기도의 정신은 같은 것이며, 그 내용도 별다른 구별이 없다. 다만 형식에 있어서 심고는 주로 일정한 장소나 의례가 없이 짧은 시간에 묵상으로 올리게 되고, 기도는 일정한 장소·일정한 시간·일정한 의례를 갖추고 올리게 된다. 정례법회 같은 경우에도 묵상으로 하면 묵상심고가 되고, 문안을 미리 작성하여 낭독하면 설명기도가 된다. 기도의 경우에는 설명기도와 실지기도로 구분하기도 하는데 설명기도는 기도문을 작성하여 의례의 절차를 갖추어 올리게 되고, 실지기도는 일상생활 속에서 대상에 따라 기도하는 마음으로 대하는 것으로 실지 불공과 같은 내용이 된다.

심고와 기도의 위력

심고와 기도를 정성껏 올리면 무위자연無爲自然한 가운데 상상하지 못할 위력을 얻게 된다. 예를 들어 과거 전설에 효자가 엄동설한에 죽순을 얻게 된 것이나, 원불교의 9인 제자들이 생명을 내건 법인기도를 통해 나타낸 백지혈인白指血印의 기적 등이 그것이다. 아울러 평소에 악한 마음이 자주 일어나 없애기가 힘이 드는 때에 정성스럽게 심고를 올림으로써 그 마음이 나지 않고 선한 마음으로 돌아가게 된다. 또한 습관적으로 악행을 자주 범하는 경우 그 죄를 고백하고 선행을 지성으로 발원하면 자연히 개과천선의 힘이 생기기도 한다.

그러나 심고와 기도를 할 때 서원誓願하는 바와 그에 따른 실행이 위반되면 도리어 법신불 사은의 위력으로써 죄벌이 있게 되므로, 이것을 명심하여 거짓된 심고와 기도를 하지 않도록 주의해야 한다. 아울러 몸과 마음을 깨끗이 하고 꾸준한 정성으로 계속함과 동시에 살·도·음 등의 범과犯過를 하지 않으며, 개인의 이익만을 위해서가 아니라 전 인류와 모든 생령을 위해서 심고와 기도를 올리는 것이 바람직하며 그 공덕이 더욱 크다.

원불교인의 하루 생활

우주와 진리는 돌고 돈다. 따라서 그 안에 살아가는 우리들의 삶도 반복된다. 하루하루 끊임없이 이어지는 삶은 어떻게 살아가는가에 따라 행불행幸不幸이 좌우되기 때문에 하루의 삶은 영원으로 이어진다고 할 수 있다. 그러면 원불교인들이 표준으로 삼고 있는 하루 생활은 어떠한지에 대해서 알아보자.

소태산은 원불교인들이 일상생활 속에서 수행해 가는 지침으로 '일상 수행日常修行의 요법要法'을 밝혔다. 나아가 일상 수행의 요법을 아침저녁으로 외우고, 그 내용을 마음에 대조하여 챙기지 않아도 저절로 되는 경지에 도달하도록 하라고 하였다. 사람의 마음이란 미묘한 것이어서 잡으면 있고, 놓으면 없어지기 때문에 챙기고 또 챙겨서 마침내 저절로 되는 경지까지 이르러야 한다고 강조한 것이다.

일상 수행의 요법은 원불교의 중심 교리를 9가지 실천 조항으로 제시하여 밝힘으로써, 생활 속에서 수행의 표준으로 삼도록 하였다. 그 전문全文은 다음과 같다.

> ①심지心地는 원래 요란함이 없건마는 경계를 따라 있어지나니, 그 요란함을 없게 하는 것으로써 자성의 정定을 세우자.
> ②심지는 원래 어리석음이 없건마는 경계를 따라 있어지나니, 그 어리석음을 없게 하는 것으로써 자성의 혜慧를 세우자.
> ③심지는 원래 그름이 없건마는 경계를 따라 있어지나니, 그 그름을 없게 하는 것으로써 자성의 계戒를 세우자.
> ④신과 분과 의와 성으로써 불신과 탐욕과 나와 우를 제거하자.
> ⑤원망생활을 감사생활로 돌리자.
> ⑥타력생활을 자력생활로 돌리자.
> ⑦배울 줄 모르는 사람을 잘 배우는 사람으로 돌리자.
> ⑧가르칠 줄 모르는 사람을 잘 가르치는 사람으로 돌리자.
> ⑨공익심 없는 사람을 공익심 있는 사람으로 돌리자.

그러면, 어떻게 일상 수행의 요법을 좀 더 구체적으로 하루 생활 속에서 실천하고, 생활의 기준은 어떻게 가져야 할 것인가? 하루 생활은 흔히 아침·낮·저녁으로 구분할 수 있는데, 원불교인의 하루 생활은 아침에는 수양 정진修養精進하는 시간, 낮에는 보은 노력報恩努力하는 시간, 저녁은 참회 반성懺悔反省하는 시간으로 그

대체적인 방향을 잡고 있다.

맑은 정신 고요한 마음

본래 아침은 우주의 기운이 고요히 안정된 상태며, 새로운 기운이 태동하며 꿈틀거리는 때이다. 그러므로 자연 속의 인간도 우주의 이러한 기운을 함께 하는 것이다. 따라서 이때 마음을 수양하면 크게 안정이 될 수 있다.

이것은 마치 봄에 씨를 뿌리는 것과 같다고 할 수 있다. 봄은 만물이 소생하는 계절이기 때문에 살아있는 동물과 식물은 모두 봄의 기운을 받아 새로운 힘을 얻을 수 있고 새로운 싹을 돋게 한다. 아침에 수양 정진하는 것은 바로 이러한 우주의 기운을 받아 새로운 생명의 기운을 얻을 수 있기 때문이다.

그 구체적인 방법은 크게 두 가지로 살펴볼 수 있는데, 좌선과 경전 봉독이 그것이다. 좌선은 마음을 안정시키는 최대의 비법이며, 경전을 봉독함은 마음의 지혜를 밝히는 큰 비법이다. 따라서 원불교 교도들은 아침 5시에 심고를 올린 후 최소한 1시간 동안 좌선을 하고, 5분간의 의두·성리 연마와 30분간 경전을 읽는 것을 생활화하도록 한다.

보은의 일터에서

만물이 살기 위하여 끊임없이 움직이는 시간은 낮이다. 그 때문에 이런 이치를 벗어날 수 없는 우리도 삶을 살아가되 보은하는 것을 기본으로 하여 움직이자는 것이 보은 노력의 정신이다. 법신불 사은으로부터 헤아릴 수 없는 은혜를 입었고, 한순간도 은혜를 떠나서 살 수 없으며, 그 은혜를 갚아야 하는 것이 마땅한 일이다.

은혜를 갚는 길은 여러 가지가 있다. 그중에서 무엇보다 은혜를 발견하는 것이 우선되어야 한다. 무엇이 나에게 은혜로운 것인가를 모르고는 은혜를 갚을 수 없기 때문이다. 그러므로 일상생활에서 은혜를 발견하는 노력으로 살아가는 것이 중요하다.

예를 들어 부모님은 나에게 어떤 은혜를 주었으며, 주고 있는가? 나의 아내와 남편, 자녀와 일가친척, 친지와 친구들은 나에게 어떤 은혜를 주고 있는가? 동물과 식물 등은 나에게 어떤 은혜를 주고 있는가를 찾아내는 노력으로 삶이 이어져야 하고, 그 은혜에 보답하는 자세로 살아가야 하는 것이다.

내일을 다짐하며

현대사회를 살아가는 사람들은 저녁을 대부분 휴식과 향락의 시간으로 사용한다. 따라서 어떻게 보면 밤과 낮이 뒤바뀐 것 같기도 하고, 밤낮이 따로 없는 것 같기도 하다. 이러한 생활 속에서 절대적으로 부족한 것은 참회와 반성이다. 가족들과 함께 모여 대화를 나누는 시간이 아주 드문 것은 물론이요, 자신의 삶을 돌이켜 보고 잘못을 참회하는 시간이 거의 없는 실정이다. 따라서 원불교인의 저녁 생활에 가장 중요한 부분은 자신의 하루 생활을 되돌아보고 잘못을 저질렀을 경우 곧바로 법신불 사은께 고백하고 참회하는 시간이다.

참회와 반성의 구체적인 방법은 심고와 일기를 들 수 있다. 오후 9시 30분에 올리는 저녁 심고를 통하여 법신불 사은께 하루의 생활을 반성하는 기회로 삼고 나서, 그날의 일과를 돌이켜 점검하고 기재하는 일기를 통해서 참회의 시간과 반성·감사하는 시간을 갖는다. 그럼으로써 죄의 굴레 속으로 빠져들기 쉬운 현대사회에서 올곧은 존재로 자리매김할 수 있게 된다.

한순간의 무한한 연속이 곧 영원이듯이 하루하루의 연속이 일생과 영생으로 이어진다. 인간의 한평생이란 하루하루의 생활이 쌓여 이루어진 것이다. 일생이 쌓여서 영생으로 이어지듯이 하루하루를 소중하게 살아갈 때 일생을 가치 있게 살게 되는 것이며, 그 가치는 영생으로 지속된다. 따라서 원불교인의 하루 생활과 일생과 영생은 아침에 수행 정진하고, 낮에 보은 노력하며, 저녁에 참회 반성하는 것으로 연속한다.

마음공부 길잡이

인간은 자유와 행복을 추구하는 동물이다. 따라서 언제나 '진정한 자유와 행복이란 무엇인가?'하는 물음을 자신에게 던짐은 물론이요, '그것을 누리기 위해서 우리는 어떻게 해야 하는가?'라는 질문에 해답을 구하려고 노력한다. 어떤 사람은 '자기가 하고 싶은 일을 하는 것'을 자유와 행복이라고 말하기도 하고, 또 어떤 이는 '물질적 여유를 가지고 그것을 잘 활용할 수 있는 정신력이 함께 어우러진 상태'를 자유롭고 행복하다고 여긴다.

그러면 우리는 지금 자유롭고 행복한가? 과학과 문명이 풍요롭게 발전함에 따라서 인간에 대한 인간의 직접적인 구속과 지배는 사라지고 있지만, 거대한 조직이나 화려한 물질문명 속에 자유와 행복은 함몰되었다. 또한 바쁜 현대생활은 우리를 도리어 물질의 노예로 만들고 각종 스트레스에 찌들게 하며, 무엇인가에 쫓기는 듯한 삶으로 빠져들게 하고 위기감을 느끼게 한다.

또한 어린 자녀들에게 장래의 행복을 마련할 목적으로 피아노를 가르치고, 태권도·컴퓨터·외국어 등을 가르치며, 주부들은 요리와 화장법을 배운다. 물론 어느 분야든지 배우는 것이 중요하지만 무엇인가 중요한 것을 놓치고 있다는 생각을 떨쳐버릴 수는 없다. 정작 행복을 좌우하고 모든 공부의 근본이 되는 마음공부는 하지 않는 것이다. 사람들이 마음공부를 하지 않는 것은 마음공부의 중요성을 모르거나, 그 방법을 알지 못하기 때문이다. 마음공부 하는 법이 원불교의 교법이고, 그 방법을 가르치는 곳이 교당이다.

대산이 종법사가 되기 전에 기차를 타고 어느 곳을 가다가 겪은 일이다. 기차가 한참 달리는 중인데 뒤쪽에서 "불이야!"하는 소리가 들리더니 연기가 일어나고 사람들의 아우성이 들리기 시작했다. 그때 사람들은 그 소리에 놀라서, 가지고 있던 짐이며 가방들을 내동댕이치고 앞쪽으로 피하려고 몰려들었다. 그래서 불에 사람이 데이고 다치는 것이 아니라, "불이야!"하는 소리에 사람이 사람을 밀고 밟고 덮쳐서 다치는 소리가 차마 들을 수 없을 지경이었다. 그때 뒤쪽을 살펴보니 불이 금방 번져오는 것도 아니고, 일어나면 다칠 것이 뻔해서 마음을 안정하고 앉아 있으니, 잠시 후에 불이 진압되었다. 사람들은 그때야 비로소 짐을 찾고 아이를 찾으며 다친 사람들의 울부짖음이 아우성을 이루었는데, 대산의 옆에 있던 할아버지 한 분이 "도대체 당신은 무슨 공부를 하였기에 그렇게 여유가 있습니까?"라고 물었다고 한다.

우리는 바쁠수록 여유를 가지고 급할수록 한 걸음 늦추어 행동해야 할 필요가 있다. 여유 있는 마음은 인생을 관조할 수 있는 멋이 있고, 삶을 성공하게 하는 비결이 된다. 온전한 생각으로 취사하기를 주의하는 마음공부가 이러한 삶을 가능하게 만든다.

마음공부의 방법

원불교의 삼학은 정신수양·사리연구·작업취사를 말하며, 일원상의 진리를 깨쳐서 일원의 위력을 얻고 일원의 체성에 합하는 수행방법이며, 행복과 자유를 얻게 하는 공부법이다. 자유와 행복에 대한 정의를 잘 내린다고 해서 행복한 것은 아니다. 지금 이 시각과 장소가 편안하지 않고, 생각이 다른 곳으로 흩어진다면 자유와 행복은 우리와 떨어져 있는 것이다. 우리들이 원하는 자유와 행복은 과거형도 아니고, 미래형도 아닌, 현재형이기 때문이다. 그러므로 지금 여기에서 삼학 공부에 전념하는 것이야말로 자유와 행복의 원천이다.

자유란 어디에도 묶이지 않는 삶을 말한다. 신선, 부처, 성자들이 그러한 자유를 누리고 간 사람들이다. 그렇게 되려면 정신의 수양력을 얻어야 하는데, 정신이란 마음이 두렷하고 고요하여 분별성分別性과 주착심住着心이 없는 경지를 말한다. 생각을 이리저리

나누어서 가리는 것을 분별성이라 하고, 어느 한편에 집착하거나 머물러 있는 마음을 주착심이라고 한다. 이러한 분별성과 주착심을 없애서 본래 고요하고 원만한 마음자리로 돌아가는 것이 수양이다.

가령 책을 읽을 때 우리의 정신이 책의 내용에 집중되지 않고, 어떤 걱정거리에 사로잡혀 있거나 분열되어 있다면 온전함을 잊은 것이다. 이처럼 정신수양은 매사에 정신의 온전함을 회복하고 느끼는 작업이다.

우리의 삶은 매우 혼잡하고 분열되어서 시시때때로 온전함을 잊고 있다. 따라서 정신수양을 통해서 온전해지는 힘을 길러야 한다. 수양은 닦을 수修, 기를 양養이라는 글자에서 나타나듯이 더러운 것을 걸레로 말끔히 닦아내는 것 같이 온전함을 잃고 오염된 마음을 닦는다는 것이다. 더러워졌다는 것은 원래 깨끗했다는 것이므로, 우리의 마음이 어떻게 더러워지는가를 깊이 성찰하고 닦아내는 공부가 필요하다. 그리하여 맑고 밝아서 원래 닦을 것도 없는 마음을 자각해야 한다.

이 세상은 천조天造의 대소 유무의 이치로 건설되고 인간의 시비 이해로써 운전해 간다. 따라서 대소 유무의 이치와 시비 이해의 일을 깨달아 실생활에 활용하는 것이 중요한데, 이 공부가 사리연구이다. 천지자연의 근본 이치를 연구하여 깨달음을 얻는 동시에 우리가 살아가면서 겪는 일에 있어서 어떤 것이 옳고, 그르고, 이롭고, 해로운지를 분석하는 힘을 기르기 위해 연구를 하는 것이다. 그럼으로써 모든 일을 당하기 전에 밝게 분석하고 빠르게 판단하여 바른 지혜를 얻을 수 있다.

대소 유무와 시비 이해가 서로 어울려 있음을 우리는 쉽게 확인하게 된다. 그 방법의 하나로서 망원경으로 우주를 관찰하면 무수한 은하계가 있으며, 그중에서 지구는 하나의 티끌에 불과하다고 볼 수 있다. 그리고 '나'라는 존재는 지구 속의 수십억 인구 중 하나이니, 정말이지 티끌 중의 티끌이 아닐 수 없다. 하지만 현미경으로 나의 몸을 추적해 보면 헤아릴 수 없이 많은 각종 세포가 조화를 이루고 조직되어 생명을 유지하고 있음을 볼 수 있다. 따라서, 나는 엄청난 은하계의 공동체로서 대大 속에 소小가 있고, 소 가운데 대가 있어서 유무의 조화에 따라 한 생명체로서 존재하는 것이다. 이처럼 상호 연관관계에 있는 진리의 근본적인 문제를 해결하기 위한 연구력을 얻기 위해서 우리는 성현들이 밝힌 경전을 자주 읽고 묻고 배우며, 의심을 하고 연마하여 깨침을 얻어야 한다.

작업취사는 몸과 마음을 사용할 때 정의는 죽기로써 취하고 불의不義는 죽기로써 버리는 것이다. 평소에 정신을 수양하여 수양력을 얻고, 사리를 연구하여 연구력을 얻었다고 하더라도 생활에서 실행을 잘못하면 수양과 연구의 가치가 드러나지 못한다. 보기에만 좋은 납 도끼처럼 아무런 쓸모가 없게 되는 것이다.

자신이 알고 한 행동이든 모르고 한 행동이든 간에 일단 실행으로 옮겨지면, 그것은 무형한 진리의 밭에 뿌려진 씨가 되어

훗날에 인연이 되면 뿌린 대로 거둘 수밖에 없게 된다. 그러므로 우리는 선악 간의 모든 결과에 대하여 남을 원망할 수 없고, 오직 자신이 스스로 책임질 수밖에 없다. 따라서 무슨 일을 하거나 마음을 사용할 때 옳은 일은 실행하고 그른 일은 하지 않는 결단력을 길러서 법신불 사은께 보은하고 복을 지어가야 한다. 그럼으로써 자신이 각자의 조물주가 되어 끊임없이 자기 행복과 자유를 만들어가게 된다.

이처럼 삼학 공부는 일원상의 진리를 깨치고 실천하고 체험하는 길이며, 자기의 마음을 자유자재로 사용하는 길이다. 그리고 삼학 공부를 할 때는 믿음·분발·의문·정성의 네 가지로 추진력을 얻어서 해야 하고, 정신수양·사리연구·작업취사의 어느 한편에 치우치지 않고 동시에 아울러 닦아나가는 것이 중요하다.

원망생활을 감사생활로 돌리자

육신의 병이 사람의 생명을 위태롭게 하는 것처럼 세상도 병이 들면 유지 발전하기가 어려운 것은 분명하다. 또한 그러한 맥락에서, 우리들이 사는 세상의 건강 상태를 살펴볼 때 각종 병에 시달리고 있다는 진단이 가능할 것이다.

오늘날 사회에는 인생의 온갖 향락과 욕망을 달성함에는 돈이 먼저 필요하다는 것을 알게 된 사람들이 의리나 예의, 염치보다 오직 돈을 중요시하게 되어 모든 윤기倫氣가 쇠해지고 정의情誼가 상하는 현상이 나타나고 있다. 그러한 실례實例는 신문이나 뉴스를 통해서 어렵지 않게 접하게 된다.

한번은 추석을 맞아 큰형 집에 모인 교수, 의사, 사업가 삼형제가 얼마 전 돌아가신 아버지의 유산 배분문제로 말다툼이 일어났다. 그러다가 발길질이 오가는 난투극이 벌어지고, 심지어는 가

스총을 쏘며 소란을 피우다가 주민들의 신고로 경찰에 연행되어 구속 입건된 사건이 보도된 적이 있다. 이는 실로 '돈의 병'으로 인해 빚어진 사건이라고 하지 않을 수 없다.

세상을 자세히 살피면 도처에 병마가 깊이 뿌리내리고 있음을 발견하게 된다. 소태산은 이러한 병맥病脈을 '돈의 병'과 함께 '원망의 병·의뢰의 병·배울 줄 모르는 병·가르칠 줄 모르는 병·공익심이 없는 병' 등으로 진단하였다. [『대종경』 교의품 34] 그중에서 원망의 병을 들어 말하면 개인·가정·사회·국가가 서로 자기의 잘못은 알지 못하고 상대방의 잘못만 살피며, 남에게 은혜 입은 것은 알지 못하고 자기가 은혜 베푼 것만을 생각하여 서로서로 미워하고 원망하는 것이다. 이에 따라서 만나는 인연마다 원수를 맺게 되고, 모든 것이 남의 탓으로 여겨져서 불만과 불평이 그치지 않게 됨은 물론 크고 작은 싸움이 그칠 날이 없게 된다.

네 덕, 내 탓

하지만 법신불 일원상을 올바르게 신앙하는 사람은 그렇지 않다. 세상을 살아가다 보면 크고 작은 굴곡을 겪게 되는데, 좋은 일이 생기면 법신불 사은께 감사를 올리고 궂은 일이 돌아오면 지난날 자신이 알고도 짓고 모르고도 지은 죄업으로 인해 나타난 결과임을 믿으며 참회의 마음을 갖는 것이다.

이처럼 진정한 원불교인들은 기쁘고 즐거운 상황에 놓이면 '네 덕'임을 잊지 않는 것은 물론이요, 아무리 견디기 힘들고 괴로운 지경에 처하더라도 '내 탓'임을 자각한다. 그럼으로써 모든 희로애락喜怒哀樂을 대할 때마다 마음이 더욱 묶어지고 신앙이 더욱 깊어져서 낙원의 생활을 하게 되는 것이다. 따라서 좋은 일에 감사하는 마음으로 사는 것은 기본이고, 원망할 일조차 감사생활로 돌리는 것이 원불교인의 참다운 신앙생활이다.

사람들은 흔히 당장 자신의 눈앞에 벌어지는 이익에만 집착하여 시비 이해를 따진다. 그래서 자기에게 이로운 것은 옳은 것이고, 해로운 것은 옳지 않은 일이라고 주장한다. 또한 자신에게 열 번을 잘 해준 은인이라도 한 번 잘못하면 원망을 그칠 줄을 모른다. 일을 하다 보면 상대방에게 이로움을 주려고 한 일이 간혹 잘못되어 해로움을 주는 수도 생기게 마련인 것을 염두에 두지 않는 것이다.

조금 더 멀리 바라보고 깊이 생각해 보면 세상의 모든 것들이 은혜 아닌 것이 없다. 그러므로 남을 위하여 무슨 일을 할 때에는 반드시 미리 조심해야 하며, 그러한 경우로 해를 입은 사람은 그 본의를 생각하여 감사할지언정 그 결과의 해로운 것만 들어서 원망하지 말아야 한다. 이처럼 자기에게 열 번 잘못한 사람이라도 한 번 잘하면 감사하게 여겨서 평화와 안락安樂을 불러오는 것이 원불교인의 자세라고 할 수 있다.

사람들이 불평과 원망의 생활에 빠져드는 원인은 이기적인 욕심과 시기 질투에서 비롯된다. '종록자 불견산從鹿者 不見山'이라는 말이 있다. '사슴을 따라가는 사람은 산을 보지 못한다.'라는 말이다. 사슴 한 마리를 잡으려고 막 쫓아가는 사람에게 산이 얼마나 위험한지 그 눈에 보이겠는가? 마지막까지 저 죽는 것도 잊어버리고, 자기가 죽을 지역에 들어가는 것도 모른다. 욕심, 그것만이 있을 뿐이다.

이렇듯 욕심부리고 시기 질투하는 동안에는 아무것도 보이는 것이 없어진다. 더불어, 오로지 자기 자신만의 이익을 추구함으로써 빚어지는 원망생활은 이로움을 가져오기보다는 오히려 해로움과 상극相剋을 낳는다.

반면에 감사생활은 법신불 사은에 대한 보은의 길임과 동시에 상생相生을 불러온다. 원망생활을 감사생활로 돌림에 따라서 오랜 세월에 맺혔던 원한이 점점 풀어지고, 늘 법신불 사은의 도움을 받게 된다.

아울러 개인으로부터 세계에 이르기까지 평화를 요구하면서도 평화를 얻지 못하는 것은 서로 은혜를 모르거나 알고도 보은의 실행이 없기 때문이다. 따라서, 천지·부모·동포·법률의 네 가지 큰 은혜를 발견하여 모든 사람이 보은하고 감사하는 생활을 함으로써 참다운 세계평화가 구현될 것이다.

평등사회 건설을 위하여

이상사회의 모습은 자유와 평등이라는 명제가 실현되어야 한다고 우리들은 믿는다. 그러나, 자유와 평등은 서로 모순되는 개념이다. 개인에게 주어지는 무한한 자유는 불평등을 낳고, 평등을 구현하려면 자유는 제약을 받기 마련이다. 그렇다고 해서 자유와 평등의 공존을 포기해야만 하는 것일까? 그렇지 않다. 우리는 개인의 자유를 최대한 확보하면서, 사회의 평등을 구현하려는 노력을 최대한 경주해야 한다.

자유는 남에게 구속받거나 무엇에 얽매이지 않고 자기 의지대로 행동하는 것을 말하고, 평등이란 차별이 없이 고르고 한결같음을 말한다. 따라서, 자유·평등사회는 인류가 구현하려는 이상적인 사회의 모습이라고 할 수 있다. 그러나 현실 세계는 구속과 억압이 있고 차별과 전쟁이 있어서 천차만별이다. 잘살고 못사는 사람, 귀하고 천한 사람, 권세 있고 없는 사람, 배우고 못 배운 사람, 재능 있고 없는 사람, 지혜롭고 우둔한 사람 등 수많은 차별이 있다. 민족의 차별, 계급의 차별, 남녀의 차별이 남아 있는 것도 부인하기 어렵다. 그러면 사회의 모든 구성원이 공평하고 균등하게 살아갈 방법은 없을까?

누구나 만족하는 완전한 평등은 지금은 물론이고, 먼 장래에도 이루어지기 어렵다고 본다. 하지만 최소한 기회의 균등이라는 기초적 평등 이념 위에 진정한 평등사회를 이루기 위한 개개인의 노력은 끊임없이 계속되어야 한다.

홀로서기

그 노력의 첫째 단계로 우리는 무엇보다 '홀로서기'를 해야 한다. 자신의 힘으로 세상을 살아갈 수 있어야 한다는 말이다.

홀로서기를 하려면 정신과 육신, 그리고 경제라는 세 가지 면으로 자주력을 갖추는 것이 바람직하다. 정신의 자주력과 육신의 자활력, 경제의 자립력을 장만함으로써 홀로서기가 가능해진다. 그중에서 정신의 자주력이 밑바탕이 되어야 함은 물론이다. 정신의 자주력이 없는 육신의 자활력이나 경제의 자립력은 모래 위에 지은 누각과도 같다.

사람이라면 누구나 건강하고 건전한 정신에 바탕을 두고서 육신의 자활력을 발휘하여 경제의 자립력을 갖추어내야 한다. 그렇지 않고서 단순히 재물이 많은 사람, 특히 부잣집에 태어난 결과로 돈 많은 사람은 사실 그것이 축복만은 아닐 수도 있다.

물론 매 끼니를 걱정하고 잠잘 곳을 걱정해야 하는 사람들에겐 황당한 얘기로 들리겠지만, 만약 당신이 수천억의 돈이 있고 할 일은 전혀 없는 상태, 즉 소비 이외에 생산적인 일은 전혀 할 수 없는 상태에 있다고 가정해 보자. 그것이 과연 밖에서 일하고 집에 와선 가족과 함께 식사하고 담소하며 즐겁게 보내는 생활과 바꿀 수 있을까?

하룻밤 몇백만 원의 유흥비, 세계 최고급 옷, 비싼 수입차, 그리고 멋진 이성… 하지만 결국 이런 생활을 하는 사람들은 정신의 자주력이 한계에 도달해서 마약이나 도박 등에 빠지게 되는 경우를 쉽게 볼 수 있다.

또한, 자신의 힘으로 살아갈 수 있음에도 의타심이나 나태함으로 인해서 남의 도움을 받고 의지하며 살려는 태도를 버려야 하는 것이 우선되어야 한다. 혈연과 지연, 학연 등을 이용하여 부당한 특혜를 보려는 생각도 버려야 한다. 이러한 홀로서기는 자신이 차별당하지 않는 길임과 동시에 평등사회 건설에 참여하는 길이기도 하다.

묻고 배우기

평등사회를 이루기 위해서 우리가 기울여야 할 또 하나는 '묻고 배우기'이다. 사람은 평생을 배워도 아는 것보다 모르는 것이 더 많다. 조금 안다고 해서 그 아는 것에 만족하면 발전이 없다. 모르는 사람은 아는 사람에게, 배우는 사람은 가르치는 사람에게, 어리석은 사람은 지혜로운 사람에게 묻고 배워야 한다. 만약 묻고 배우지 않는다면 발전이 없다. 아무리 물질적으로 풍요롭게 산다고 할지라도 배움을 놓아버리면 문명·문화와는 거리가 멀어지고 결국은 야만의 세계로 떨어지게 된다.

따라서 언제 어디서나 배움의 자세를 놓지 않는 평생교육을 통해 무지에서 벗어나야 한다. 이것이 자기 자신을 발전시키는 길이다. 학교를 졸업했다고 해서 묻고 배우는 생활과 동떨어진 삶을 살아가는 것은 옳지 못하다. 여유가 생기면 술과 오락에 빠지고 자동차·가구 등을 새것으로 바꿀 생각을 한다면 우리의 지적, 도덕적 수준은 향상되기 어렵다. 옷이나 기타 치장에 과도하게 시간과 돈을 투자하는 것도 저차원의 행동이다. 화려한 장신구보다 유익한 책 한 권을 사서 읽는 것이 삶을 더욱 풍요롭게 하고 평등사회를 가능하게 한다. 정보와 지식의 비중이 높아지는 사회를 살아가기 위해서 끊임없이 묻고 배우는 것이 절대적으로 필요한 것이다.

국한 없이 가르치기

'국한 없이 가르치기' 역시 평등사회를 앞당기는 요건이 된다. 우리 주위에는 빈부귀천의 차별, 민족·종족의 차별 현상 때문에 아무리 배우고 싶어도 배움의 기회를 얻지 못하여 발전의 기회와 가능성마저도 박탈당하는 경우가 적지 않다. 따라서 인간 사회의 모든 차별 현상을 개선하고, 내 자녀와 남의 자녀라는 국한을 두는 차별을 타파하여 모든 인류가 다 함께 배움의 기회를 균등히 누릴 수 있도록 해야 한다. 남의 자녀가 교육을 제대로 받지 못하여 가난과 무지·범죄에 시달릴 때, 내 자녀만은 그 영향을 받지 않고 잘 살기를 바라는 일은 어리석은 기대에 불과하다. 그래서 장학사업이나 입양 자녀 키우기 등을 통해서 국한 없는 가르침을 실천할 수 있다.

교육은 국가의 백년대계인 동시에 인류의 무한한 발전을 전망해 주는 것이다. 내 자녀와 남의 자녀, 선진국과 후진국, 민족과 국가의 한계를 극복하고 모든 인류가 함께 배울 수 있어야 한다. 그래야만 문명 세계가 건설되고 인류의 미래가 무한히 발전하는 것이다.

더불어 함께 살기

아울러 '더불어 함께 살기'를 꼽을 수 있다. 사회는 다양한 조직과 제도 속에서 존립하는데, 그 안에는 사회가 제대로 유지 발전되도록 자신의 희생을 감내하는 자세가 필요하다. 그렇게 사는 사람이 없다면 사회의 질서는 무너지고, 이기적 투쟁과 파괴가 판을 치게 될지도 모른다. 인간의 마음속에 욕심과 어리석음이 넘쳐나고, 사회에는 부정부패와 범죄와 부조리가 만연하면서도 인류 사회가 유지되고 발전하는 것은 더불어 사는 사람들이 있기 대문이다.

또한, 세상을 위해 살다 간 사람이 숭배를 받는 세상을 만들어야 한다. 남을 위해 마음을 쓰고 사는 사람들이 존경을 받아야 한다. 그래야 세상을 위하고 남을 위해서 살려는 사람이 많이 나오고, 우리 모두 함께 잘 살 수 있다.

작게는 어려운 이웃을 돕기 위한 모금에 동참하거나 생활 속에서 접하는 미담을 주위에 널리 알림으로써 함께 사는 사회를 만들 수 있다. 칭찬받을 만한 일을 한 사람들에게 아낌없이 칭찬하는 것도 쉽게 실천할 방법의 하나이다. 나아가서는 시민운동에 동참하는 것도 한 방법이 될 것이다. 이처럼 개인주의나 이기주의에서 벗어나 공도주의公道主義와 이타주의利他主義의 삶을 살아감으로써 인류 사회는 평등사회로 나아갈 것이다.

소태산은 원불교 기본교리의 하나로, 인류 사회를 평등사회로 향상 발전시키기 위해서 모든 인류가 함께 실천해야 할 네 가

원불교 재해재난구호대의 필리핀 태풍피해 지역 봉공 활동(2013)

지 요긴한 덕목을 제시했다. 자력양성·지자본위·타자녀교육·공도자숭배가 그것이다. 위에서 밝힌 '홀로서기, 묻고 배우기, 국한 없이 가르치기, 더불어 함께 살기'는 사요를 쉽게 풀이한 표현이다. 사요의 정신은 사회개조의 원리요, 평등세계 건설의 지름길이다. 자력양성으로 인권평등 세계를, 지자본위로 지식평등 세계를, 타자녀교육으로 교육평등 세계를, 공도자숭배로 생활평등 세계를 건설하는 것이다.

참 나를 찾아가는 길

일생을 열심히 살아온 사람이 노년에 접어들어서 자신의 삶을 회고하며 "내가 무엇 때문에 이처럼 바쁘게 살았는가?"라고 회한悔恨하는 경우가 있다. 그 이유 중의 하나는 '거짓 나[假我]'에 가리어 참다운 자신의 존재를 확인하지 못하고 주어진 현실에 쫓기듯이 살아온 데에서 비롯된다. 평소에 "주인공아! 주인공아!"라고 부르며, 어떠한 경우도 참다운 자신을 잃지 않으려고 노력했다는 사람처럼 '참 나[眞我]'에 충실한 삶을 살아야만 때늦은 후회를 방지할 수 있다.

현대사회와 선

정치와 경제로 대변되는 현대사회를 살아가는 사람들은 권력욕과 물욕을 충족시키려고 눈코 뜰 새 없이 바삐 움직인다. '참 나'를 잃어버린 사람들로 인해 세상이 각박해지고 있다. 남의 것을 내 것으로 삼으려는 도둑과 같은 마음이 짙어지고, 생명을 경시하는 일들이 그러한 현상이다. 상대방의 위에 군림해야 자기가 살아남는 세상이라고 여기다 보니 사회는 점점 삭막함을 지나쳐 살벌함을 느끼게 한다. 그러므로 우리는 참 나를 찾아서 양심과 도덕이 살아 숨 쉬도록 해야 한다. 자기 것을 남에게 베풀고, 자기의 노력을 남에게 할애하며, 고통에 신음하는 사람을 위해 내가 할 수 있는 일이 무엇인가를 생각해야만 하는 것이다.

그러면 어떻게 해야 참 나를 찾을 수 있을까? 여러 가지 방법이 있겠지만 선禪을 꼽지 않을 수 없다. 선의 어원은 고요한 사유[靜慮], 종교적 명상, 직관적 사유[思惟修]를 의미하는 산스크리트어 댜나dhyāna에서 비롯된다. 즉 댜나의 속어형 쟈나jhāna의 어미 모음이 떨어진 쟌jhān을 한자로 음사音寫하여 선나禪那 또는 선禪이라고 옮긴 것이다.

마음을 안정시켜 한 가지 대상에 의식이 통일된 상태를 일컫는 선은 곧 진리의 근본 자리에 도달하고, 인생의 근본 문제에 접근하는 가장 바르고 빠른 방법이다. 따라서 예로부터 참 나를 찾고 진리를 깨달으려는 뜻을 세운 사람으로 선의 세계에 관심을 두

좌선하는 모습

지 않은 바가 없다. 그 때문에 우리도 선을 통해서 참 나를 찾고, 인생을 살찌우리라는 서원을 세우며 신념 있게 접근해야 한다.

근래에 선은 현대문명의 병폐를 정화할 수 있는 하나의 대안으로 세계적인 주목을 받고 있다. 문학·영화·음악과 같은 문화현상에서뿐만 아니라, 과열된 현대사회의 무거운 중압감에 지친 현대인들의 자기 회복을 위한 메시지로 받아들여지고 있다. 실지로 선禪을 수행하는 사람들도 점차 늘어나고 있다. 선 수행을 통해서 정신의 자주력은 물론이고, 참다운 자기 발견을 모색하고 있다.

생활 속의 선 수행

선이라고 하면 흔히 고요한 선방에 놓인 두터운 방석 위에 다리를 꼬고 앉아서 고통을 참아가며 행하는 좌선을 떠올린다. 하지만 그것만이 선의 전부가 아니다. 만약 앉아서만 하고 서서는 하지 못하는 것이 선이라면 누구나 행할 수 있는 대법大法과는 거리가 멀다고 할 것이다. '터 닦을 선禪'이라는 글자의 뜻을 빌리면, 삶에 있어서 가장 중요한 마음의 터를 닦는 작업이 바로 선이라고 할 수 있다. 따라서 누구나 쉽게 할 수 있어야 한다. 일정한 시간과 특정한 장소에서 일부 사람들만이 행하는 것을 선의 전부라고 보기는 어렵다.

중국 선종의 실질적인 형성은 남악회양[南岳懷讓, 677~744]의 선법을 계승한 마조도일[馬祖道一, 738~817]에 의해서 시작된다. 오로지 좌선에만 온 정신을 쏟고 있던 마조도일에게 남악회양이 물었다.

"그대는 좌선해서 어떻게 할 작정인가?"

"부처가 되려고 합니다."

회양은 말없이 한 장의 기왓장을 손에 쥐고 갈기 시작했다. 이를 본 마조도일이 물었다.

"무엇을 하시는 것입니까?

"기와를 갈아서 거울을 만들려고 하네."

"기와를 아무리 갈아도 거울이 되겠습니까?"

"기와를 갈아서 거울을 만들 수 없다면 좌선을 아무리 한들

부산 해운대 해수욕장에서 파도소리를 들으며 스트레스를 해소하는 '해소명상'을 하는 모습

부처가 될까 보냐?"

마조도일은 그제야 남악회양의 참뜻을 알아차리고, 그 무엇으로도 한정 지을 수 없는 심법心法의 광대한 세계를 보았다.

그렇다고 해서 좌선이 선의 기본이 됨을 부정하는 것은 아니다. 현대사회는 무척 빠르게 변화하고 여러 가지 일들이 복잡하게 얽혀서 일정한 시간과 특정한 장소에서 선 수행을 계속하기가 매우 어렵다. 그래서 언제 어디서나 항상 선 수행을 계속해야 할 필요가 생긴 것이다. 즉 일상생활 속에서 선 수행을 계속할 수 있는 생활선生活禪이 요청된다. "때와 장소를 가리지 않습니다."라는 어느 휴대전화 회사의 선전 문구처럼, 우리는 언제 어디서나 시간과 장소에 구애받지 않고 항상 마음을 찾아 길들이는 공부를 해야 한다. 곧 '무시선無時禪 무처선無處禪'을 하자는 것이다.

소태산이 밝힌 "몸과 마음에 일이 없으면 잡념을 제거하고 일심을 양성하며, 몸과 마음에 일이 있을 때는 불의를 제거하고 정의를 양성하라."는 무시선의 강령을 표준으로 하면, 시끄러운 데 처해도 마음이 요란하지 않고, 욕심이 일어나는 상황을 대해도 마음이 동하지 않는 참다운 선의 경지에 들 수 있다.

선을 통해서 우리는 미혹迷惑에 사로잡히지 않고, 참 나를 발견할 수 있다. 그러한 참된 자기 발견이 깨달음이며, 항상 새로운 차원의 자기 발견을 통해 자신의 한계를 극복할 수 있다. 지혜의 완성 또한 여기에서 비롯된다. 비록 마음의 깨달음에 도달할 수 없더라도 선은 그 수행을 통해서 자기 통찰의 메시지를 전달하고, 심리적인 자제력이 부족한 사람들이 묶여있는 마음의 멍에에서 벗어나는 지혜를 스스로 깨닫게 되는 것이다.

집심 관심 무심 능심

선 수행의 과정은 대체로 집심-관심-무심-능심의 단계를 거치게 된다. 첫째는 집심執心 공부로서 염불이나 좌선할 때를 비롯하여 모든 경우에 마음을 잘 붙잡아 외경에 흘러가지 않게 하기를 소 길들이는 이가 고삐를 잡고 놓지 않듯 하는 것이다. 집심이란 자신의 마음을 붙들어 매는 것이다. 어디론가 가지 않게 붙들어 매는 것이 초기 마음공부의 방법이다. 소태산은 『대종경』 수행품 1장에서 "마음은 미묘하여 잡으면 있고, 놓으면 없어진다."라고 하였다.

소태산의 초창기 제자 중에 김남천이 있었는데, 어느 날 주막을 지나다가 멈추어 서서 "네 이놈, 네 이놈!"하고 소리를 질렀다. 그 모습을 본 사람들이 "왜 그러냐?"라고 물었더니, "주막을 지나려니 마음이 술집으로 들어가 술을 먹자고 해서 그를 혼내느라고 그럽니다."라고 하였다. 이렇게 어디론가 끌려가거나 달아나는 마음을 붙들어 매는 공부가 바로 집심이다.

둘째는 관심觀心 공부이다. 집심 공부가 잘되면 마음을 놓아 자적自適하면서 다만 마음 가는 것을 보아 그 망념만 제재하기를 소 길들이는 이가 고삐는 놓고 소가 가는 것만 제재하듯 하는 것이다. 관심이란 마음이 어느 곳으로 가는가를 살피는 것이다. 소태산은 『대종경』 수행품 53장에서 어린아이를 잘 보는 것에 관한 이야기를 예로 들어 비유하였다. 아기를 보는 사람이 아기를 붙잡고 굳게 앉아서 종일토록 조금도 움직이지 않으면 아기가 괴로워하는 것처럼 일심에 집착하는 폐단도 마찬가지라는 것이다. 따라서 마음이 가는 곳을 잃지 않아서 잘못 가지 않게 하면 그것이 바로 선 수행이고, 이를 관심 공부라고 한다.

셋째는 무심無心 공부이다. 관심 공부가 깊어지면 본다는 상도 놓아서 관하되 관하는 바가 없기를 소 길들이는 이가 사람과 소가 둘 아닌 지경에 들어가 동과 정이 한결같이 하는 것이다. 무심이란 모든 생각을 놓아버리는 것이다. 잡으려고 할 것도 없고 따라다닐 것도 없다. 이제는 한숨을 쉬고 내가 할 일을 하면 된다.

절에 가면 부처님이 모셔져 있는 '대웅전'이나 '대웅보전'이 있는데, 그 바깥 벽면에 '목우십도牧牛十圖'가 그려져 있는 곳이 많다. 그 목우십도를 보면 사람은 사람대로 소는 소대로 한가롭게 노니는 단계의 그림을 볼 수 있다. 소를 풀어놓아도 풀을 뜯을 뿐 곡식을 해치지 않기 때문에 목동은 한가롭게 피리를 불거나 낮잠을 청할 수 있는 것처럼 집심에 이은 관심의 공부를 오래오래 하고 보면 마음이 한가로워져 그 무엇으로부터도 구속받지 않고 죄를 지을 일이 없다.

넷째는 능심能心 공부이다. 집심·관심·무심 공부가 깊어지면, 마음이 항상 자성을 떠나지 않고, 그때그때의 상황이나 기틀에 따라서 적합하게 일을 잘 처리하되 동과 정이 한결같고 자유자재하여 만능萬能과 만덕萬德을 겸비한 경지를 말한다. 이러한 경지에 오르는 과정은 "마음을 지나치게 급히 묶으려 하지 말고 끊임없는 공부로써 서서히 공부하며, 집심·관심·무심을 번갈아 하되, 처음으로 공부하는 사람은 집심을 주로 하고, 조금 익숙하면 관심을 주로 하며, 좀 더 익숙하면 무심을 주로 하여, 궁극에 가서는 능심에 이르게 된다."라고 정산은 밝혔다. [『정산종사법어』 권도편 48]

한 마음 한 소리로

나무아미타불南無阿彌陀佛 나무아미타불 나무아미타불 ….

언뜻 생각하면 연세 많이 드신 할머니들이나 하는 것으로 여기기 쉬운 염불念佛의 구절이다. 신라의 왕족 출신으로 그 이름을 남긴 무상[無相, 684~762]은 염불을 널리 보급한 인물인데, 그가 먼저 소리로 "나~무~아~미~타~불"하고 선창하면, 대중들도 그를 따라서 "나~무~아~미~타~불"을 부르게 하는 염불을 도입하여 중생들을 이끌었다. 염불함으로써 대중들은 번뇌에 찌든 마음을 정화하고 법문을 경청할 수 있는 마음의 준비를 하게 되는 것이다. 이처럼 염불은 어지러운 마음을 모두 거두어들이고, 오직 하나의 생각을 만들어 고요한 마음 속에서 자성自性이 청정함을 깨닫게 하는 수행 방법이다.

염불의 문구인 나무아미타불은 '무량수각無量壽覺에 귀의한다'

는 뜻으로, 원불교에서는 바로 자심미타自心彌陀를 발견하여 자성극락에 돌아가기를 목적한다. 마음은 원래 생멸이 없으므로 곧 무량수無量壽이며, 그 가운데에도 밝고 신령스러워 어둡지 않으니 곧 각覺이고, 이것을 자심미타라고 하는 것이다.

아미타불의 명호名號를, 마음을 하나로 모아 부르면서 부처님의 상호相好나 공덕을 생각하는 염불을 통해서 우리는 청정 일심을 만들 수 있다. 소태산은 지정한 주문呪文 한 구를 이어서 부르게 함으로써 천 갈래 만 가지로 흩어진 정신을 주문 한 구에 모아서 오직 일념으로 만들기 위한 훈련 과목으로 염불을 제정하였다. 다시 말하면 천만 가지 생각을 한 생각으로 만들어 그 한 생각을 영원히 이어가고, 천만 경계를 하나로 모아서 청정 일념으로 만들게 한 것이다.

염불의 방법

염불의 방법은 아주 간단해서 누구든지 쉽게 할 수 있다.

①항상 자세를 바르게 하고 기운을 안정하며, 또는 몸을 흔들거나 경동하지 않는다.

②음성은 너무 크게도 말고 너무 작게도 말아서 오직 기운에 적당하게 한다.

③정신을 오로지 염불 일성에 집주하되, 염불 구절을 따라

그 일념을 챙겨서 일념과 음성이 같이 연속하게 한다.

④천만 생각을 다 놓아버리고 오직 한가한 마음과 무위의 심경을 가지며, 마음 가운데에 외불外佛을 구하여 미타彌陀 색상을 상상하거나 극락 장엄을 그려내는 등 다른 생각은 하지 않는다.

⑤마음을 붙잡는 데에는 염주를 세는 것도 좋고 목탁이나 북을 쳐서 그 운곡韻曲을 맞추는 것도 필요하다.

⑥무슨 일을 할 때 잡념이 마음을 괴롭게 하거든 염불로써 그 잡념을 대치對治하되, 만일 염불이 도리어 일하는 정신에 통일이 되지 못할 때는 중지한다.

⑦항상 각자의 심성 원래를 반조返照하여 분한 일과 탐심이 일어나도 염불로써 안정시키고, 순경順境·역경逆境에 끌릴 때도 염불로써 안정시킨다.

이러한 방법으로 염불 수행을 계속하는 사람은 누구나 모든 사마邪魔를 항복 받고, 자심미타를 발견할 수 있다. 그리고 일념의 대중이 없이 입으로만 하면 별 효과가 없으나, 소리 없는 염불이라도 일념의 대중이 있으면 실효를 얻을 수 있게 된다.

일상생활을 하면서 염불 일심으로 마음을 안정시키는 것도 효과적이다. 일상생활 속에서 마음속으로 염불하면서 마음의 힘을 기르는 것이다. 예컨대 복잡한 출퇴근 시간에 차내에서 시달리다 보면 짜증도 나고 화도 나고 교통지옥을 느끼게 되는데, 이럴 때 염불하면 교통지옥도 잊어버린다.

또한 어떤 일로 인하여 화가 나거나 욕설이 나오려고 할 때에도 염불하면 참을 수 있게 된다. 이같이 바쁘고 복잡한 현대사회에서 마음속으로 염불하면 그 효과를 바로 볼 수 있다. 일상생활 속에서 탐심·진심·치심이 일어날 때 염불을 일심으로 함으로써 마음을 안정시킬 수 있고 삼독심三毒心을 잠재울 수 있는 것이다.

영주, 성주, 청정주

원불교 교리를 마음에 새겨 실천할 수 있게 하고, 청정 일념을 모으도록 염송하는 것으로서 영주와 성주, 청정주 등을 들 수가 있다. 영주靈呪는 원불교에서 많이 사용하고 있는 주문의 하나로, 지극히 신령스러운 힘을 가지고 있는 주문이란 뜻이다. 정신을 통일하여 천지의 기운과 나의 기운이 하나가 되도록 염원하는 주문으로 정산이 기도 생활을 할 때 자신도 모르게 떠올라 사용하던 것으로 『예전』을 편찬할 때 공식화하였다. 주로 기도 시간에 많이 외우는데, 마음이 어지러울 때, 번뇌 망상이 끓어오를 때, 잠자기 전 잠이 잘 오지 않을 때 외우면 큰 효과가 있다. 보통 때도 영주를 외우면 정신의 수양력을 얻게 된다.

그 원문은 '천지영기아심정 만사여의아심통 천지여아동일체 아여천지동심정'이다. 원래 주문은 해석하는 것보다 일심으로 염송하는 데에 의미가 있지만, 이를 직역하면 다음과 같다. 천지의 신령한 기운이 내 마음에 정하면[天地靈氣我心定] 만사가 내 뜻과 같이 내 마음에 통하고[萬事如意我心通] 천지가 나와 더불어 같은 몸이 되고[天地與我同一體] 내가 천지와 더불어 한 마음으로 바르게 된다[我與天地同心正].

인간의 주변에 일어나는 재난을 자신의 정신력으로 물리치고 피하게 하기 위한 주문으로 청정주淸淨呪가 있다. 모든 재액을 면하고 원한을 풀며 죄업에 물든 마음을 청정하게 만들기 위한 주문이기 때문에 청정주를 일심으로 염송하는 사람은 진리의 큰 위력을 얻고 보호를 받게 된다.

'법신청정본무애 아득회광역부여 태화원기성일단 사마악취자소멸'의 28자로 된 청정주를 직역하면 다음과 같다. 법신은 청정하여 본래 걸림이 없는 것이니[法身淸淨本無碍] 나도 빛을 돌이켜 얻으면 또한 그와 같은 것이며[我得廻光亦復如] 태화 원기의 일단을 이루면[太和元氣成一團] 사마 악취는 저절로 없어지는 것이다[邪魔惡趣自消滅].

성주聖呪는 영혼이 영원히 죽지 않고 윤회하며 새로운 생명을 얻어서 새로운 삶을 살게 되는 이치를 바탕으로 영혼을 위로하고 천도하기 위해 사용되는 것이다. 영혼 천도를 위해 사용되는 성주는 '영천영지영보장생 만세멸도상독로 거래각도무궁화 보보일체대성경'으로 되어 있다. 생멸이 없는 영원한 천지와 더불어 길이 생을 보전하고[永天永地永保長生] 영원한 세상에 열반을 얻어 홀로 드러나며[萬世滅度常獨露] 세세생생 거래 간의 깨달음으로 한없는 도를 꽃피우고[去來覺道無窮花] 걸음걸음 모두가 대성현의 경전이 될지어다[步步一切大聖經].

그 밖에도 일원상 진리와 합일하여 무한한 은혜와 위력을 얻기 위한 주문이나 경으로서 일원상서원문, 참회문, 참회게, 반야바라밀다심경, 금강경, 휴휴암좌선문 등이 있다.

"큰 공부는 주문 여하에 있는 것이 아니라, 오직 사람의 정성 여하에 있다."는 소태산의 법문처럼 도를 얻는 것은 어느 곳 어느 때 어느 주문에만 있는 것이 아니다. [『대종경』 변의품 13]

옛날에 무식한 짚신 장수 한 사람이 수도에 발심하여 한 도인에게 도를 물었더니 '즉심시불卽心是佛'이라고 가르쳐 주었다. 그는 무식한 정신에 '짚신 세 벌'이라 하는 줄로 알아듣고 여러 해 동안 "짚신 세 벌"을 외우고 생각하였는데 하루는 문득 정신이 열리어 마음이 곧 부처인 줄을 깨달았다고 한다.

날마다 마음을 비춰보는 거울

우리는 생활 주변 어느 곳에서든지 별다른 어려움 없이 거울을 접할 수 있어서 모습을 비춰볼 수 있다. 그러나 거울은 겉모습을 비춰줄 뿐이지, 마음속까지 비춰볼 수 있는 것은 아니다. '열 길 물속은 알아도 한 길 사람 속은 모른다.'는 속담처럼 다른 사람의 속마음을 알기는 어렵다. 그뿐만 아니라 자기 마음도 특별히 챙기지 않으면 낱낱이 알기가 쉽지 않다. 그런데 소태산은 자기 마음이 변화되는 모습을 날마다 훤히 비춰볼 방법을 가르쳐주었다. 날마다 교리 실천을 통하여 복과 지혜를 얼마만큼 얻었는지 기록하는 '일기'를 쓰도록 한 것이다.

일기는 날마다 있던 사실을 글로 적어서 남긴 기록이다. 일기를 쓰는 목적은 그날의 생활을 돌이켜 정리하고, 내일은 더 나은 삶이 되게 하는 데 있다. 하지만 지난 기억을 되살려볼 때, 일기는 우리에게 초등학생 시절 골칫거리로 여겼던 방학 숙제나 감수성 예민한 청소년 시절에 나만의 비밀로 간직하려고 깊숙한 곳에 숨겨두었던 추억으로 남아 있다. 한편, 이순신 장군이 남긴 『난중일기』나 『안네의 일기』처럼 시대적인 배경이 있어서 후인들로 하여금 역사를 보는 눈이 된 일기도 있다.

그렇지만 어른이 되어서는 일기를 쓰는 경우가 거의 없고, 기껏해야 수첩에 약속과 특별한 일정 등을 적어 놓는 것이 고작이다. 자신의 마음 상태를 기록하는 것과는 거리가 먼 신변잡기身邊雜記에 흐르고 마는 실정인 것이다.

부처를 만드는 거울

이와는 달리 소태산은 일원상의 진리를 깨치고 일상생활에 활용한 결과를 스스로 반성하고 대조하는 훈련 방법으로써 일기를 쓰도록 하였다. 일기법에는 두 가지 구분이 있는데, 그날의 유무념有無念 처리와 학습 상황과 계문의 준수 여부를 반성 대조하는 '상시일기常時日記'와 그날의 작업시간 수와 수입 지출과 심신작용 처리건과 감각 감상 등을 기재하는 '정기일기定期日記'가 그것이다.

상시일기는 자신의 몸과 마음을 진리와 법에 맞게 사용하고 있는지를 일일이 점검하여 마음공부가 한순간도 쉼 없이 이루어지게 하고, 죄는 짓지 않고 복만 지으면서 살아갈 수 있게 해주는 작업취사 공부의 한 과목이다. 그리고 정기일기는 인간의 행복을 결정짓는 지혜와 복을 실질적으로 갖추어가게 하기 위한 목적이 바탕 되어 있다. 자칫 정신 수련에만 그칠 수 있는 종교 생활이 아닌 영육쌍전靈肉雙全을 실천하여 생산적이고 효과적인 기간이 되도록 하는 사리연구 공부의 한 과목이다.

『정전』 일기법에서 "원불교의 일기는 재가 출가 유무식을 막론하고 할 수 있는 것"이라고 하였다. 그것은 일기를 기재하는 것을 누구든지 어렵지 않게 할 수 있다는 뜻이다. 또 한편으로 글을 모르는 사람에게는 검은콩과 흰콩을 마련하여 유무념 공부를 하도록 가르쳤다. 하루 생활 속에서 자신이 하기로 한 일을 주의심을 가지고 하고 나서 주머니에 흰콩을 한 개 넣고[有念], 주의심을 놓아버린 경우는 주머니에 검은콩을 넣어서[無念] 그 횟수를 계산하도록 하였다. 이것을 '태조사법太調査法'이라고 하는데 교단 초기에 많이 사용하였다. 더불어 소태산은 일기를 잘 쓰는 제자에게 "일기장이 저승의 재판문서이다. 일생 동안 꾸준히 사실로만 적어놓는다면 제 스스로 복이 얼마나 쌓였는지 미리미리 분명하게 알게 될 것이다. 한평생 일기 공부에만 쉬지 않고 공을 쌓아도 큰 공부의 실력을 얻게 될 것이다."라고 칭찬하였다.

정기일기 가운데 마음공부를 통해서 자신이 겪은 일을 기재하는 것을 '심신작용 처리 건'이라고 하는데, 다음과 같은 초등학생의 일기를 통해서 마음공부의 과정과 그로 인한 효과의 일면을 엿볼 수 있다.

거스름돈

내일 준비물이 있어서 오늘 바느질 용구를 사려고 문방구에 갔다. 바느질 용구가 1,500원이어서 2,000원을 아저씨께 드렸다. 그래서 아저씨께서 거스름돈으로 500원을 주셨다. 그런데 돈이 500원이 아니라 800원이었다. 나머지 300원을 아저씨께 가져다드리려고 했는데 순간, '모처럼 돈 벌었는데, 가져가자.'하는 생각이 들었다.

하지만 나는 '아니야, 나는 원래 훌륭한 사람이잖아!' 하는 생각이 들어서 마음 제도를 하였다. 그래서 300원을 아저씨께 돌려드렸다. 이렇게 한 내가 무척 자랑스럽다. 〈○○초등학교 5학년 2반 ○○○〉

이처럼 원불교의 일기법은 부처를 만들어 가는 좋은 길잡이 역할을 한다. 어린아이가 처음에 걸음마 연습을 할 때는 그냥 벌떡 일어나 걷는 것이 아니라, 넘어지고 다시 일어나기를 여러 번 거듭한 끝에 걷게 된다. 마찬가지로 우리의 마음을 길들여서 부처의 마음을 회복하는 것도 처음부터 연습, 또 연습의 반복이 있어야 한다. 그리고 그것을 일기에 사실적으로 자세히 기재함으로써 마음공부를 더욱 효과적으로 수행할 수 있게 된다.

일기를 기재함으로써 얻는 이익은 여러 가지다. 유무념有無念을 통해서 하기로 한 일과 하지 않기로 한 일을 잊지 않고 실행하게 되고, 매일의 학습 상황과 계문의 준수 여부를 반성 대조함으로써 악업은 멀리하고 선업을 가까이해서 복을 짓는 생활을 하게 된다. 또한 그날의 작업시간을 기록하여 헛되이 보내는 시간이 없도록 하고, 그날의 수입과 지출을 기재하고 대조해서 정당한 방법으로 수입을 늘리고 지출을 줄이는 노력을 하게 된다.

아울러 심신작용 처리 건을 기재함으로써 얻어지는 소득을 통해 생활 속에서 시비 이해의 올바른 판단력을 갖추게 되는 것이다. 그리고, 감각 감상을 기재함으로써 자칫하면 쉽게 지나칠 수 있는 일상생활 속에서 깨달음을 얻을 수 있다.

누구든지 일기 기재를 통하여 자기 자신을 비춰보고, 날마다 일깨울 필요를 느낄 것이다. 나아가 교리의 실천에 그 표준을 두고 잠시 잠깐도 끊임없이 마음공부 한 내용과 그 결과를 반성하고 대조하면 인격의 성장과 생활의 향상을 이루게 된다.

모두 다 부처님

등산길에 무거워 보이는 짐을 들고 올라가는 할머니를 보았다. 도와드리려는 생각에 앞으로 다가가서 짐을 받아 들며 "이 짐이 무엇이에요?"라고 물었더니, 손자가 대학교 입학시험에 합격하도록 부처님께 불공드리려고 쌀 몇 됫박과 사탕 한 봉지를 사 간다는 것이다. 순간 "아, 저것이 순수한 신앙심이구나!"하는 것을 느꼈다. 모름지기 그 할머니는 밤새도록 손자의 합격과 가정의 평안을 위해 기도했을 것이다.

불공은 우리에게 무한한 자비와 은혜를 베풀어주시는 부처님께 향·꽃·차·과일·등燈 같은 것을 공양함으로써 각자의 원하는 바를 이루고자 하는 것이다. 그래서 많은 사람들이 불공드릴 부처님을 찾아서 전국의 명산대찰名山大刹을 순례하고 있다. 어느 절에 가면 동양 최대의 청동 부처님을 친견할 수 있고, 또 어느 절에 가면 국내 최고最高의 석불을 볼 수 있다고 한다. 그래서 이름난 불상이 모셔져 있거나 기도처로 이름난 사찰은 아무리 교통이 불편한 심산유곡에 있다고 해도 불자들의 발길이 끊이지 않는다.

하지만 전국의 이름난 사찰을 하나도 빠뜨리지 않고 찾아다닌 사람들에게 "부처님을 만났느냐?"고 물었을 때, 그 물음에 자신 있게 대답하는 사람은 많지 않다. 부처님을 찾는 방법을 알지 못하면 발이 부르트도록 명산대찰을 찾아다니고 목이 쉬도록 부처님을 불러도 소용이 없는 것이다.

소태산은 "천지 만물 허공 법계가 다 부처 아님이 없나니, 어느 때 어느 곳이든지 항상 경외심을 놓지 말고 존엄하신 부처님을 대하는 청정한 마음과 경건한 태도로 천만 사물에 응하라."고 가르쳤다. [『대종경』 교의품 4]

또한 "곳곳이 부처님이니 일마다 불공하라."는 '처처불상處處佛像 사사불공事事佛供'의 표어를 표준 삼아 원만하고 사실적인 신앙생활을 할 수 있도록 하였다. 온 천지의 일체 만물이 모두 다 부처 아님이 없으니, 부처님 대하는 마음으로 천만 사물을 대하고 거기에서 실질적인 행복과 즐거움을 얻으라는 것이다.

부처님! 반갑습니다

우리가 살아가고 있는 지금, 생활하는 데 있어서 모든 행위는 불공이 되고, 만나는 모두가 불공의 대상이다. 그러므로 자신은 말할 것도 없고, 주위의 모든 이웃과 모든 사물에도 진정한 불공을 하고 있는가에 대해서 생각을 해보아야 한다. 과연 어떻게 하는 것이 불공을 잘하는 것일까?

첫째로 자신을 인정하고 사랑해야 한다. 일체 만물에 불공을 하는 바탕에는 무엇보다도 자신을 긍정적으로 인정하고 사랑하는 마음이 있어야 하고, 이것은 자신이 곧 불성佛性을 지닌 존귀한 존재임을 안다는 것을 의미한다. 그리고 지금까지 알게 모르게 지어온 죄업에 대해서도 인정하고 참회하는 것이다. 이와 같이 스스로가 깊은 내면에 부처의 원만한 인격이 다 갖추어져 있음을 알고, 지난날 알고도 짓고 모르고도 지은 죄업을 참회하여 '참된 자아'를 회복하는 것이 필요하다. 그렇게 되면 '내 절 부처를 내가 잘 위해야 남도 위한다.'는 말처럼 자기 자신은 물론이요, 상대방에게도 그러한 불성이 있음을 인정하게 되어 모든 만물에 정성 들여 불공하려는 마음이 일어나게 된다.

둘째는 사은四恩 당처에 직접 불공해야 한다. 우주 만유는 곧 법신불의 응화신應化身이므로 천지와 관련되는 죄복罪福은 천지에, 부모와 관련되는 죄복은 부모에게, 동포와 관련되는 죄복은 동포에게, 법률과 관련되는 죄복은 법률에 직접 불공을 하는 것이 사실적인 불공법이 되는 것이다.

소태산이 부안 변산의 봉래정사蓬萊精舍에 있을 때 하루는 지나가던 노인 부부와 대화를 나누게 되었다. 소태산이 먼저 물었다.

"두 분께서는 지금 어디를 가시는 길인지요?"

"우리에게는 며느리가 하나 있는데, 성질이 여간 못된 게 아니라 절에 가서 부처님께 불공을 드리면 혹 나아지지 않을까 해서, 실상사實相寺에 가서 불공이나 올려 볼까 하고 가는 중입니다."

소태산이 다시 물었다.

"두 분께서는 불상에는 정성 들여 불공할 줄을 알면서, 어찌하여 살아있는 부처님에게는 불공할 줄을 모르십니까?"

노인 부부는 다소 의아해하면서 소태산에게 다시 물었다.

"아니, 살아있는 부처님이라니요? 살아있는 부처님이 어디 계십니까?"

"다름 아니라 여러분의 집에 있는 며느리가 곧 살아있는 부처님입니다. 왜냐하면 두 분께 효도하고 불효할 직접적인 권능이 며느리에게 있기 때문입니다. 그러니 며느리에게 먼저 공을 들여 봄이 어떠하겠습니까?"

"어떻게 공을 들일까요?"

"불공할 비용으로 며느리가 좋아할 만한 물건을 사다 주고, 며느리를 오직 부처님 공경하듯 위해 주십시오. 그러면 아마도 두 분이 들인 정성을 따라 불공한 효과가 나타날 것입니다."

노부부가 집에 돌아가 그대로 하였더니, 과연 몇 달 안에 효성스러운 며느리가 되었다. 이에 감사를 느낀 노부부가 소태산에게 다시 찾아와서 예를 올리므로 소태산은 "이것이 바로 죄와 복을 그것과 직접 관계되는 당처에 비는 실지불공實地佛供입니다."라

고 하였다. [『대종경』 교의품 15]

셋째로 적당한 기한으로 불공을 드려야 한다. 『정전』 불공법에서 소태산은 "그 일의 성질에 따라 적당한 기한으로 불공을 하는 것이 사실적인 동시에 성공하는 불공법"이라고 하였다. 여기에서 기한을 말하는 것은 자기가 구하는 바 목적을 달성하고자 하는 일의 성질에 따라서 불공을 드리는 기한도 다르다는 뜻이다.

따라서 그 원하는 바가 크면 그 기한도 자연히 길어지고, 작고 단순하면 그 기한도 짧아질 수 있다. 예컨대 '큰 인격을 갖추어 모든 생령을 구원하리라!'는 커다란 서원을 세운 사람이 단시일로 1~2년 만에 불공을 드리고 그 원을 이루려는 것은 사실적이지 못하다. 그러므로 불공의 기한은 그 대상과 목적에 따라 달라질 수 있다는 것을 알아서 사실적인 불공을 드려야 한다.

이와 같이 자신은 물론 세상 만물이 모두 죄복의 권능을 가진 부처님임을 알아서, 대하는 사람과 사물에 일심과 정성을 다하는 것이 일원상 진리에 바탕해서 사실적이고 실질적인 효과를 낼 수 있는 불공이다.

제5장

세계 속의 원불교

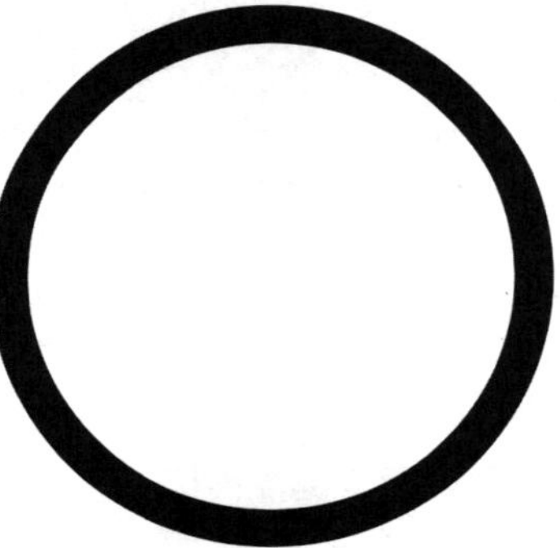

사회로 세계로

종교의 교세教勢를 논하는 것은 자칫 무모한 일이 될 수 있다. 어떤 기준을 가지고 교세를 가늠할 것인지가 불명확할 뿐만 아니라, 종교가 진정으로 교세 확장을 목적하는가에 대한 물음에는 긍정할 수 없기 때문이다.

하지만 많은 사람이 종교의 교세를 양적量的으로 파악하는 데에 익숙해 있는 상황을 감안할 때, 원불교가 지닌 양적 교세를 사실적으로 기술할 필요가 있다. 다만, 종교에 있어서 양적 우위가 교세의 우위와 직결되는 것은 아니라는 점은 우리 모두 분명히 염두에 두어야 할 것이다.

만약 양적 우위가 한 종교의 교세를 가늠하는 절대기준으로 자리 잡는다면, 이는 적지 않은 위험성을 내포할 수 있기 때문이다. 예컨대 우리나라와 같이 여러 종교가 공존하며 교화와 포교,

선교 등을 전개하고 있는 상황에서 '교세 부풀리기'라는 역작용이 나타나기도 하는 것이다. 이는 실제로 각 종교에서 발표한 종교 인구가 우리나라 실제 인구보다 더 많은 웃지 못할 결과에서도 알 수 있다.

교화 교육 자선

소태산은 제자들에게 "우리의 사업 목표는 교화·교육·자선의 세 가지니 앞으로 이를 늘 병진하여야 우리의 사업에 결함이 없으리라."는 부촉咐囑을 전했다. [『대종경』 부촉품 15]

이에 바탕으로 해서 원불교는 교화, 교육, 자선, 산업, 문화 부문에 각 사업기관을 두고, 『원불교 교헌敎憲』의 정한 바에 따라 민주적인 제도로 운영하며 교세를 확장하고 있다.

우선, 교화사업으로는 2025년(원기110) 현재, 국내에 15개 교구와 600여 개의 교당, 해외에는 미국총부를 비롯하여 27개국에 교구 6개와 교당 80여 개를 설치하고 활발한 교화 활동을 전개하고 있다. 국제적인 종교활동은 국제연합 비정부단체[UN종교 NGO], 아시아종교자평화회의[ACRP], 세계종교자평화회의[WCRP], 세계연방종교자협의회[WAWF], 세계불교도회[WFB], 국제종교자유연맹[IARF], 국제종교연합기구협의회[IIOCC] 등에 정식회원으로 참가하여 국제간 종교 협력 시대를 열어가기 위해 노력하고 있다.

교육사업은 세계를 진화시키는 근원이요, 인류문명을 일구는 기초라는 교육 정신에 근거하여 원광대학교, 영산선학대학교, 원불교대학원대학교, 원광고등학교 외 11개의 중·고등학교와 인성교육을 중심으로 특성화 교육을 하는 10개의 특성화학교를 운영하고 있으며, 60여 개의 유아교육기관을 두고 인재 양성과 장학사업에 총력을 기울이고 있다.

자선사업은 무의탁자들을 수용하는 시설과 원광장애인종합복지관 등 종합사회복지관 16개, 개별복지시설 50개소를 설치 운영하고 있으며, 종합병원, 한방병원, 보화당 한의원 등 의료사업과 은혜심기운동을 전개하여 이웃사랑과 환경보호에 앞장서고 있다.

산업활동은 자급자족 체제의 교단 운영을 위해 농·공·상의 산업기관을 운영하고 있다. 총부농원 등 6개 농원과 ㈜원광제약, 보화상사, 영산식품, ㈜천도장례식장을 비롯하여 원광중앙신용협동조합 등 7개의 신협과 2개의 새마을금고, 상조조합 등을 설립해서 제약·인쇄·종합상사·금융사업 등을 활발히 전개하고 있다. 이들 산업기관은 영육쌍전靈肉雙全, 이사병행理事竝行의 정신에 바탕을 두고 운영되고 있으며, 근로정신 함양을 위한 노력을 성실히 하고 있다.

문화사업으로는 각종 《회보》와 월간 《원광》, 학교법인 《원광사》, 《원불교신문》, 《원불교출판사》, 《한울안신문》 등에서 교리, 학술지, 논문집, 수필집 등 언론, 출판사업과 각종 예술 활동[음악, 미술, 국악, 민속놀이]을 통해 원불교 문화창달을 도모하고 있다. 특히 1998년 11월에 WBS익산원음방송[FM 97.9MHz]의 개국과 부산원음방송[FM 104.9MHz, 2001년 4월] 및 서울원음방송의 개국[FM 89.7MHz, 2001년 7월] 광주원음방송[[FM 89.7MHz, 2008년 7월] 대구원음방송[[FM 107.9MHz, 2011년 4월]과 WBS TV 개국[2010년 11월] 등 원불교의 정신개벽 사상에 의한 낙원세계, 도덕사회 건설에 크게 기여하고 있다.

한편, 이러한 사업을 전개하는 데는 전문적으로 훈련된 요원이 필요하고, 교도들뿐만 아니라 일반인들에 대한 교육과 훈련이 필요하므로 원불교에서는 진리적 종교의 신앙과 사실적 도덕의 훈련에 바탕으로 해서 전국 17개 훈련기관에서 훈련을 시행하고 있다.

이와 같은 원불교의 모든 사업에 헌신 봉공하는 사람을 교역자敎役者라고 하며, 출가교역자와 재가교역자로 구분한다. 출가교역자는 전무출신[專務出身, 교무]이며, 재가교역자는 고문·회장·부회장·단장·중앙·순교·주무 등을 일컫는 말이다. 2023년(원기 108)에 원불교 교정원에서 발표한 「교단현황」에 따르면, 교역자는 10,538명이며, 이 가운데 출가교역자[전무출신]는 2,051명이다. 또한 정해진 절차를 밟아 원불교에 입교하고 법명을 받은 사람을 지칭하는 입교 교도는 433,571명이고 평균 출석 교도는 21,121명이다.

교화의 현장

교화教化는 원불교의 교법으로 사람을 가르쳐서 훌륭한 인격자가 되도록 하는 것이다. 따라서 범부凡夫가 변하여 성현이 되게 하고, 믿음이 없는 사람에게 바른 믿음을 갖게 하며, 악한 사람이 변하여 착한 사람이 되도록 하는 일 등을 통칭해서 교화라고 말할 수 있다.

그리고, 각 지역의 교화를 전개하는 장소로서 교당教堂이 있는데, 원불교 교도들이 모여 교리를 배우고 의식을 진행하며 훈련을 받는 곳이다. 교당에서는 법신불 일원상을 봉안하고 교무教務가 주재하여 교도를 교화하고 훈련하며, 각종 신앙 의식을 집행한다. 예를 들어서 일반·청년·학생·어린이들을 대상으로 하는 정기적인 법회를 운영하고, 기도와 재·제사와 같은 각종 의식을 집행함과 아울러 마음공부를 전문적으로 지도하는 훈련을 시행하기

원불교 소태산기념관 전경

도 한다. 더불어 유치원·어린이집과 같은 시설을 운영하고 해당 지역의 종교인협의회·시민단체 등에 직접 혹은 간접적으로 참여하거나 연대함으로써 지역사회에 기여하고 있다.

이처럼 교당은 일선 교화의 중심으로서 교도들을 직접적으로 지도하고, 지역사회에 봉사함으로써 원불교의 교화 이념인 제생의세濟生醫世의 경륜을 실현하기 위한 대중 교화의 장소이다. 교당은 교화를 중심으로 하는 터전으로서 마음공부를 하는 학교요, 성불제중의 도량으로서 기능을 수행하는 것이다.

한편, 각 교당은 『원불교 교헌』의 정한 바에 따라 해당 교구教區에 소속되어 있다. 2025년(원기110) 현재, 전국에는 15개 교구에 600여 개의 교당이 분포되어 있다. 교구는 지방 교정教政과 교화의 완전을 기하기 위해서 만들어진 지역적 단위의 교화 행정 기구로서 중앙총부와 각 지방 교당을 연결하며, 지역적 특성에 맞는 교화 및 사업들을 관장하고 있다.

원불교, 출국하다

원불교는 2024년(원기109) 현재 미국, 캐나다, 아르헨티나, 브라질, 칠레, 독일, 프랑스, 호주, 뉴질랜드, 일본, 베트남, 캄보디아, 러시아 등 27개국에 80여 개의 교당을 설치하고 6개의 교구로 편성하여 운영하고 있다. 100여 명의 교역자가 파견되어 활동하고

미국총부 원다르마센터

있으며, 미국에 미국총부를 중심으로 2개 교구와 29개 교당과 펜실베니아주 필라델피아에 원광한국학교와 뉴욕주 원다르마센터, 하와이훈련원, 심원훈련원, 미주서부훈련원 등을 설치하여 교도들의 교육과 훈련을 담당하고 있다.

원불교는 북방 교화의 일환으로 러시아의 모스크바 등지에 교무를 파견하여 종교법인 인가를 얻고 교당과 학교법인을 설립하여 활동하고 있다. 그리고 중국의 11개 지역에 교당이 설립되어 있다. 유럽교구에는 8개 교당과 5개 기관이 설치되어 있다. 총부해외직할교구로 동남아시아지구에 11개 교당과 5개 기관이 있고, 오세아니아지구에 5개 교당과 2개 기관이 있고, 아프리카지구에 4개 교당과 6개 기관이 있다. 법회를 운영하는 등 활발한 교화 활동을 전개하고 있다.

교육사업과 교육기관

교육은 이 세상을 진화시켜 가는 요체로서 이 세상을 문명 세계로 바꾸어 가기 위해서는 무엇보다 교육의 평등이 이루어져야 하며, 이를 위해서는 자타의 국한을 벗어나 타인의 자녀라도 힘 미치는 데까지 내 자녀와 같이 교육해야 한다. 원불교에서는 세상의 문명을 촉진하고 모든 사람이 다 같이 낙원 생활을 하기 위하여 교육 평등 정신에 입각하여 12개의 학교법인을 설립, 운영하고 있다.

①학교법인 원불교대학원은 원불교대학원대학교를 설립하였는데, 원광대학교와 영산선학대학교의 원불교학과 졸업생들이 입학하여 대학원 석사과정을 마친 후 교역에 임하도록 교육한다.

②학교법인 원광학원은 종합대학인 원광대학교와 원광디지털대학교를 운영하고 있다. 원광대학교는 1946년(원기31) 5월 1일 개설한 '유일학림唯一學林'으로 시작하여 종합대학으르 성장과 발전

원광대학교 전경

을 지속해 왔다. 교학대학 원불교학과를 비롯한 4년제와 2년제 교육 과정을 아우르는 새로운 대학 체계를 운영하고 있다. 특히 2024년(원기109) 글로컬대학으로 선정되어 2026년(원기111)부터 원광보건대학교와 통합해서 의생명, 농생명, 생명서비스 등 생명산업 분야에 특화된 학사 구조로 개편하고 일반대학원, 법학전문대학원을 비롯한 대학원과 10개의 대학부속병원을 갖추고 2만 5천여 원광가족이 학문 연구와 교육 및 진료에 전념하고 있다. 원광디지털대학교는 2002년에 개교한 4년제 사이버대학교이다. 3개 학부와 17개 특성화 학과를 운영하고 있으며 서울, 익산, 대전, 광주, 부산, 대구 등 전국 6개 지역에 캠퍼스를 두고 있다.

영산선학대학교 전경

③학교법인 원창학원은 청소년 교육의 산실로 원광중학교, 원광여자중학교, 원광고등학교, 원광여자고등학교, 원광보건고등학교를 운영하고 있다.

④학교법인 영산학원은 교역자 양성을 위한 영산선학대학교를 운영한다.

⑤학교법인 영산성지학원은 정규 교육과정에 여러 가지 이유로 적응하지 못한 학생들을 위해 도자기, 유기농법 등의 교육을 시행하는 우리나라 첫 번째 특성화 학교인 영산성지고등학교와 성지송학중학교를 설립·운영하고 있다. 특히, 영산성지고등학교는 우리나라 대안교육의 모범사례로 많은 사람의 관심과 주목을

미주선학대학원대학교

받고 있다.

⑥학교법인 원명학원은 경남 합천군에 합천평화고등학교를 설립, 특성화 교육을 시행하고 있다.

⑦학교법인 삼동학원은 경북 경주시에 경주화랑고등학교, 대구광역시에 한울안중학교를 설립하여 예술 대안교육을 확산시키고 있다.

⑧학교법인 해룡학원은 지방의 인재교육을 위해 원불교의 근원성지인 전라남도 영광군에 해룡중학교와 해룡고등학교를 설립 운영하고 있다.

⑨학교법인 원진학원은 지평선중학교와 지평선고등학교를 운영하고 있다.

⑩학교법인 전인학원은 대안학교인 헌산중학교와 북한이탈청소년을 위한 유일한 정규학교인 한겨레중학교와 한겨레고등학

교를 운영하고 있다.

⑪학교법인 휘경학원은 휘경여자중학교와 휘경여자고등학교를 운영하고 있다.

⑫전국의 각 교당 산하에는 60여 개의 유치원, 어린이집이 있어 어린이들을 참되고 바르게 자라도록 교육하고 있다.

⑬세계 각국에는 한국문화를 보급하는 원광한국학교와 세종학당을 운영하고 있으며, 미국에 미주선학대학원대학교를 운영하고 있다.

한편, 원불교의 교육이념을 실현하기 위한 목적으로 교도 가운데 교수와 교사들이 주축으로 조직하여 활동하는 '원불교 교수협의회'와 '원불교 교사협의회'가 있어서 원불교 종립학교가 아닌 각지의 학교 현장에서도 인성교육을 실천하는 데에 앞장서고 있다.

진정한 복지사회를 이루기 위함

원불교 자선 및 복지 활동은 모두가 고루 잘사는 균등사회를 실현하자는 사회 평등의 이념과 사은의 지중한 은혜를 입고 사는 존재로서 자력이 없는 자들을 보호하고 보은 감사생활을 하자는 보은봉공의 이념에 바탕을 두어 '사회복지법인 삼동회三同會' '사회복지법인 중도원' '사회복지법인 원광효도마을' '사회복지법인 은혜원' '사회복지법인 한울안' '사회복지법인 창필재단' '사회복지법인 유린보은동산' '사회복지법인 원광' '사회복지법인 원봉공회圓奉公會'를 운영하고 있으며, 최근에는 은혜심기운동을 통하여 그 활동의 폭을 넓히고 있다.

노인복지시설로는 중앙수양원, 전주양로원, 원광노인요양원 등 23곳이 있고, 아동보호시설로는 이리보육원과 한국보육원이 있다. 장애인복지시설로는 부랑자 수용을 위한 자선원, 정신질환

자 수용을 위한 삼정원과 장애인들을 위한 서비스시설로 서울에 원광장애인종합복지관이 있다.

종합사회복지시설로는 서울·부산·대전·대구·광주·전주·익산 등 전국에 19개의 복지관을 설립하여 가정복지, 아동복지, 청소년복지, 노인복지, 장애인복지, 지역복지, 의료복지, 사회사업 개발 등의 복지사업을 전개하고 있다. 의료 및 약업 기관으로 원광의료원에 양방병원, 한방병원, 정신병원, 치과병원이 있으며 원광한방병원 및 한의원과 원광의료재단 산하에 5곳의 요양병원을 운영 중이고 전국에 30여 곳의 의료기관이 있다.

이를 통해 주민들의 보건과 건강에 공헌하고, 정기적으로 도서 벽지를 순회하며 무료 진료를 통한 봉사를 전개한다.

훈련으로 사실적 도덕문화 창조

훈련은 모든 공부인으로 하여금 진리적 종교의 신앙을 바탕으로 하여 교리를 배우고 가르쳐서 누구나 범부의 탈을 벗고 불보살의 경지에 오르도록 심신을 단련함으로써 기질을 변화시켜 인간 개조의 혁명을 이루자는 것이다. 이러한 훈련기관으로는 전무출신과 교당 실무자들의 훈련을 담당하는 중앙중도훈련원과 대내외 청소년훈련을 담당하는 완도청소년수련원·배내청소년훈련원·만덕산훈련원·둥지골수련원 등이 있고, 성리 훈련을 특징으로 하는 삼동원 등 전국에 40여 곳의 훈련원을 설립 운영하고 있다.

또한 원불교 개교 100년을 기념하여 2016년(원기101)에 전라남도 영광군에 개원한 국제마음훈련원은 명상과 마음공부를 위한 전문 수련 시설이다. 원불교의 정신을 바탕으로 하되, 종교적 색채를 최소화하여 누구나 참여할 수 있는 열린 공간으로 운영되고 있다.

산업을 장려하고 경영하는 원불교

산업은 소태산과 9인 제자들이 저축조합 운동과 방언공사를 통해 이루어놓은 영육쌍전과 이사병행의 정신을 바탕으로 해서 교단 자립경제의 확립과 산업육성을 목적으로 전개되고 있다. 현재 원불교에서 운영하는 산업기관은 총부직영농원, 수계농원, 만덕산농원, 완도철산농원을 비롯한 과원과 농원이 있어 교단 초기부터 산업기관의 효시를 이루며 발전하고 있다. 아울러, 50년 전통의 한약업을 기반으로 한방 약품을 생산·판매하는 ㈜원광제약을 비롯한 11개의 보화당과 한의원이 전국에 있다.

그리고 근검저축과 이소성대以小成大의 정신을 바탕으로 자리이타自利利他와 상부상조 운동을 실현해 가고 있는 신용협동조합과 새마을금고가 부산·대구·광주·전주·익산·영광 등지에 설립되어 있어 서민들의 은행 역할을 하고 있다.

일원문화 창달의 산실

문화면에 있어서 원불교는 소태산의 개교 이념을 바탕으로 교단 문화 의식의 고양과 원불교 문화 전통의 정립을 목적으로 언론기관, 출판기관, 학술연구기관, 문화기관 등을 설립 운영하고 있고, 각종 문화 활동을 전개하고 있다. 원불교역사박물관, 영광옥당박물관, 원불교기록관리소 등을 두어 교단사료敎團史料의 관리·보관과 각종 문화 행사를 주관하고 있다.

방송·언론기관으로는 원음방송[라디오, TV]을 비롯하여 원불교신문과 한울안신문, 월간 원광이 있어서 원불교 정신에 토대를 두고, 교단의 동정을 알리며 인류 사회 발전에 새로운 비전을 제시해가고 있다. 한편, 종합 인쇄시설을 갖춘 원광사와 출판을 담당하는 원불교출판사, 도서출판 동남풍 등 출판사에서 일선 교역자들에게 교화자료를 제공하고, 원불교의 정신을 널리 선양하고 있다.

창작오페라 '소태산 박중빈' 공연

더불어, 원광대학교의 원불교사상연구원·종교문제연구소가 원불교학의 지평을 열어가고 있다. 영산선학대학교의 소태산사상연구원, 교정원 문화사회부의 일원문화연구재단, 미국에 있는 소태산사상연구소 등 학술 연구기관에서는 원불교 사상 정립을 위해 이바지하고 있다.

또한 전국 각 교구와 교당에서는 원불교 문화의 창달과 우리 사회의 건전한 문화를 활성화하기 위하여 각종 문화 행사를 전개하고 있다. 예컨대, '어린이 민속큰잔치'는 매년 5월 5일 소태산의 탄생을 경축하고, 어린이날을 기념하여 민속놀이마당을 열고 어린이, 청소년들에게 조상의 얼을 배울 기회를 제공한다. 이는 국외에도 보급되어 고국의 전통놀이 문화를 그리워하는 교포들에게 큰 호응을 받고 있다.

음악 활동 역시 활발하여 익산에 있는 원음오케스트라는 매년 정기공연을 통하여 순수음악뿐 아니라, 원불교 성가 발전에 크게 기여하고 있다. 서울·대구·부산 등 전국에 15개의 합창단이 조직되어 매년 정기공연과 전국성가합창제를 개최하여 향상과 발전을 도모한다.

미술 부문에 있어서는 격년으로 원불교 미술대전이 개최되어, 국내의 큰 미술대전으로 자리를 잡아 종교와 원불교 미술의 특징적 장르를 형성시켜 가고 있다. 이와 아울러 매년 원불교 미술인회 회원전과 종교미술전을 통하여 미술문화 발전에 노력하고 있으며, 대각개교절을 기하여 어린이 글·그림 등 공모전을 개최하고 있다.

이 밖에도 정기적으로 다양한 학술행사와 연극, 창극, 무용 등 다채로운 문화 행사들이 이루어지고 있다.

은혜심기 운동

종교의 목표는 교리 전파를 통해서 신도를 확보하는 것이 아니라, 이 땅에 성자 정신을 구현하는 것이다. 성자 정신의 구현이란 사랑, 자비, 은혜의 실천으로 나타난다. 이러한 성자 정신을 실천하는 사람이 많으면 많을수록 이 사회는 아름답고 건강한 사회가 될 것이다. 원불교가 전개하는 은혜심기운동도 이와 같은 맥락에서 출발한다.

원불교 사상을 실천하는 데 있어 가장 핵심적인 것은 '보은사상'이다. 일원상의 진리는 현실에서 무한한 은혜로 나타나고, 이 은혜를 떠나서 우리는 한순간도 살아갈 수 없다. 구체적으로 그 은혜는 천지·부모·동포·법률의 은혜인데, 한마디로 말하면 법신불 사은의 무한한 은혜이다. 이 은혜를 알아서 감사하고 보은의 노력을 하는 것이 원불교인의 기본적인 신앙생활이다. 이러한 감사 보은의 생활은 개인의 신앙생활로만 그치는 것이 아니라 대對사회적인 활동으로 전개되는데, 이것이 바로 '은혜심기운동'이다.

봄이 되면 들판에 씨앗을 뿌리고, 그 뿌린 씨앗이 잘 자랄 수 있도록 정성껏 가꾸며, 가을에는 풍성한 수확을 얻는 것이 자연의 이치이며, 진리가 행하는 은혜의 작용이다. 보은의 노력을 '은혜심기'로 표현한 것은 지금 보기에는 조그마한 보은 행위일지 몰라도 정성스럽게 심고 가꿈으로써 은혜가 넘치는 사회를 이루어 가자는 목적이 있다.

은혜심기운동은 원불교의 사은 보은사상을 실천하는 방법으로, 빈곤과 고통 속에 헤매는 동포들에게 따뜻한 은혜와 사랑을 나누는 행위이다. 이는 다 같이 잘 사는 낙원공동체를 실현하기 위한 노력이다. 은혜심기운동은 크게 '새 생명 운동'과 '나눔의 사회화 운동', 두 가지 측면에서 전개하고 있다.

새생명운동

①은혜의 헌혈

헌혈은 건강한 자신의 피를 나눔으로써 타인의 생명을 살릴 방법이 되며, 또한 자신의 건강을 점검하고 관리해 나갈 수 있다. 해마다 교구와 교당, 지역, 단체별로 헌혈 운동을 전개하여 이웃 사랑을 실천하고 있다.

②일원데이

세계봉공재단은 '세상을 바꾸는 매월 10일 일원데이'를 주제로 기부문화 캠페인을 펼친다. 2023년(원기108) 10월부터 진행한 캠페인은 기부문화 확산과 공익사업 참여를 통해 인류의 빈곤·무지·질병·재해를 타파하기 위해 기획됐다.

1식의 비움과 1식의 나눔을 실천하는 '일원데이 1식 나눔'은 매월 10일 진행된다. 배고픔과 굶주림에 고통받고, 보호받지 못하는 어린이들을 위해 지속적인 은혜 나눔의 신앙운동과 기부문화를 만들어간다는 취지이다.

한편, 이 캠페인의 첫 번째 공익사업으로 '훈훈한 밥집'이 선정됐다. 현재 4개 교구 봉공회[서울, 광주·전남, 경기·인천, 부산·울산]가 주관하고 있는 훈훈한 밥집은 취약계층과 생활고로 힘들어하는 우리 사회의 이웃에게 따뜻한 한 끼의 식사[도시락]를 제공하며 도움의 손길을 나누고 있다.

③무료 진료봉사

해마다 어렵고 소외된 지역과 도서 벽지에 의료진을 파견하여 무료 진료봉사를 하고 있다. 원광대학교병원을 중심으로 해외의료봉사단을 꾸려 2000년(원기85) 6월부터 캄보디아를 시작으로 계속 이어지고 있다. 해외의료봉사 활동은 원불교의 제생의세 설립 이념에 따라 캄보디아 외에도 멀리 아프리카 스와질란드, 콩고, 네팔, 인도, 몽골 등 의료의 사각지대에 놓인 세계 오지를 마다

하지 않고 찾아가 참 인술을 실천해 오고 있다.

④안구·장기·시신 기증 운동

사은의 지중한 은혜로 살아온 이 몸을 죽은 후에 더욱 값있게 하는 일로 타인의 건강한 삶을 위한 적극적인 실천 운동이다.

나눔의 사회화 운동

①은혜의 결연

내 자녀, 내 부모, 내 형제의 국한을 뛰어넘어 이웃이 모두 내 부모, 자녀, 형제임을 알아 주위의 그늘진 이웃과 결연사업을 맺어 나눔의 실천을 하자는 것이다. 은부모 되기, 은자녀 되기, 은형제 되기 등 은혜의 결연사업을 통해 소년 소녀 가장, 무의탁 독거노인을 돕고 있다.

②북한동포 돕기

기아에 시달리고 있는 북한 동포들에게 식량과 비료 등을 지원함으로써 동포 사랑을 실천하고 민족의 염원인 남북 화해와 통일을 앞당기는 데 기여하자는 운동이다. 2022년(원기107) 3월 26일 원불교여성회·청운회·봉공회 3개 단체의 지원으로 '평양빵공장'을 설립하여 동포애 차원의 대북지원 사업이 활성화되었다.

아프리카 무료 급식 지원

③국제 기아 돕기

하루에도 수백, 수천 명이 굶어 죽어가고 있는 제3세계 난민 돕기를 통해 국경 없는 인류 사랑을 실천하고 있다.

④실직 가정 돕기

실직으로 거리를 방황하는 이들에게 잠자리와 음식을 제공하고, 하루빨리 가정의 따뜻한 미소를 되찾을 수 있도록 작은 정성을 나누고 있다.

사회의 각계각층에서는 은혜심기운동과 같은 다양한 운동을 전개하고 있다. 특히 종교단체들이 펼치고 있는 운동들은 사랑과 자비를 표방하는 성자 정신의 구현이다. 원불교에서 펼치고 있는 은혜심기운동도 성자 정신의 구체적인 실천 행위이며, 원불교 은恩사상에 바탕으로 해서 당연히 해야 할 보은의 행위이다. 생활 종교를 지향하고 불법의 생활화를 주장하는 원불교 정신이 은혜심기운동을 통해 대對사회적으로 구현되고 있다.

남북한삶 운동

광복 이후 남과 북이 갈라진 지도 어느덧 80년이 넘었다. 오천 년의 역사를 함께 이뤄온 한민족은, 지난 수십 년간 서로 다른 체제와 이념 아래 갈등과 대립의 시간을 보냈다. 하지만 남과 북 모두 '우리의 소원은 통일'을 노래하며, 하나의 민족으로 다시 만나기를 바라고 있다.

원불교는 평화통일을 염원하며 '남북한삶운동'이라는 이름으로 민간 중심의 통일운동을 펼치고 있다. 이 운동은 남북 간의 상호 이해와 인적·물적 교류를 통해 분단의 벽을 허물고, 민족공동체로서의 삶을 회복하자는 취지로 시작되었다.

남북한삶운동은 1995년(원기80), 원불교 청년회 창립 30주년 기념대회에서 공식적으로 제안된 이후 본격화되었고, 개벽·환경·통일을 3대 핵심운동으로 삼아 지금까지 이어져 오고 있다. 이러한 흐름 속에서 2003년(원기88)에는 외교통상부의 허가를 받아 사단법인 평화의 친구들이 설립되었다. 이는 남북한삶운동의 사업영역을 넓히고, 평화와 통일운동의 사회적 확산을 도모하기 위한 것이었다.

그에 앞서 2000년(원기85) 9월 6일에는 통일 이후 북한 교화를 준비하기 위해 한민족한삶운동본부가 출범했다. 한민족한삶운동본부는 북한 농업지원, 통일 기도운동, 북한 교화를 위한 교역자 양성, 북한 각 지역 교당 설립 준비, 교화 기금 마련 등 다섯 가지 사업을 중심으로 활동해 왔다.

개벽 환경 통일

통일은 체제의 결합 이전에, 남북한 주민 간의 신뢰와 공감에서 시작된다. 그 가운데에서도 실질적이고 자주적인 민간교류는 화해와 협력을 이끌어 내는 중요한 기반이 된다. 남북한삶운동은 바로 이러한 민간 차원의 노력으로, 서로 가진 것을 나누고 함께 살아가는 문화를 만들어가고자 한다.

원불교는 광복 직후 서울, 부산, 익산, 전주 등지에서 전재동포 구호사업을 펼치며 6개월 동안 약 80만 명에게 정신적·물질적 지원을 제공한 바 있다. 이러한 역사적 실천을 계승하여, 남북한삶운동은 제2의 전재동포 구호사업이라는 사명감을 가지고 전개

되고 있다.

남북한삶운동의 주요 사업은 다음과 같다.

① 정신·육신·물질이 하나 되는 삶을 위한 조직 운영, 홍보, 교육

② 농수산물과 생활용품의 나눔 및 교류

③ 남북한 상호 이해를 높이기 위한 교육 및 정보 사업

④ 통일 기도회, 법회, 강연회 등 공감대 형성 활동

⑤ 종교 간 또는 단체 간 연대사업

이 외에도 소식지 발간, 심포지엄 개최, '북한 바로 알기' 사업, 북한 물품 전시회 및 판매, 탈북민 지원, 통일학교 운영, 나진·선봉지역 탁아소 결연, 통일 기행 등 다양한 활동을 꾸준히 이어오고 있다.

평화롭고 하나 된 삶을 위하여

남북한삶운동은 단순한 통일운동을 넘어, 남과 북이 정신적으로도, 육체적으로도, 물질적으로도 하나의 삶을 살아갈 수 있도록 기반을 닦는 활동이다. 민족이 공동의 운명체임을 자각하고, 평화롭고 풍요로운 통일국가를 함께 만들어가자는 것이 이 운동의 핵심이다. 앞으로도 원불교는 민족의 아픔을 함께 나누고, 통일 이후를 준비하며, 하나 된 삶의 실현을 향해 지속적인 노력을 이어갈 것이다.

종교 간 협력운동

지금까지 인류 역사 속에서 종교는 신神의 이름으로 수많은 피를 흘려 왔다. 신을 향한 믿음의 강요와 종교적 확장을 위한 선교가 갈등과 전쟁으로 나타났다. 평화를 추구하고 인류의 행복을 위해 성립된 종교가 오히려 갈등과 반목으로 평화를 깨고 인류의 불행을 가져온 역사를 우리는 알고 있다.

종교협력 운동은 자기 종교만이 인류를 구원할 수 있다고 믿는 배타주의排他主義적인 관점에서 벗어나 모든 성자의 근본적인 가르침은 하나임을 알아서 상호 협력하여 평화 세계를 이루자는 운동이다.

종교학자인 폴 틸리히[Paul Tillich, 1886~1965]는 "종교 간 대화를 통해 개별 종교의 역사성과 한계성을 극복하고, 자신에 내재한 폐쇄성과 편협성을 극복하여 궁극적으로는 자신의 깊이로 나아갈 것"을 호소하였다. 종교 간의 대화는 자신의 신앙을 실현하는 길이라는 것이다.

우리나라는 유구한 역사 속에 폭넓은 정신문화를 형성해 왔다. 이 가운데 외래外來종교를 수용하여 사상적 깊이와 문화를 성숙시킨 사실은 다른 민족에게서는 찾아볼 수 없는 문화적 특성이다. 우리 조상들은 외래종교를 배척하기보다는 오히려 수용하여 더욱 성숙시키는 지혜를 발휘했다.

한국의 다종교사회多宗敎社會에서 이웃 종교의 이해와 만남은 종교협력 운동의 출발점이다. 종교협력 운동은 종교단체, 또는 종교를 연구하는 학자들에 의해 줄기차게 주장되었다. 원불교는 모든 인류가 대동단결하여 '하나의 세계 건설'이라는 인류의 이상을 실현하도록 종교협력 운동을 전개하고 있다.

이러한 종교협력 운동은 소태산의 일원주의 사상에 기초하여 정산의 삼동윤리 사상, 대산의 종교연합[UR, United Religions] 운동에 바탕하고 있다. 이웃 종교의 이해와 만남, 그리고 협력이라는 상호 교류를 통해 불신과 반목의 벽을 허무는 일이 종교협력 운동이다. 대산은 종교연합 운동인 UR운동을 제창하여 세계 정치연합 기구인 UN과 같이 모든 종교가 전쟁과 갈등에서 벗어나 서로 협력하여 이 땅에 평화 세계를 건설하자고 제안했다.

종교 간의 만남

지금까지 원불교가 참여한 종교협력 운동을 보면, 국제적으로는 WFB[세계불교도우의회]에 처음 참여한 이후 WCRP[세계종교자평화회의]와 ACRP[아시아종교인평화회의]에 지속해서 참가하여 평화 운동에 힘써 왔다. 1996년(원기81)에는 원불교가 주체가 되어 IARF[국제자유종교연맹] 대회를 개최하였으며, 1997년(원기82)에는 원불교의 좌산 이광정 종법사가 UN에서 종교협력 운동을 주창하여 전 세계 종교인들로부터 큰 호응을 얻기도 하였다. 이뿐만 아니라 UN에 총부 UN사무소를 설치하여 원불교의 일원주의 사상을 바탕으로

UN총회장에서 각 종교 간 화합 및 종교와 UN의 협력을 제안하는 '세계종교평화회의' 공동 회장 이오은 교무

UN의 비정부단체인 NGO 활동을 통해 종교 간 화해와 협력을 위해 국제적인 활동을 벌이고 있다.

국내에서는 어느 종교단체보다도 원불교가 종교협력 운동에 앞장서 왔다. 한국의 다종교 상황에서 기성 종단에 대한 아우임을 자처하며, 종교 간 화해와 만남, 그리고 협력 운동을 위한 가교의 역할을 수행해 왔다. 1965년(원기50) 종교인협의회 발족에 기여했으며, 1970년(원기55)부터는 한국종교협의회에 참가, 종교협력 운동에 동참하였다. 이 밖에도 1966년(원기51)부터 1977년(원기62)까지 원광대학교에서 주관하는 '대학생 종교제'를 통해 종교 간 대화와 협력 의식을 확산시켰으며, '한국종교학도 연합회'를 구성하여 매년 이웃 종교와의 만남을 이어 오기도 했다.

최근에는 원불교 여자 교무들의 자발적인 활동으로 불교의 비구니, 천주교 여성 수도자들과 함께 '삼소회三笑會'라는 이름의 친목 단체를 구성하여 음악회, 전시회 등을 개최하고, 국내외에서 사회봉사 활동을 펼치고 있다.

성직자를 서원하고 수학 과정에 있는 원광대학교 원불교학과생들은 교과과정에 이웃 종교 이해를 위한 교과목을 개설함은 물론 매년 이웃 종교 이해와 만남을 목적으로 이웃 종교 탐방을 해오고 있다. 또한 전국의 각 교당에서는 지역 내 종교들과 연합하여 시민운동과 종교협력 운동을 전개해 나가고 있다.

바야흐로 전 세계가 하나의 '지구종교[Global Religion]'를 형성해 나가고 있다. 21세기 문명의 흐름은 핵과 전쟁이 위협의 대상이 아니라 종교 간의 갈등이 문명의 걸림돌이 될 것이라고 하였다. 그러나 이러한 우려는 기우에 지나지 않을 것이다. 많은 종교가 이제 종교 간 반목과 갈등에서 벗어나 하나의 세계, 평화의 세계 건설에 동참하고 있기 때문이다.

특히, 우리나라의 경우 성탄절과 부처님오신날 등 경축일에는 이웃 종교끼리 축하 메시지를 주고받고 있으며, 각 종교단체가 함께 마음을 합하여 '온겨레 손잡기 운동'을 펼친 일은 매우 바람직한 일이라고 할 수 있다. 이제는 자기 종교, 남의 종교라는 국한을 벗어나 '은혜로우신 하나님', '사랑의 부처님', '십자가에 못 박힌 보살'을 외칠 날이 머지않아 올 것이다.

삼소회(불교, 천주교, 원불교) 공연, 원기73년(1988) 10월 3일 서울 호암아트홀

시민 운동

민주화의 정도에 따라 국민의 국정 참여의 범위는 더욱 확대되고 있다. 특히, 비정부기구인 시민단체들에 의한 시민운동은 단순한 구호 차원이 아닌 국가 정책 및 국정운영에 있어 커다란 힘을 발휘하고 있다. 비정부단체인 시민단체를 'NGO'라고 한다. NGO란 정부 조직이 아닌 시민들의 활동, 즉 비정부조직[Non-Governmental Organization]을 말한다.

우리나라에는 행정안전부 등록 약 12,000여 비영리민간단체가 활동하고 있는데, 그 규모나 활동 범위는 점차 확대되어 가고 있다. 과거에는 해당 분야에 관련된 사안에만 활동했었는데, 그 활동 영역이 정치권에 영향력을 행사할 만큼 커다란 파워를 형성해 가고 있다.

원불교에서는 교화조직이 아닌 사회참여의 주체 그룹으로

원불교 청년회, 원불교 봉공회, 원불교 청운회, 원불교 여성회 등이 있다. 이 단체들이 갖는 목적은 포교 형태가 아니라 종교의 사회참여 내지는 종교 이념의 사회화에 초점이 맞추어져 있다. 결국 원불교가 지향하는 광대무량한 낙원 세계 건설을 위해서는 종교 본연의 역할에 충실함은 물론 사회를 올바르게 향도하는 나침반 역할을 해야 한다는 당위성을 갖게 된다. 물론 이러한 단체들은 일반적인 시민운동과 마찬가지로 물질적 이익을 추구하거나 정치적 목적을 갖지 않고 오직 공익성에 바탕을 두어 건전하고 바람직한 시민운동의 방법을 택하고 있다.

원불교 청년회

1964년(원기49)에 금강청년단을 모체로 창립된 청년회는 창립 60여 년에 이르고 있다. 원불교 청년회에서는 교단 내적인 청년회 활동뿐만 아니라 대외적으로는 개벽, 환경, 통일운동을 통해 사회와 국가가 올바른 길로 나아가도록 노력하고 있다. 특히, 1990년(원기75)부터 통일운동의 일환으로 '남북한삶운동'을 적극적으로 전개하였다.

원불교 봉공회

1977년(원기62)에 결성된 원불교 봉공회는 사회적인 봉공 활동을 목적으로 창립되었다. 적십자 기구처럼 가난한 이웃과 불의의 재난으로 어려움에 처한 동포들을 돕기 위해 설립된 단체가 봉공회이다. 조직상으로는 중앙봉공회가 결성되어 있으며, 각 교구와 교당별로 봉공회가 결성되어 그 지역의 봉공 활동에 앞장서고 있다. 주요 활동 내용은 어려운 이웃돕기, 낙도 어린이 초청 견학, 소년원생 돌보기를 비롯하여 각종 재해민 돕기, 자연보호운동, 환경정화운동 등으로 규모와 범위를 확장하고 있다. 〈www.wbga.or.kr〉

원불교 청운회

1977년(원기62) 서울에서 창립된 청운회는 교법의 사회화를 목적으로 남자 교도들이 중심이 되어 결성된 단체이다. 2025년(원기110) 3월 현재 전국에 지구와 청운회가 조직 운영되고 있다. 청운회가 주로 펼치고 있는 운동은 인류보본운동人類報本運動과 인류개진운동人類皆眞運動이다. 그 주요 활동으로는 인류보본운동을 목적으로 보은동산이 결성되어 1만 5천여 명의 회원으로 '원광장애인복지관'을 운영하고 있으며, 장차 복지타운인 '보은동산'을 건립할 계획을 하고 있다. 또한 인류개진운동으로는 '새삶회'가 구성되어 정신개벽운동에 앞장서고 있으며, '도덕발양대회'를 전국 규모로 개최해 오고 있다.

원불교 청운회는 지금까지 축적해 온 힘을 바탕으로 '참여연대', '국민화합운동연대' 등에 회원으로 가입하여 일반 시민단체와 함께 활발한 시민운동을 전개하고 있다. 특히 2000년(원기85)부터 적극적인 사회참여의 일환으로 '맑고 밝고 훈훈한 거리 캠페인'을 벌여 원불교 시민운동의 핵심으로 자리 잡아 가고 있는 중이다.

청운회에서는 "①웃는 얼굴 내가 먼저 ②감사생활 내가 먼저 ③자력생활 내가 먼저 ④근검생활 내가 먼저 ⑤질서생활 내가 먼저 ⑥봉공생활 내가 먼저 ⑦자연사랑 내가 먼저"를 행동 윤리 강령으로 세우고 실천하고 있다. 〈www.cheongun.org〉

원불교 여성회

원불교 여성회는 1994년(원기79) 제1차 동아시아 여성대회에 이은 1995년(원기80) 제4차 북경 세계여성대회 참석을 기점으로 같은 해 10월에 창립되었다. 여성회는 양성평등운동, 환경운동, 통일운동을 종교연합 차원에서 묶어 가는 역할을 하고 있다. 아직 짧은 역사이지만 국제적으로는 UN 여성 활동에 참여하였으며, 국내 각종 여성단체와의 연대 속에 여성운동을 전개해 나가고 있다.

특히 2000년(원기85) 창립 5주년 기념대회 때에는 이웃 종교들과 함께 '북한 어린이를 돕기 위한 분유 보내기 운동'을 전개하였으며 '더불어 하면 쉽고 아름답다!'는 '한울안운동' 선포를 통해 적극적인 활동에 나서고 있다. 〈www.wbwa.or.kr〉

기 타

이 밖에도 원불교대학생연합회, 사회개벽교무단 등 다양한 NGO 단체가 의욕적으로 활동하고 있다. 특히 원불교 시민사회 네트워크는 원불교의 기본 이념인 '무아봉공'과 '사은보은' 정신을 바탕으로 형성된 공익 연대 조직이다. 환경, 인권, 복지, 평화 등의 영역에서 활동하며, 교단의 교리 실천을 사회적 연대로 확장하는 데 기여하고 있다. 원불교환경연대, 생명평화마당, 원불교NGO협의회 등이 주요 구성 단위이며, 원불교 교단 내부의 교화 조직과는 달리 시민사회적 의제 중심의 활동을 전개한다. 이 네트워크는 종교를 넘어선 연대와 협력을 통해 원불교의 사회참여적 전통을 현대적으로 계승하고 있다.

원불교 개벽이 삼총사

○ 원불교 세계교화(교당과 기관)

RUSSIA
KAZAKHSTAN
MONGOLIA
CHINA
INDIA
JAPAN
KOREA (R.O.K.)
AUSTRALIA
NEW ZEALAND
INDONESIA
PHILIPPINES
IRAN
TÜRKIYE
EGYPT
SUDAN
ETHIOPIA
KENYA
TANZANIA
SAUDI ARABIA
PAKISTAN
AFGHANISTAN
UKRAINE
MADAGASCAR
몽골 (개척)/울란바토르 삼동어린이집
원불교 서울사무소 (소태산기념관)
원불교 중앙총부 (익산)
원불교 근원성지 (영광)
오사카 교당
교토 (선교소)
일본교구청/동경 교당
훈춘 교당
연변 교당
장춘 교당
단동 교당
중국교구청/북경 교당
칭따오 교당
상하이 교당
항주 교당
홍콩 교당
성도 교당
곤명 교당
라다크국제명상센터
델리 교당
포카라 교당
카트만두 원광새삶센타
방글라데시 교당
라오스 교당/훈련원
삼동백천기술직업대학교
방콕 교당/WFB연락사무소
바탐방 교당/보건소/오인환센터
하노이 교당
프놈펜 교당/탁아원
호치민 교당
케냐 교당/원광엔젤스어린이집
까풍아 교당/원광센터/보건진료소/AIDS쉼터/유치원
라마코카 교당/원광센터
요하네스버그 교당
오클랜드 교당
멜버른 교당
퀸슬랜드 교당/호주보화당한의원
고스포드 교당/호주원광선문화원
시드니 교당

개 정 판

원불교 바로알기

클릭 원불교

2000년 11월 1일 초　판 1쇄 발행
2002년 7월 1일 재　판 1쇄 발행
2025년 9월 1일 개정판 1쇄 발행

지은이　박상권(광수)·박희종(덕희)·고시용(원국)
본문사진　원불교기록관리소·원광사우회·원불교출판사

펴낸이　주영삼(성균)
펴낸곳　도서출판 동남풍
출판등록　제1991-000001호(1991년 5월 18일)
주소　54536 전북특별자치도 익산시 익산대로 501
전화　063)854-0784
팩스　063)852-0784
홈페이지　www.wonbook.co.kr
인쇄　문덕인쇄

값 20,000원
ISBN 978-89-6288-061-8(03200)